保安行业职业技能等级培训教程

保安管理师

北京市公安局
北京市人力资源和社会保障局 组织编写

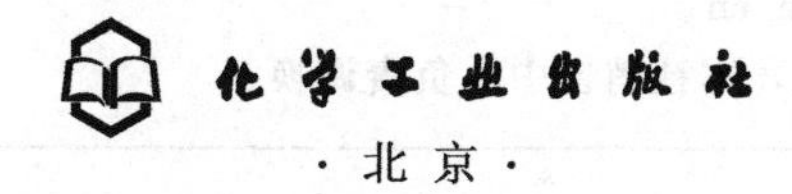

·北京·

图书在版编目（CIP）数据

保安管理师 / 北京市公安局，北京市人力资源和社会保障局组织编写. —北京 ：化学工业出版社，2019.4（2023.4 重印）
保安行业职业技能等级培训教程
ISBN 978-7-122-33647-7

Ⅰ.①保… Ⅱ.①北… ②北… Ⅲ.①保安人员-中国-技术培训-教材 Ⅳ.①D631.3

中国版本图书馆 CIP 数据核字（2019）第 002359 号

责任编辑：卢小林　宋　辉　　文字编辑：谢蓉蓉
责任校对：王　静　　装帧设计：王晓宇

出版发行：化学工业出版社（北京市东城区青年湖南街 13 号　邮政编码 100011）
印　　装：北京盛通数码印刷有限公司
787mm×1092mm　1/16　印张 12¾　字数 312 千字　2023 年 4 月北京第 1 版第 14 次印刷

购书咨询：010-64518888　　售后服务：010-64518899
网　　址：http://www.cip.com.cn
凡购买本书，如有缺损质量问题，本社销售中心负责调换。

定　　价：48.00 元

保安行业职业技能等级培训教程编审委员会

本书编审人员

主　　编： 闫武军　王文柱

副 主 编： 裴　岩　张宏杰

编写人员： 李春勇　邹湘江　周陆涵　李江涛　张李斌　徐　灿　陈文静　陈志华　邢更力　金大玮　王新峰　孟宪振　方兴明

主　　审： 李京海

前言
Foreword

为了规范保安员管理、教育、培训、鉴定考核，全面提升保安队伍的整体素质，推进保安队伍正规化、职业化建设，在公安部治安管理局指导下，北京市公安局、北京市人力资源和社会保障局依据《保安服务管理条例》、《保安员国家职业技能标准（2014 年修订）》（以下简称《标准》）、《保安服务操作规程与质量控制》以及《保安员培训教学大纲》，组织编写"保安行业职业技能等级培训教程"，作为保安员职业技能培训和保安员国家职业资格鉴定考核的教学用书。

本套教程具有以下特点：

第一，适用性强。本套教程在充分考虑经济社会发展、科技进步和产业结构变化对保安职业影响的基础上，客观反映了现阶段保安职业水平，遵循保安员认知规律，对保安职业的活动范围、工作内容、技能要求和知识水平进行了较为系统的阐述，力求做到由浅入深、循序渐进，符合保安员培训、保安员国家职业资格鉴定和从事保安服务工作的需要，体现了以保安职业活动为导向、以保安职业技能为核心的特点。

第二，系统性强。鉴于《标准》将保安员职业资格分为初级保安员、中级保安员、高级保安员、保安管理师、高级保安管理师五个等级，"保安行业职业技能等级培训教程"相应地以《保安员（初级）》《保安员（中级）》《保安员（高级）》《保安管理师》和《高级保安管理师》5 本教材相匹配。考虑到《标准》在职业道德、基础理论知识、专业基础知识和相关法律法规知识方面规定了共同的基本要求，本套教程以《保安员（通用基础知识）》作为五个等级职业资格培训和鉴定考核的通用模块教学用书。

第三，实用性强。本套教程在内容选择上依托五个级别的职业功能，围绕守护、巡逻、安全检查、武装守押、随身护卫、安全技术防范、安全风险评估等保安勤务在技能要求、相关知识要求、具体操作规程及服务质量和鉴定考核细目等内容进行编写，便于学员掌握全面、规范、易于操作的职业知识和技能。

本套教程的编写得到了北京市公安局、北京市人力资源和社会保障局等单位有关领导的高度重视。北京市公安局治安管理总队、北京市公安局反恐怖和特警总队、中国人民公安大学、华安保安职业技能培训学校、伟之杰保安服务股份有限公司、蓝盾世安职业技能培训学校、振远护卫职业技能培训学校等单位共同参与了本套教程的编写工作。此外，在编写过程中，郭太生、韩锦坤、杨春、范万岗、杜治国、李先喜等专家提出了许多富有建设性的真知灼见，并给予了悉心指导。在此，一并表示真挚的感谢！

《保安管理师》是“保安行业职业技能等级培训教程”之一。本书紧贴保安管理师职业技能标准的要求，内容上体现“以职业活动为导向，以职业能力为核心”的指导思想，突出职业资格培训特色；结构上针对保安管理师职业活动领域，按照其能力素养中核心的三大模块内容，即安全技术防范、安全风险评估和保安项目管理分章节编写。每一章节除在“知识要求”部分介绍保安管理师需掌握的基础理论知识外，还在“技能要求”部分体现对动手能力的培养，从安全技术防范系统工程招投标文件编制、设计任务书编写、维护保养计划编制，到安全风险评估方法和过程的具体应用、安全风险评估报告的编制，再到保安项目管理中可行性报告、投标书、合同书、预算书、实施方案、管理制度的编写，既提供了系统的知识体系的总结，又增强了可操作性和体验感。

本书由闫武军、王文柱主编，裴岩、张宏杰为副主编，各章节的具体撰写分工为：陈文静、陈志华、邢更力、王新峰负责撰写第一章，李春勇、邹湘江、李江涛、徐灿负责撰写第二章，裴岩、周陆涵、张李斌、金大玮、孟宪振、方兴明负责撰写第三章，全书由李京海主审。同时，编者还参阅和借鉴了一些相关的教材和文献资料，在此一并表示诚挚的谢意！

由于水平有限，书中不妥之处，希望广大读者批评指正。

编者

目录
CONTENTS

第一章 安全技术防范

第一节 系统运行管理

学习单元1 安全技术防范基础知识

学习目标

掌握安全技术防范的基本概念及安防系统的基本构成。

知识要求

“安全防范”是指以维护社会公共安全为目的而采取的各种防入侵、防盗窃、防破坏、防火灾、防爆炸和安全检查等措施与手段。这些措施与手段从大的方面分类，可分为人力防范（简称“人防”）、技术防范（简称“技防”）和实体防范（简称“物防”）。所谓“技防”，是指为了达到防入侵、防盗窃、防破坏等目的而采用以电子技术、传感器技术和计算机等技术为基础制造的安全防范使用的器材设备，并使用先进的技术将其构成一个系统，使其比传统的人防与物防更加先进、可靠和严密，成为一种全天候、全方位、全自动的安全防范体系。这样的一种防范方式与防范手段，国家有关部门将其定义为“安全技术防范”。而由此应运而生的安全防范技术正逐步发展成为一项专门的公安技术学科。

一、安全的定义

安全的基本定义是：没有危险，不受威胁，不出事故。

没有危险是安全的特有属性，也是本质属性。

安全是主体没有危险的客观状态。没有危险作为一种客观状态，不是一种实体性存在，而是一种属性，因而它必然依附一定的实体。

安全作为一种状态是客观的，它不是也不包括主观感觉，甚至可以说它没有任何主观成分，是不以人的主观愿望为转移的客观存在。

安全就是没有危险的客观状态，其中既包括外在威胁的消除，也包括内在疾患的消除。

二、两种安全理念

在英文中，安全有 safety 和 security 两种解释。safety 的中文解释是安全，平安，稳妥，保险，安全设备，保险装置等；security 的中文解释是安全，无危险，无忧虑，提供安全之物，使免除危险或忧虑之物，安全（警察），安全（部队）等。

在中文中所讲的安全，是一种广义的概念，包括两层含义：其一是指自然属性或准自然属性的安全，对应英文中的 safety；其二是指社会人文性的安全，即有明显人为属性的安全，它与英文 security 相对应。自然属性或准自然属性的安全被破坏，主要不是由于人的有目的的参与而造成的，如自然灾害事故和准自然灾害事故（产品设计缺陷、环境污染、卫生条件恶化等）所产生的对安全的破坏。而社会人文性安全的被破坏，主要是由于人的有目的的参与而造成的，如入侵、盗窃、抢劫、破坏等刑事犯罪所产生的对安全的破坏。

因此广义地讲，安全应该包括 safety 和 security 两层含义，而我们常说的安全防范主要是指狭义的安全，在国外通常叫“security”（保安）。

三、安全防范的概念

安全通常是指人的身心和财产免受外界因素影响的存在状态及其保障条件。防范就是防备和戒备，而防备是指做好准备以应付攻击或避免受害，戒备是指防备和保护。综合安全和防范两者的概念，安全防范的概念就是做好准备和保护，以应付攻击或避免受害，从而使被保护对象处于没有危险、不受侵害、不出事故的安全状态。

在西方，不用“安全防范”这个词，而用损失预防和犯罪预防（loss prevention & crime prevention）这个概念。损失预防通常是社会保安业的工作重点，而犯罪预防则是警察等执法部门的工作重点，两者的有机结合，保证了社会的安定和安全。从这个意义上说，损失预防和犯罪预防就是安全防范的本质内涵。

综上所述，安全防范既是一项公安业务（警察执行部门），又是一项社会公共事业和社会经济行业。它们的发展和进步，既依赖于科学技术的发展和进步，同时又为科学技术的进步和发展提供和创造良好的社会环境。

时代发展赋予安全防范新的目的，安全防范是公安工作对扩大社会掌控面的迫切需求，安全防范从局部的生命财产的保护逐步转变为全局性的公共安全管理，从微观静态的防范系统转变为宏观动态的监控体系，这就是新安防。

四、安全防范的三种基本手段

安全防范主要包括人力防范、技术防范和实体防范三种基本手段，其中人力防范和实体防范是古已有之的传统防范手段，技术防范是现代科学技术应用于安全防范系统的产物，是人力防范手段和实体防范手段的功能延伸和加强。

人力防范（personnel protection）是指执行安全防范任务的相应素质人员或人员群体的一种有组织的防范行为（包括人、组织和管理等）。

人力防范是安全防范的基础。传统的“人防”是指在安全防范工作中人的自然能力的展现，即利用人体感官进行探测并做出反应，通过人体体能的发挥推迟和制止风险事件发生。现代的“人防”是指执行安全防范任务的具有相应素质的人员和/或人员群体的一种有组织的防范行为，包括高素质人员的培养、先进自卫设备的配置以及人员的组织与管理等。

实体防范（physical protection）是指用于安全防范目的、能延迟风险事件发生的各种实体防护手段（包括建筑物、屏障、器具、设备、系统等）。

技术防范（technical protection）是指利用各种电子信息设备、系统和网络提高探测、延迟、反应能力和防范功能的安全防范手段。

一个完善的安全防范系统就是指人防系统、物防系统、技防系统的有机结合。

五、安全防范技术

安全防范技术是指专门应用于社会安全防范的，以预防、制止违法犯罪和重大治安事件为目的，多学科交叉和融合的综合性应用科学技术。在国外，安全防范技术通常包括物理防范技术（physical protection technology）、电子防范技术（electronic protection technology）、生物统计学防范技术（biometric protection technology）。这里的物理防范技术主要指实体防范技术，是指利用各类建（构）筑物、实体屏障以及与其配套的各种实物设施、设备和产品（如门、窗、柜、锁具等）构成系统，以防范安全风险；这类防护技术与建筑科学技术、材料科学与制造工艺技术的发展关系极为密切。电子防范技术主要是指利用各种电子信息产品、有线/无线通信产品、计算机网络产品等组成系统或网络，以防范安全风险；这类防护技术与探测（传感）技术、监控技术、视频与多媒体技术、计算机网络技术、系统集成等科学技术的发展关系极为密切，如入侵探测报警技术、视频监控技术、出入口控制技术、计算机网络技术以及其相关的各种软件、系统工程等。生物统计学防范技术是法庭科学的物证鉴定技术与电子信息科学的模式识别技术相结合的产物，主要是指利用人体的生物学特征（如指纹、掌纹、虹膜、声纹、面相等）进行个体目标识别与控制，从而防范安全风险的一种综合性应用科学技术；这类防护技术与现代生物科学、生物工程技术、现代信息科学技术以及法庭科学技术的发展关系极为密切。

安全技术防范是以安全防范技术为先导、以人力防范为基础、以技术防范和实体防范为手段所建立的一种具有探测、延迟、反应有序结合的安全防范服务保障体系。它是以预防损失和预防犯罪为目的的一项公安业务和社会公共事业。对于警察等执法部门而言，安全技术防范就是利用安全防范技术开展安全防范工作的一项公安业务；而对于社会经济部门来说，安全技术防范就是利用安全防范技术为社会公众提供一种安全服务的产业。既然是一种产业，就要有产品的研制与开发，就要有系统的设计与工程的施工、服务和管理。

安全技术防范作为社会公共安全科学技术的一个分支，具有其相对独立的技术内容和专业体系。根据我国安全防范行业的技术现状和未来发展，安全防范技术按照学科专业、产品属性和应用领域的不同通常包括以下几种技术：

① 入侵探测报警技术。

② 视频监控技术。

③ 出入口目标识别与控制技术。

④ 报警信息传输技术。

⑤ 移动目标反劫、防盗报警技术。

⑥ 社区安防应急报警技术。

⑦ 实体防护技术。

⑧ 防爆安检技术。

⑨ 安全防范系统集成技术。

⑩ 安全防范工程设计与施工技术。

六、安全防范系统

安全防范系统（security & protection system，SPS）是指以维护社会公共安全为目的，运用安全防范产品和其他相关产品所构成的入侵报警系统、视频安防监控系统、出入口控制系统、防爆安全检查系统等；或由这些系统为子系统组合或集成的电子系统或网络。

1. 入侵报警系统

入侵报警系统（intruder alarm system，IAS）是指利用传感器技术和电子信息技术探测并指示非法进入或试图非法进入设防区域的行为、处理报警信息、发出报警信息的电子系统或网络。

入侵报警系统一般由周界防护、建筑物内（外）区域/空间防护和实物目标防护等部分单独或组合构成。系统的前端设备为各种类型的入侵探测器（传感器）。传输方式可以采用有线传输或无线传输，有线传输又可采用专线传输、电话线传输等方式；系统的终端显示、控制、设备通信可采用报警控制器，也可设置报警中心控制台。系统设计时，入侵探测器的配置应使其探测范围有足够的覆盖面，应考虑使用各种不同探测原理的探测器。

2. 视频安防监控系统

视频安防监控系统（video surveillance & control system，VSCS）是指利用视频技术探测、监视设防区域并实时显示、记录现场图像的电子系统或网络。系统的前端设备是各种类型的摄像机（或视频报警器）及其附属设备，传输方式可采用同轴电缆传输、光纤传输等；系统的终端设备是显示、记录、控制、通信设备，一般采用独立的视频中心控制台或监控-报警中心控制台。

3. 出入口控制系统

出入口控制系统（access control system，ACS）是指利用自定义符识别或/和模式识别技术对出入口目标进行识别并控制出入口执行机构启闭的电子系统或网络。出入口控制系统一般由出入口对象（人、物）识别装置，出入口信息处理、控制、通信装置和出入口控制执行机构三部分组成。出入口控制系统应有防止一卡进多人或一卡出多人的防范措施，应有防止同类设备非法复制有效证件卡的密码系统，密码系统应能授权修改。

4. 电子巡更系统

电子巡更系统（guard tour system）是指对保安巡查人员的巡查路线、方式及过程进行管理和控制的电子系统。

5. 停车场管理系统

停车库（场）管理系统（parking lots management system）是指对进、出停车库（场）的车辆进行自动登录、监控和管理的电子系统或网络。

6. 防爆安全检查系统

防爆安全检查系统（security inspection system for anti-explosion）是指检查有关人员、行李、货物是否携带爆炸物、武器和/或其他违禁品的电子设备系统或网络。

7. 其他子系统

例如：对具有特殊使用功能要求的建筑物、构筑物或其内的特殊部分、特殊部位，需要设计具有特殊功能的安全技术防范系统，如专用的高安全实体防护系统、防爆和安全检查系统、安全信息广播系统等。

学习单元2 安全技术防范系统常用子系统

学习目标

掌握安全技术防范系统常用子系统的基本原理。

知识要求

一、入侵报警系统

入侵报警技术是传感技术、电子技术、通信技术、计算机技术以及现代光学技术相结合的综合性应用技术，应用于探测非法入侵和防止盗窃等行为。它可以协助人们担任防入侵、防盗窃等警戒工作，在任何需要防范的地方均可利用各种不同类型的探测器构成警戒点、警戒线、警戒面或空间，将它们交织便可形成一个多层次、全方位的安全防范报警网，一旦有不法分子入侵或是发生其他异常情况，即可发出声光报警信号，并显示报警的部位，组网系统还可以向上一级接警中心报警。

GB/T 32581—2016《入侵和紧急报警系统技术要求》中将入侵报警系统定义为：入侵报警系统是利用传感器技术和电子信息技术探测并指示非法进入或试图非法进入设防区域的行为、处理报警信息、发出报警信息的电子系统或网络。

入侵报警系统通常由入侵报警探测器、报警控制器和接警中心三部分组成，入侵报警系统结构示意见图 1-1。

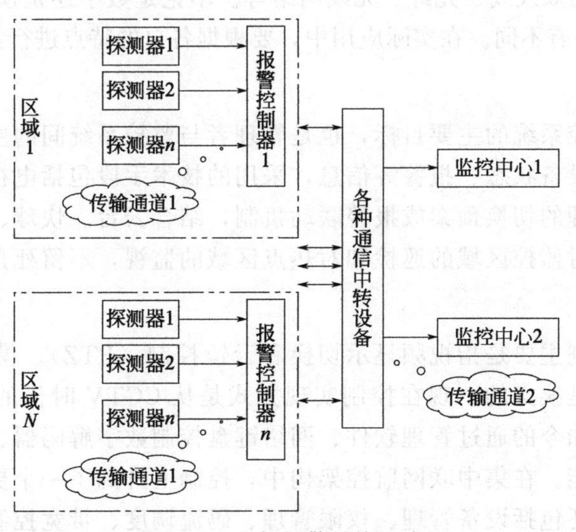

图 1-1 入侵报警系统组成

前端探测部分由各种探测器组成，是入侵报警系统的触觉部分，相当于人的眼睛、鼻子、耳朵、皮肤等，感知现场的温度、湿度、气味、能量等各种物理量的变化，并将其按照一定的规律转换成适于传输的电信号。

当前端入侵探测器检测到防范现场有入侵者时，产生报警信号并通过传输系统送到报警控制器。报警控制器经识别、判断后发出声、光报警，还可以控制多种外围设备，如打开现场照明灯、开启摄像机、启动录像等，同时还可以将报警信息输出至上一级接警中心或有关部门。

接警中心负责接收、处理各子系统发来的报警信息、状态信息等，并将处理后的报警信息、监控指令分别发往报警接收中心和相关子系统。

二、视频安防监控系统

一个完整的视频安防监控系统通常由采集、传输、显示、控制和存储五种要素组成，分别完成前端信息采集、信号传输、信息显示和录像存储功能，如图 1-2 所示。

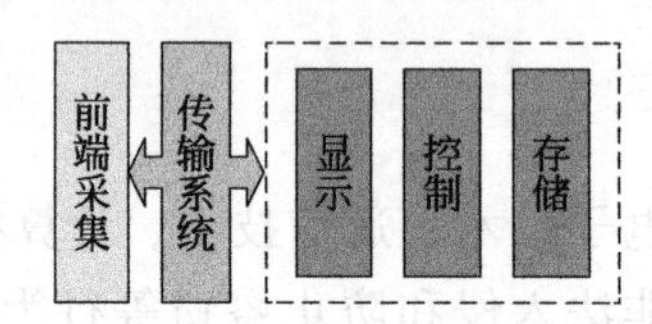

图 1-2 视频安防监控系统基本结构示意图

（一）前端采集部分

前端采集部分包括摄像机、镜头、云台、解码器、支架等设备，完成图像信息、语音信息、报警信息和状态信息的采集。在基于 IP 网络的视频监控系统中，DVS（视频编码服务器）、IP camera（网络摄像机）等具备较强联网能力的编码设备也被认为是前端采集设备。

（二）信号传输系统

信号传输系统主要完成信号的传输。按照传输信号的类型，可分为数字和模拟两大类。常用的模拟传输系统包括同轴电缆、模拟光纤、微波等线路类型；数字传输系统主要包括 TCP/IP 网络，线路类型包括双绞线、光纤、无线网络等。不论是数字还是模拟传输系统，其成本、传输距离、传输能力各有不同。在实际应用中，要根据各自的特点进行灵活选择和组合。

（三）显示

显示和控制是监控系统的主要目标，也是管理者与监控系统间的主要交互界面。显示的内容包括视频图像、设备状态、报警等信息，采用的技术手段包括电视墙、画面分割、电子地图等，通过采取合理的切换预案或报警联动机制，结合云台、快球、开关等辅助手段，使管理员能够及时完成对监控区域的巡检和对热点区域的监视，不留死角。

（四）控制

从狭义上讲，控制主要是指视频显示切换和云镜控制（PTZ）。模拟监控阶段及早期的数字监控中的控制就是狭义的。现在控制实现方式是从 CCTV 时代的模拟键盘控制模拟矩阵输出模拟图像，到如今的通过管理软件、网络键盘控制数字解码器、数字矩阵的电视墙显示、云镜、轮巡等功能。在集中联网监控架构中，控制上升到了一个更广义的层面，除显示切换和云镜控制外，还包括设备管理、权限管理、码流调度、带宽控制、区域管理、网管控制等。这是监控技术与 IT 技术相结合的产物。随着这些新的控制手段的引入，监控系统已经不单纯只是录像、回放的工具，而是成了能够覆盖广泛区域的管理手段。

视频图像显示设备种类繁多，从传统的监视器、CRT 显示器、液晶显示器，到如今的

DLP、LCD 拼接屏。监控中心的功能也日常强化，电视墙的单屏显示从 40 英寸（1 英寸＝2.54 厘米）到 80 英寸不等，拼接效果日益突出，可达到最小 0.5 毫米的拼缝。

（五）录像存储

录像存储的主要目标是在保证回放图像质量的前提下，确保存储周期、数据的完整以及数据安全。在早期的视频监控系统中，存储设备为磁带式录像机，存储数据为非压缩数据，视频数据量大，磁带占用量大，不便于数据长期保存；随着数字技术的不断发展，硬盘介质的数据保存周期及可擦写性，更能够满足市场的需求；随着网络普及及网建成本的降低，联网监控应运而生，存储设备由单纯的编码设备（如 DVR）的本地存储，逐渐发展为网络存储设备的集中存储，更能满足人们对重要数据长期保存的需求。

三、出入口控制系统

从广义上讲，出入口控制系统是对人员、物品、信息、资金的流动的管理，它所涉及的应用领域和产品种类非常多。《安全防范工程技术规范》（GB 50348—2004）中对出入口控制系统的定义为：利用自定义符识别或/和模式识别技术对出入口目标进行识别并控制出入口执行机构启闭的电子系统或网络。它是以识别人或物的数字化编码信息、数字化特征信息为技术核心，具有典型的“数字化安防”技术特征。

出入口控制系统主要由识读部分、传输部分、管理/控制部分和执行部分以及相应的系统软件组成。出入口控制系统有多种构建模式。按其硬件构成模式划分，可分为一体型和分体型；按其管理/控制方式划分，可分为独立控制型、联网控制型和数据载体传输控制型。

各种类型出入口控制系统，虽都具有相同的控制模型，但由于人们对出入口的出入目标类型、重要程度以及控制方式、方法等应用需求千差万别，带来对产品的功能、结构、性能、价格的要求有很大的不同，使得出入口控制系统的产品具有多样性的特点。

出入口控制系统主要包括识读部分、管理与控制部分、执行部分及其运行与管理软件，如图 1-3 所示。

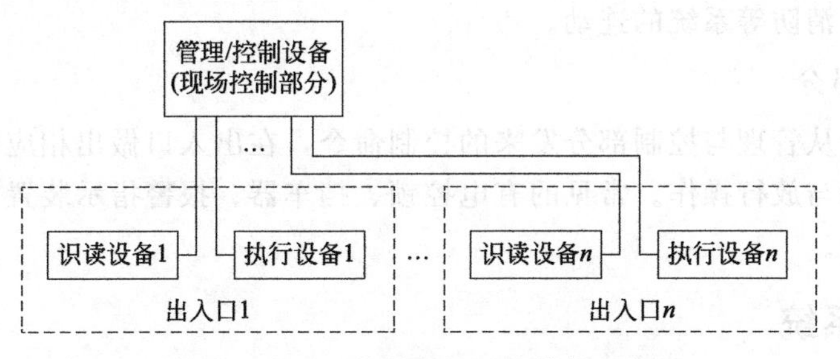

图 1-3 出入口控制系统组成结构示意图

（一）识读部分

识读部分，是通过提取出入目标身份等信息，将其转换为一定的数据格式传递给管理与控制部分，管理与控制部分再与所载有的资料对比，确认同一性，核实目标的身份，以便进行各种控制处理。对人员目标，分为生物特征识别系统、人员编码识别系统两类；对物品目标，分为物品特征识别系统、物品编码识别系统两类。

① 生物特征识别系统是采用生物测定（统计）学方法，通过拾取目标人员的某种身体或行为特征，提取信息。常见的生物特征识别系统主要有指纹识别、掌型识别、眼底纹识别、面部识别、语音特征识别、签字识别等。

② 人员编码识别系统是通过编码识别装置，将目标人员的个人编码信息直接提取。常见的人员编码识别系统有普通编码键盘、乱序编码键盘、条码卡识别、磁条卡识别、接触式IC卡识别、非接触式IC卡识别等。

③ 物品特征识别系统是通过辨识目标物品的物理、化学等特性，形成特征信息。如金属物品识别、磁性物质识别、爆炸物质识别、放射性物质识别、特殊化学物质识别等。

④ 物品编码识别系统是通过编码识别装置，提取附着在目标物品上的编码载体所含的编码信息。它有一件物品一码及一类物品一码两种方式。常见的有应用于超市的防盗标签识别系统等。

（二）管理与控制部分

管理与控制部分是出入口控制系统的管理与控制中心。其具体功能如下：

① 是出入口控制系统的人机界面。

② 负责接收从识读部分发来的目标身份等信息。

③ 指挥、驱动执行部分的动作。

④ 出入目标的授权管理（对目标的出入口行为能力进行设定），如出入目标的访问级别、出入目标某时可出入某个出入口、出入目标可出入的次数等。

⑤ 出入目标的出入行为鉴别及核准。把从识别子系统传来的信息与预先存储、设定的信息进行比较、判断，对符合出入口授权的出入行为予以放行。

⑥ 出入事件、操作事件、报警事件等的记录、存储及报表的生成。事件通常采用4W的格式，即when（什么时间）、who（谁）、where（什么地方）、what（干什么）。

⑦ 系统操作员的授权管理。设定操作员级别管理，使不同级别的操作员对系统有不同的操作能力，还有操作员登陆核准管理等。

⑧ 出入口控制方式的设定及系统维护。单/多识别方式选择，输出控制信号设定等。

⑨ 出入口的非法侵入、系统故障的报警处理。

⑩ 扩展的管理功能及与其他控制、管理系统的连接，如：考勤、巡更等功能，与防盗报警、视频监控、消防等系统的连动。

（三）执行部分

执行部分执行从管理与控制部分发来的控制命令，在出入口做出相应的动作，实现出入口控制系统的拒绝与放行操作。常见的有电控锁、挡车器、报警指示装置等被控设备，以及电动门等控制对象。

四、电子巡更系统

电子巡更系统是一种检查和记录保安巡逻人员是否按规定的时间和路线对所管辖的区域进行巡查的监督管理系统。电子巡更技术起源于美国，是利用人员巡逻与工作结合的一种全新技术，也是治安管理人防与技防的一种有效整合，用于在下班之后特别是夜间的保卫与管理，实行定时定点巡查，是防患于未然的一种措施。

电子巡更是指将电子巡更点安放在巡逻路线的关键点上，巡更人员在巡逻的过程中用随身携带的巡更棒读取自己的人员点，然后按线路顺序读取巡更点，在读取巡更点的过程中，如发现突发事件可随时读取事件点，巡更棒将巡更点编号及读取时间保存为一条巡逻记录，定期用通信座（或通信线）将巡更棒中的巡逻记录上传到计算机中。管理软件将事先设定的巡逻计划同实际的巡逻记录进行比较，就可得出巡逻漏检、误点等统计报表，通过这些报表可以真实地反映巡逻工作的实际完成情况。

电子巡更系统主要由称为巡更棒的数据采集器、含有唯一ID码的信息钮、读取数据采集器信息的数据读写器、根据采集器的采集信息而进行处理的巡更管理软件四大部分组成。其组成结构如图1-4所示。

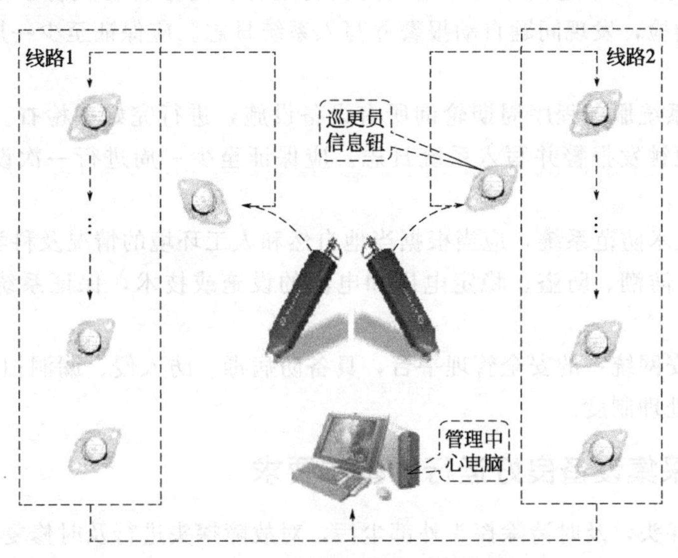

图1-4 电子巡更系统组成示意图

电子巡更系统基本的工作原理是在要求巡查的沿线线路上安装一系列代表不同点的信息钮，每个信息钮内设有一个不重复的ID编码；系统可以分多条巡更线路，每条线路由一名巡更员手持巡检器从监控中心出发，首先点击代表各自的巡更员信息钮，然后根据事先规定好的巡更路线逐点巡逻前进，完成巡更后回到监控中心将巡更信息下载到管理中心电脑中。以上步骤便完成了一次巡更，巡更次数可根据需要任意设置。管理员可通过管理中心电脑中记录的信息对巡更员的巡检工作做出评定。通过这种方式就可以对巡查人员的巡查情况（如巡查的地点、时间、路线等）进行记录和考核，从而为考查巡查人员的工作提供了可靠的数据。

学习单元3 安全技术防范系统异常事故的前期处理

学习目标

掌握安全技术防范系统异常事故前期判断和处理方法；
能够熟练地对安全技术防范系统异常事故进行前期处理。

知识要求

安全技术防范系统异常事故的前期判断和处理重点在于其具备良好的设备、设施管理措施，即安全技术防范系统应有专门的管理单位确保其运转良好。

一、确保系统安全运转的基本要求

① 制定严格的操作程序和维护管理制度，对操作人员、管理人员和维护人员进行培训，

保证其能正确管理、操作和维护系统。

② 对前端采集设备完善分级分类巡查工作模式，确保前端采集设备良好运行，一旦发现故障，及时进行处理。

③ 制订设备的在线率巡检计划，定期对设备运行状况做自动或者手动远程巡检。另外应定期和不定期抽检，发现问题自动报警并写入系统日志。应保证至少一周进行一次设备设施的在线率巡检。

④ 利用后台系统服务程序周期轮询所有设备设施，进行完好率检查。一旦发现设备无响应或响应失效便触发报警并写入系统日志。应保证至少一周进行一次设备设施的完好率巡检。

⑤建设安全技术防范系统，应当根据当地自然和人工环境的情况及科学技术条件，配置温度控制、防尘、防潮、防盗、稳定电压和电流的设施或技术，保证系统运行的正常物理环境。

⑥ 建设与公安网统一的安全管理平台，具备防病毒、防入侵、漏洞扫描安全系统。

⑦ 建立应急处理制度。

二、确保信息采集设备良好运行的基本要求

① 定期清理探头，及时清除探头外部尘污，对故障探头进行及时修复。

② 前端探测设备应具有防破坏功能，如发生剪断线、遭遮挡、位置改变、聚焦失败、被喷雾等现象时，系统能够自动报警。

三、确保信息存储设备良好运行的基本要求

① 对全网存储资源进行统一管理，自动备份，并定期对视频资料进行编号整理。

② NVR 作为视频存储设备时，应保证网络的实时畅通或者前端采集设备具有本地视频数据的缓存功能。当出现故障时，启用备份，保证 NVR 无停机地进行维护。

③ DVR 作为视频存储设备时，要求其具有相当高的稳定性。应能对 DVR 电源、网络、硬盘故障进行自动监测。

④ 应能对编码器电源、网络、程序故障进行自动监测。

⑤ 自动检测 DVR、NVR 的存储设备工作状态及空间使用状态，一旦剩余容量不足，应及时采取相应措施。

四、确保技防设备设施维护维修的一般要求

① 建立日常检查、安全管理和维护保养制度，每月不少于一次检查。发生故障应当及时排除，并启用备用设施，确保系统正常运行。

② 做好日常的清洁保养工作，定期除尘除灰，避免设备受潮、受撞击、受雷击等影响。

③ 安全技术防范系统的运营单位应当定期委托授权的技术评价机构进行系统合格评定，做好系统的维护工作，保证其效能的发挥。

④ 对第二级以上的安全技术防范系统进行检查时，应当同时检查配备备用电源、采集设备、存储设备和其他备用安全技术防范设施的有效性。

⑤ 经技术检测鉴定，确已不堪使用或技术过时不能满足防范需求的设施，报请原立项审批部门批准后进行更新改造。

技能要求

一、工作名称

安全技术防范系统异常事故的前期处理。

二、工作程序

（一）充分了解安全技术防范系统

对系统工作电压、电流、信号控制方式，各输出端口作用、设置编程、合理配置数量、传输方式、传输环境、设备使用环境、安装标准、接线工艺与系统配置使用的设备技术要求等有充分了解。

（二）采用合理的故障排除方法

通常采取分段、分级、替换、缩小范围等方式，将故障范围缩小和确定在某一设备上面，让正常的设备使用，再排除故障。在排除过程中，重要设备、唯一的设备必须保证是好的，再向外查找，特别要注意系统参数设置，故障现象有无规律性、时间性。安全技术防范系统异常事故的前期处理（图 1-5），具体可采用问、望、闻、切的方法进行：

①“问”。问故障发现者，了解设备有无人动过，有无其他人员在此施工等。这样做的目的是为了了解设备故障造成的根本原因，能更快地找到故障点位。

②“望”。有的故障用肉眼就能看到，无须复杂程序就能达到目的，如设备线路松脱、设备元器件烧毁、硬件故障指示灯、软件故障显示提示、电线破损等均可以明显看到。

③“闻”。有的故障（设备）在发热阶段可闻到气味，如带线圈设备、晶体管一类的设备等。

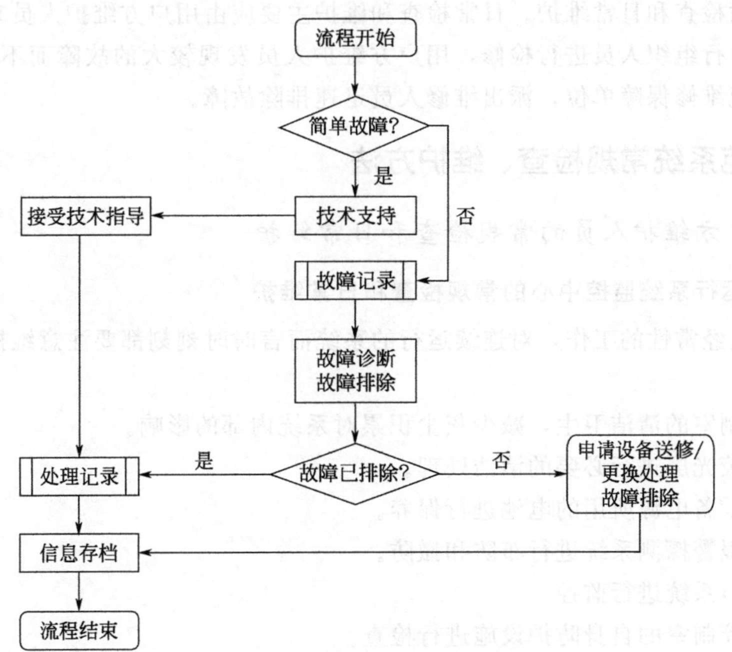

图 1-5 安全防范系统故障处理程序

④“切”。根据系统的各个组成部分分段检查，采用仪器检测或新设备替换等方法进行分析辨别，查出故障点。

安全技术防范系统异常事故前期处理过程中，如有问题应随时咨询厂家，确保系统正常运行。

学习单元4　编制安全技术防范系统维护保养计划

学习目标

熟练掌握安全技术防范系统维护保养计划编制规范和要求；
能够规范地编制安全技术防范系统维护保养计划。

知识要求

一、安全技术防范系统维护保养一般要求

安全防范系统在交付使用后，系统将不分昼夜全年365天全天候地运行，系统的所有设备、元器件都在加电下工作，由于气候条件的变化、环境条件的变化、人为因素的影响，再好的系统也会发生故障。从以往安全防范系统运行的经验统计中发现，系统在训练有素的维护人员管理下和没有严格培训的维护人员管理下，前者的系统平均寿命将远高于后者。有的单位因工作性质所决定（如部队战士、小区保安人员等）会频繁更换维护人员，且没有及时对维护人员进行上岗前的培训，系统得不到良好的维护，将大大增加故障发生概率，影响系统的平均寿命。为了预防和减少故障的发生，使系统保持在良好的运行状态，需要有计划地对系统进行全面检查和日常维护。日常检查和维护主要应由用户方维护人员来完成，发现较小的故障时可自行组织人员进行检修，用户方维护人员发现较大的故障而不能自行排除时，须及时通知系统维修保障单位，派出维修人员迅速排除故障。

二、安全防范系统常规检查、维护方法

（一）用户方维护人员的常规检查和日常维护

1. 对连续运行系统监控中心的常规检查和日常维护

日常维护是经常性的工作，对连续运行的系统而言时时刻刻都要注意维护和保养，其维护方法如下：

① 保证控制室的清洁卫生，减少灰尘积累对系统内部的影响。
② 及时对荧光屏进行必要的清洁处理。
③ 及时对后备电源所用的电池进行保养。
④ 定时对报警探测系统进行布防和撤防。
⑤ 对出入口系统进行监控。
⑥ 经常对控制室的自身防护设施进行检查。
⑦ 对控制室的消防设施进行保养。

2. 对不连续运行系统的监控中心常规检查和日常维护

对不连续运行的系统而言（如定时设防的入侵报警系统），除执行连续运行的系统的常规维护外，在每一次开机前都要进行一次检查，观察控制台上及其周围是否有多余的东西，对加电后会产生不良后果的隐患先进行排除。

3. 对无人值守的控制室常规检查和日常维护

安全防范系统有些分控中心是无人值守的，对于这些系统的设备不能长期无人问津，也应定期检查，定期清扫，排除故障隐患。

4. 对前端设备的常规检查和日常维护

安全防范系统的前端设备有许多安装在室外，由于气象条件的变化（刮大风、下大雨、雷击等）及人为的因素（人为的破坏设备或改变报警探测器的探测方位等）都会使系统发生故障，因此必须定期进行巡检：

① 及时对固定摄像机的监视方位进行观察，如有变化及时纠正。

② 及时对报警探测器的布防方位进行观察，如有变化及时纠正。

③ 及时对电子巡查系统前端的“信息钮”安装的可靠性进行检查。

5. 对传输设备的常规检查和日常维护

由于重型车辆碾压造成地埋线缆的损伤、气象条件的变化造成架空线缆的损坏、地埋线缆的接头浸水等都会使系统发生故障，甚至会造成系统瘫痪。除日常进行定期巡检外，遇刮大风、下大雨、雷击、下大雪应及时对传输设备进行检查和维护。

（二）系统维修保障单位维护人员的定期检查和维护

① 系统维修保障单位在系统保修期内应定期向用户方的使用维护人员询问系统的运行情况，发现异常时及时派专业维修人员前往排查。

② 系统维修保障单位在系统保修期内应定期对系统做全面检查，系统检查间隔的时间应根据系统的重要性以及用户方和维修保障单位双方进行约定，检查间隔时间可以是以一季度或半年为单位。检查测试系统各主要监测点的数据，对故障的苗头和隐患及早排除。

（三）系统在保修期满前的检查

系统在保修期满前应对系统进行一次全面的检查测试，对故障隐患进行全面排除；总结保修期间故障频发部位的现状，提出对系统运行技术状态的正确判断，提供双方续签保修协议的依据。

（四）日常维护的记录

每次进行系统维护后应有维护过程的记录，并存档。

（五）保修协议的续签

以往有很多安全防范系统在保修期满后，故障频繁发生，由于没有维修保障协议而延误了故障的排除时间。用户方没有按计划申请系统维修保障资金，使系统过早地失效。为避免此类现象发生，在保修期满前用户方应及时和系统维修保障单位签订保修期满后的系统维修保障协议。

（六）用户维护人员的上岗培训

安全防范系统用户单位的管理人员应认识到维修工作的重要性。在更换系统用户维护人员时，必须做好上岗前的培训工作，在考核合格后方能上岗担当系统维护人员。在系统功能升级后系统维修保障单位应及时向用户系统使用和维护人员交代，避免发生不必要的差错。

三、安全技术防范系统维护保养技术要求

（一）入侵报警系统

确保入侵报警功能、防破坏及故障报警功能、记录和显示功能、报警响应时间、报警复核功能等工作正常，确保报警声级符合要求，确保报警系统预留接口正常。

（二）视频安防监控系统

确保前端设备、系统控制功能、监视功能、显示功能、记录回放功能、报警联动功能、图像复核功能等工作正常，确保视频安防监控系统预留接口工作正常，确保系统时标与北京标准时间误差不超过 60 秒。

（三）出入口控制系统

确保出入口对象识别装置功能、控制及信息处理功能、报警功能、楼宇对讲电控防盗门系统功能等工作正常。

（四）电子巡查系统

确保巡查设置功能、记录打印功能、管理功能等工作正常。

（五）停车库（场）管理系统

确保识别功能、控制功能、报警功能、计费功能等工作正常。

（六）电源设备、防雷接地以及线缆设备

确保漏电保护功能、UPS 后备供电功能、防雷接地功能等工作正常，确保传输功能工作正常。

（七）监控中心

确保各子系统和系统之间配套联动的工作正常，防护牢固，工作环境清洁。

四、安全技术防范系统维护保养内容要求

（一）入侵报警系统维护保养内容要求

入侵报警系统维护保养内容要求如表 1-1 所示。

表 1-1 入侵报警系统维护保养内容要求

序号	项目内容要求
1	确认紧急按钮、脚挑开关等安装牢固、清洁且不能自动复位
2	门磁开关调整间隙应符合要求
3	原系统配置的声音复核装置应工作正常
4	入侵和周界探测器功能有效，工作正常，探测范围符合工作要求
5	确认引起误报的障碍物
6	探测器位置是否移动，探测器固定符合设计要求
7	声、光报警器工作正常，声强符合规范要求，确认没有开关控制
8	报警控制主机和全部探测器应具有警情报警、故障报警、防破坏、防拆等功能，确认工作正常，报警事件记录确认
9	密码操作报警控制箱应清洁、牢固，确认工作正常

续表

序号	项目内容要求
10	开关操作控制箱应清洁、牢固
11	时钟或程序操作控制箱应清洁、牢固
12	灯光报警控制箱应清洁、牢固
13	声响报警控制箱应清洁、牢固
14	打印输出控制箱应清洁、牢固
15	电话报警联网适配器语音提示应工作正常
16	保安电话应话音清楚

（二）视频安防监控系统维护保养内容要求

视频安防监控系统维护保养内容要求如表 1-2 所示。

表 1-2 视频安防监控系统维护保养内容要求

序号	项目内容要求
1	黑白摄像机应清洁、确认监控方位和原设计方案相一致
2	彩色摄像机应清洁、确认监控方位和原设计方案相一致
3	微光摄像机应清洁、确认监控方位和原设计方案相一致
4	室内、外防护罩应清洁、牢固，进线口密封确认
5	监视器应清洁，散热应正常，确认图像质量和原设计方案相一致
6	视频移动报警器侦测范围应与原设计方案一致
7	视频顺序切换器功能应与原设计方案一致
8	视频分配器应齐全有效
9	云台上、下、左、右控制应齐全有效
10	镜头的调整、控制应齐全有效
11	图像分割器应齐全有效
12	光电信号转换器应工作正常
13	电光信号转换器应工作正常

（三）出入口控制系统维护保养内容要求

出入口控制系统维护保养内容要求如表 1-3 所示。

表 1-3 出入口控制系统维护保养内容要求

序号	项目内容要求
1	楼宇对讲系统主机应功能有效，时间误差小于 60 秒
2	对讲电话分机应话音清楚、功能有效
3	可视对讲摄像机图像应清晰
4	可视对讲机功能应有效
5	电控锁功能应有效，工作正常，应防拆

（四）电子巡更系统维修保养内容要求

电子巡更系统维修保养内容要求如表 1-4 所示。

表 1-4 电子巡更系统维护保养内容要求

序号	项目内容要求
1	离线式电子巡查信息钮应牢固
2	巡更棒时间验证应正常，时间误差小于 60 秒
3	巡查软件应齐全有效
4	保安巡逻按钮应清洁、牢固
5	数据传输应齐全有效

（五）停车库（场）管理系统维护保养内容要求

停车库（场）管理系统维护保养内容要求如表1-5所示。

表1-5 停车库（场）管理系统维护保养内容要求

序号	项目内容要求
1	收费显示屏没有色痕、应清洁，时间误差小于60秒
2	自动道闸起落应平稳、无振动
3	压力电波防砸装置应符合要求

（六）电源设备、防雷接地以及线缆设备维护保养内容要求

电源设备、防雷接地以及线缆设备维护保养内容要求如表1-6所示。

表1-6 电源设备、防雷接地以及线缆设备维护保养内容要求

序号	项目内容要求
1	确认UPS配套蓄电池按规定充放电
2	直流供电器应清洁
3	直流供电器电压应符合要求
4	交流供电器应清洁，交流与UPS转换功能确认
5	交流供电器电压应符合要求
6	变压器或充电器电压应符合要求

（七）监控中心设备维护保养内容要求

监控中心设备维护保养内容要求如表1-7所示。

表1-7 监控中心设备维护保养内容要求

序号	项目内容要求
1	机柜和操作台内应除尘、清洁、整齐，应急照明确认
2	监控中心内的温度宜为16～30℃，相对湿度宜为30%～75%
3	监控中心应保证通信手段正常，应配置适合于电子设备的消防器材

五、维护保养和维修作业人员工作要求

① 维护保养和维修作业人员必须佩戴维保单位的标识。

② 维护保养和维修作业中，现场作业人员不得少于两人。作业中应负责落实现场安全防护措施，保证作业安全、人身安全。

③ 维护保养和维修安全技术防范系统记录设备时应有当事人单位人员在场情况下才能进行。

④ 维护保养和维修工作过程中造成的差错由维保单位负责。

⑤ 加强维护保养和维修作业人员的安全保密教育。

六、维护保养和维修服务要求

（1）响应时间　故障维修响应时间不得大于2小时，故障处理当日解决。

（2）服务受理　维保单位应提供给当事人单位固定客服热线电话，保持每周7×24小时接听、处理当事人单位的技术咨询、服务请求和故障申报，反馈维保和维修服务信息；维保单位应提供给当事人单位移动电话客服热线至少1部，保持畅通，及时响应紧急情况下的当事人服务请求和故障申报服务。

（3）投诉受理　维保单位提供 7×12 小时（8:00～20:00）投诉热线；3 个工作日内回复当事人单位投诉处理结果，投诉回复率 100%。

（4）当事人满意度：每半年组织一次当事人满意度调查，当事人满意度分 4 个等级：非常满意、满意、基本满意、不满意。

（5）服务规范性　维保单位应提供符合规范的服务管理体系：包括明确的岗位设置、职责分工、值班安排，健全的维护保养和维修管理制度，翔实的维护保养和维修记录，完善的备品备件保障机制等。

技能要求

一、工作名称

编制安全技术防范系统维护保养计划。

二、工作程序

安全技术防范系统维护保养计划编制规范包括安全技术防范系统维护保养一般要求、安全技术防范系统维护保养技术要求、安全技术防范系统维护保养内容要求、维护保养和维修作业人员工作要求、服务要求。

（一）签订维护保养和维修合同

安全技术防范系统维护保养和维修合同至少应包括以下内容：

① 维护保养和维修期限。

② 维护保养和维修内容。

③ 维护保养和维修要求。

④ 故障响应时间和维修处理时间限定。

⑤ 维修质量要求和维修所需配件供应方式的确定。

⑥ 维护保养和维修记录及验收的标准。

⑦ 维护保养和维修资金支付方式和时间。

⑧ 当事人双方具体负责人的姓名、联系电话。

⑨ 提供完整的安防系统竣工资料，包括设计方案、工程合同或器材设备清单、系统原理图、平面布防图、电源配置表、线槽管道示意图、监控中心布局图、主要设备和器材的检测报告（认证证书）、使用说明书、系统操作手册、验收报告等。

⑩ 当事人双方的责任、权利和义务。

⑪ 争议及违约的处理方式。

（二）维护保养主要内容

清洁、调整、润滑安全技术防范系统前端设备、辅助设备、传输设备（线缆）、控制设备、记录和显示设备，检查系统工作状况和主要功能，并进行相应维护保养，发现并消除安全隐患。

（三）维护保养方法

根据安全技术防范设备材质、脏污程度等，使用吸（吹）尘、刷擦、润滑、所处位置确认与调整等方法对其进行维护保养，必要时使用清洁剂（但不能腐蚀设备）。

（四）维护保养工作要求

① 维护保养和维修作业人员必须保护好当事人单位的现场环境。

② 全系统的维护保养每年至少进行2～4次，并写出报告，内容应不少于《安全技术防范系统维护保养内容要求》所列项目，或根据合同要求进行。

③ 维保单位在检查系统时，发现异常情况应及时向当事人单位通报。

④ 维保单位断电进行维护保养和维修前，应书面征得当事人单位同意。

⑤ 维护保养和维修工作必须每次都有文字记录，并应有维护保养和维修责任人签字及当事人单位主管人员签字确认并存档。

⑥ 维护保养和维修记录应填写两份，当事人单位和日常维护保养单位各保存1份，保存时间至系统不能工作为止。

⑦ 维护保养记录应用钢笔或签字笔填写，不得使用铅笔、圆珠笔。

第二节　工程项目管理

学习单元1　编制安全技术防范系统工程招投标文件

学习目标

掌握工程招投标基础知识；

能够正确、规范地编制安全技术防范系统工程招投标文件。

知识要求

一、招投标的基本介绍

（一）招投标法律规范简介

招标投标法是国家用来规范招标投标活动、调整在招标投标过程中产生的各种关系的法律规范的总称。按照法律效力的不同，招标投标法法律规范分为三个层次：

第一层次是由全国人大及其常委会颁布的招标投标法法律；

第二层次是由国务院颁发的招标投标行政法规以及有立法权的地方人大颁发的地方性招标投标法法规；

第三层次是由国务院有关部门颁发的招标投标的部门规章以及有立法权的地方人民政府颁发的地方性招标投标规章。

（二）必须进行招投标的项目

① 大型基础设施、公用事业等关系社会公共利益、公共安全的项目。

② 全部或者部分使用国有资金投资或者国家融资的项目。

③ 使用国际组织或者外国政府贷款、援助资金的项目。

（三）可以不进行施工招标的项目

① 涉及国家安全、机密、抢险救灾的项目。

② 利用扶贫资金实行以工代赈使用农民工的项目。

③ 专利、专有技术、艺术造型特殊的项目。

④ 施工单位自建且资质等级符合工程要求的项目。

⑤ 在建工程追加附属小型工程或主体加层且承包人未变更仍具备承包能力的项目。

二、招标一般程序

（1）立项审批，招标事项核准。

① 立项审批：书写《项目建议书》或初步设计报告报发改委审批。

② 招标事项核准：由招标人填写《招标事项核准申请表》报发改委核准。

③ 招标范围：即全部招标或部分招标。

④ 招标方式：即公开招标或邀请招标。

⑤ 招标组织形式：即委托招标或自行招标。

（2）选择代理机构。

（3）编制招标公告、资格审查文件、招标文件与备案。5个工作日前将招标文件送有关行政监督部门备案，行政部门5个工作日内完成备案审查工作。

（4）发布招标公告或投标邀请书。

（5）接受报名，发售资格审查文件、招标文件，获取招标文件回执。

① 报名时间一般不少于5个工作日，小型项目可以根据潜在投标人获取信息和路途时间情况，适当缩短报名时间。

② 可以收取招标文件工本费，但不得以营利为目的。

③ 发售招标文件后要做好登记工作。

④ 向企业说明情况，符合招标公告要求的方可报名。

（6）踏勘现场、答疑。

（7）抽取评委、组建评标委员会。

（8）开标、评标、决标、推荐中标候选人。

（9）编写评标报告及备案。

（10）中标公示（3个工作日）、发出中标通知书（无投诉或投诉处理完毕）、签署合同（30日内）。

三、开标会议一般程序

（1）主持人在招标文件确定的时间停止接受投标文件，开始开标。

（2）宣布开标人员名单。

（3）确认投标人法人或授权代表人是否在场。

（4）宣布投标文件开启顺序。

（5）依开标顺序，先检查投标文件密封是否完好，再启封投标文件。

（6）宣布投标要素，并做记录，同时由投标人代表签字确认。

（7）对上述工作进行记录，存档备查。

技能要求

一、工作名称

编制安全技术防范系统工程招投标文件。

二、工作程序

（一）工程标书编制原则

工程标书的编制原则主要包括以下四项：

① 全面反映使用单位需求的原则。

② 科学合理的原则。

③ 公平竞争（不含歧视性条款）的原则。

④ 维护本企业商业秘密及国家利益的原则。

（二）工程标书编制初期工作要求

① 向招标人提出书面澄清申请。

② 部署标书编制过程中的具体工作安排。

③ 办理授权书公证。

④ 办理建委证明、无行贿犯罪证明。

⑤ 办理资信保证金、投标保证金、信贷证明、投标保函。

⑥ 借阅人员证件、资信证书、业绩资料。

⑦ 联系技术标编制人员，配合编制资审中的施工组织设计。

⑧ 提前购买存放标书电子版所用的 U 盘或光盘。

（三）工程标书编制中期工作要求

① 追踪初期各项工作的进展情况。

② 注意查收招标人派发的各项补遗书并回复确认。

③ 编制标书中的签字盖章资料。

④ 编制标书中的其他资料。

⑤ 编制标书中的设备资料。

⑥ 编制标书中的财务资料。

⑦ 编制标书中的资信资料。

⑧ 编制标书中的业绩资料。

⑨ 编制标书中的人员资料。

（四）工程标书编制后期工作要求

① 投标文件商务分册中涉及技术、报价的内容的确认。

② 标书打印、组卷、自审、互审、修订。

③ 标书审核及召开评审会。

④ 标书再次修订、复印、装订、签字盖章、包封。

⑤ 标书递交（预订票务、联系邮寄、预约住宿）。

学习单元 2　编制安全技术防范系统设计任务书

学习目标

了解安防工程设计任务书的性质、作用；
熟悉安防工程设计任务书编写的步骤与方法；
能熟练编制安全技术防范系统设计任务书。

知识要求

一、安全防范工程设计任务书的性质与作用

设计任务书是由项目建设单位编制的、确定安全防范工程建设项目和建设方案的基本文件，是设计工作的指令性文件。一级安全防范工程申请立项前，必须进行可行性研究，提出可行性研究报告，并由建设单位或设计单位编制；二、三级安全防范工程立项前，必须有设计任务书，由建设单位自行编制，也可请设计单位代编。可行性研究报告和设计任务书编制后，须经专家论证，通过后经相应的主管部门批准，工程正式立项。所以，工程设计任务书是安全防范系统工程立项所必备的文件。

在实际工作中，工程立项后，该项安全防范工程就可纳入国家基建工程项目中，作为基建工程的重要组成部分；或纳入地方部门的建设计划项目中，设计任务书不仅明确了“任务来源”，也使工程建设资金有了保障。可见，设计任务书既是立项的依据，又是决定工程命运和前途的重要文件。

（一）设计任务书是法规性文件

编制工程设计任务书，必须在国家方针政策的指导下，遵循有关规范、标准，并符合政府部门规定及管理要求，全面反映建设单位的意愿和总体规划的设计要求。

第一，设计任务书完成编制后，须经专家论证通过，由主管部门审核批准。由此看出，编制任务书的过程，就是严格履行法规与程序的过程。这是设计任务书具有的“法规性”文件的一个方面。

第二，不同行业的安全防范工程，都有不同行业的“强制性”标准，来保证工程质量和安全防范的有效性。国家对一些风险大的企事业单位，如“文博系统”“银行系统”和“军工系统”等，在安全防范方面，分别制定了不同系统的“风险等级和安全防护级别的规定”，并明确为“强制性标准”。所谓强制性，就是无条件地认真贯彻执行。而设计任务书的编制，就是要认真贯彻实施政府部门的管理规定和有关的规范、标准，特别是强制性的标准。从这方面讲，设计任务书是法规性文件的综合体现。

第三，编制设计任务书的过程，就是学习法规贯彻法规的过程；是提高认识，树立规范化、标准化意识，加强法治观念的过程。从这个意义上讲，编制设计任务书的同时，也考核了工程技术人员规范化、标准化意识和法治观念。

（二）工程设计任务书是规划性文件

设计任务书要通过全面规划和总体的设计要求，来体现与刑事犯罪做长期斗争的战略思

想。因此，任务书的编制必须从建设单位的实际出发，制定切实可行的、能长期有效的战略规划。这个规划不仅要体现现代化的水平，而且要达到要求的防范力度。

1. 安全防范系统的规划要有针对性

规划的针对性在于做到“知己知彼”。

(1) 要做到“知己”，就必须了解和掌握以下情况：

本单位的风险等级及防护的重点；被防护部位和防护目标的风险等级；防护区域的划分和总体的防护范围；周界防护的区域及周界的长度，监视区、防护区、禁区的确定；建筑物的结构、特点、实体防护能力及存在的薄弱环节，人防力量是否与防范相适应；环境条件、四邻情况、地形、地貌，其中哪些条件是有利于防范的，如何充分利用，哪些是不利条件，对安全构成威胁的是哪些因素，应如何采取措施；中心控制室是要害部，其位置、面积，自身的实体防护能力，是否符合规范要求；本单位有哪些大型的机械设备，配电室与中心控制室距离有多远，中心控制室能否受到电磁、震动、噪声和有害气体的侵袭和干扰；防护区域内一年四季温、湿度的变化情况以及自然条件（风沙、雨雪、雷电）的情况；本单位的建筑图纸是否完善、齐套；现行的管理体制是否与安防系统工程的建立相适应；被保护对象的总价值与投入安全防范的资金比例，应如何考虑才为恰当；资金来源渠道，哪方面是有把握的，哪方面是要努力争取的；自筹资金的数额与总体资金可能达到的数额；主管部门和单位领导的意愿及指示精神；预见可能会遇到的困难。

(2) 要做到“知彼”，需要明确了解的问题是：

① 了解犯罪分子的狡猾、诡秘、预谋、冒险、凶狠残暴、不择手段、伺机作案、突发性强、难以预测的特点，有助于对犯罪分子本质的认识。

② 了解作案形式：从总结的案例中可以了解到入侵作案、内部作案、监守自盗、内外勾结、潜伏作案、集团作案、智能化作案、暴力抢劫作案等作案的形式。

③ 了解作案手段：攀爬入侵、溜门撬锁、潜伏、用玻璃刀划玻璃、砸玻璃、破坏门窗及通道、钻空子、找漏洞、顺手牵羊、运用作案工具、运用智能化手段采取对策、携带枪支、凶器威逼作案、行凶杀人作案等。

④ 通过“知彼”的了解，对刑事犯罪的特点、形式、手段和犯罪分子的本质有了深刻的认识，从而加强了敌情观念，树立了风险意识，克服了麻痹思想和侥幸心理；认识到与刑事犯罪做斗争的长期性、复杂性和艰巨性。结合“己方”各有关方面的条件，经过认真的分析研究，从实际出发，明确了规划的方向和重点，才能搞好规划。

2. 规划的内容与重点

在“知己知彼”提高认识的基础上，从本单位的实际出发，遵循有关规范、标准，进行全面规划。所谓全面规划，就是针对当前刑事犯罪的特点，把“技防”“物防”与“人防”相结合，组成一个以“物防”为基础，以“技防”为手段，以“人防”为核心并具有现代化特征的安全防范体系。

这一体系的构成，须通过规划，使“三防”有机结合，并达到相互协调。既可充分发挥“三防”各自的特长，又能发挥“三防”总体的优势，以达到协同防范的效果。

这一体系中，“物防”与“人防”是原来就有的，只是通过规划，将不适应“三防”相互协调的方面和存在的薄弱环节，给予加强和改善。而规划的重点是“技防”。因为对“技防”规划的完善与否，不仅影响“技防”自身的质量和效果，还会影响防范体系的整体效能。因此，搞好“技防”的规划是至关重要的。所以，“技防”不仅是规划的重点，也是规划的核心。

综上所述，工程设计任务书的编制，是“安全技术防范系统工程”总体设计的首要主导环节，它是在战略规划的指导下，提出工程总体的设计要求，并规划出工程全貌，体现出任务书所具有的法规性的内涵。

(三) 工程设计任务书是依据性文件

工程设计任务书的编制是安全防范工程建设总体设计的首要环节，它的确定，为以后的工作提供了依据。

1. 立项的依据

根据国家规定，建设任何工程项目，都要执行立项审批程序，安全防范工程也不例外。所谓立项审批的依据，就是工程建设单位，以书面的形式，向主管部门阐明建设该项工程的必要性和可行性。其中应该包括的主要内容：建设工期、投资控制数额、建成后应达的预期效果（社会效益与经济效益）等。这一文件被命名为“工程设计任务书”，它首先起着工程立项的依据作用。

2. 招标与评标的依据

任务书既是招标的依据，也是评标的依据。

3. 工程设计的依据

安全防范工程设计，要依据工程设计任务书，现场勘察记录和有关规范、标准的要求，才能完成“方案设计”而不走弯路。其中工程设计任务书是首要的基础依据，其重要性在于工程设计任务书所具有的法规性、规划性、指导性和权威性。就工程建设而言，任务书既是工程设计的依据，又是工程质量的保证。所以，任务书是工程建设的纲领性文件。

4. 工程审核的依据

设计方案完成以后，是否先进可行，是关系到工程建设能否达标的重大问题。工程方案审批，主要是针对“工程设计方案”进行把关，而审核的依据是任务书及规范标准。

一项较大型的工程（投资额为 30 万元以上的工程）或风险等级为一级或二级单位的工程，其设计方案中的风险等级、防护级别、工程项目的内容和目的要求以及建成后应达到的预期效果，如果与工程设计任务书的要求不符合，或者缺少这方面的设计内容，这种方案是不能审批通过的。

工程设计任务书既然是工程设计的重要依据，应严格按照工程设计任务书的要求进行设计，这样才能充分发挥工程设计任务书的依据作用，从而使设计方案审批通过。

5. 工程验收的依据

(1) 竣工　工程项目按设计任务书的规定内容全部建成，经试运行达到设计要求并为建设单位认可，视为竣工。

(2) 初验　由建设单位组织设计施工单位根据设计任务书的要求，进行初验，并写出初验报告。

(3) 技术验收　技术系统验收，以系统检测报告为依据，对照设计任务书和设计文件检查系统性能和质量是否符合要求。

无论是“竣工”“初验”还是“技术验收”，都以设计任务书为检查验收的依据。可见，在工程建设中设计任务书的重要性和主导性。

二、安防工程设计任务书编制要求

（一）安防工程设计任务书编制依据

安全防范工程建设技术文件包括项目建议书、可行性研究报告、设计任务书、初步设计文件、施工图设计文件、竣工资料等。编制技术文件时，应符合国家、行业和地方有关安全防范工程建设的管理规定，应正确选用国家、行业和地方标准规范，采用的版本均应为现行的有效版本。其中，设计任务书的编制深度为：应作为编制初步设计文件、施工图设计文件的基本依据。

设计任务书的内容，应符合有关规范、标准的要求。因为强制性标准是对风险大的工程质量和安全防范有效性的根本保障。所以，强制性标准是必须学习的重要内容。不同的领域有不同的强制性标准，在军工系统、文博系统、银行系统、中小学校、医院等领域，国家都制定了安全技术防范强制性标准。

（二）安防工程设计任务书编制中的考察与调研

在安全防范工程建设中，编制“设计任务书”的工作是至关重要的。它关系到工程建设能否开好头、起好步；关系到工程质量、命运和前途的问题，所以不能掉以轻心，必须认真对待。为此，做好考察和调研工作，要了解和掌握以下第一手材料，做好充分准备：

1. 注意了解新技术

所谓新技术，就是当前国内外有关安防方面的新技术、新设备、新工艺。打通这方面的信息渠道，以便及时了解当前高、新科技的发展动态，在选用先进的工程设备时，做到心中有数。同时了解市场情况，特别对先进优质的名牌产品，做深入的了解，掌握其性能价格比，收集各主要设备的质量认证材料和产品使用说明书，以便为确定工程投资额，提供参考依据。

2. 选择意向单位

由于安全防范系统所具有的特殊性，很难找到完全相同的两个系统。这就是说，无论是简单的系统，还是复杂的系统，也无论是一级风险的大系统还是三级或三级以下的小系统，都无一例外地需要建设单位和设计施工单位的密切合作，才能完成设计任务书的编制、现场勘察、工程设计、施工、调试以及工程验收这一全过程。就编制设计任务书的准备工作而言，选择意向单位，不仅是编制设计任务书的需要，而且通过对编制任务书的考核，能够更加了解设计施工单位的设计能力以及经验和水平，为今后选择承担工程设计、施工的单位奠定基础，从而做到优中选优。

3. 做好调查研究工作

安全防范工程的特殊性表现在，它不是一个完全独立的电气系统，而是以电气系统为核心，以建筑物为基础、以人防机制为参照，依托三者结合的系统工程。

由于每个建设单位的性质、规模、建筑结构、现场环境、风险等级和投资数额的不同，安全防范工程建设不存在设计方案的通用性。因此，每个安全防范工程的建设，不论规模大小都要从头开始，都要从工程立项、编制设计任务书开始，一直到工程竣工验收。特别是建设一级风险的大型安全防范工程，在设计全过程的各个环节中，都会遇到许多新情况、新问题，需要及时解决。如果心中无数，事先又无思想准备，一旦问题出现，就会束手无策，不仅影响工程进度，如果处理不当，还会造成过失。面对这种不可逾越的现实，较好的办法，就是事前做好调研和取经的工作。

（1）调研的时机　进行调研，也要讲究实效。一方面要做好充分的物质准备和精神准备；另一方面要选好调研的适当时机，以便在较短的时间内，通过调研，达到学习取经的目的。就编制设计任务书的过程而言，调研的时机在建设单位选定协作的意向单位，双方达成共同编制设计任务书的协议后，由建设单位或设计单位组织双方的有关人员（人员在于精而不在于多）进行调研，较为恰当。因为达成协议后，编制设计任务书的任务得到了落实，分工和责任也随之明确了，参与调研的人员，将依据所承担的任务和各自的不同情况，从各自的需要出发，做到有的放矢，抓住重点，这样才能取得好的调研效果。

(2) 调研的对象 选好调研的对象，是非常重要的。它关系到调查能否有收获，能否达到预期目的。不同系统（文博系统、银行系统、军工系统等）在建设安全防范工程方面，由于建设的时间不同，风险等级不同，投资额度不同，承担建设的单位不同，工程建成后客观上总是存在着差异。相对而言，有“先进”“较先进”“不先进”之分；或某一局部、某一方面、某一系统比较先进；或某一方面有创新等。总之，调查的对象应该是本行业中的先进单位。

所谓先进单位，是指在近期建成的一级风险的大型安防工程已正式验收通过并得到专家好评的单位。因为是近期建成的，所以所选用的设备应该是较新、较先进的产品；已正式验收通过，说明该项工程不仅达到了一级风险的防护要求，符合国家验收的标准，而且资料完善。通过调查，可以看到以下资料：①工程立项的依据——设计任务书；②根据设计任务书的要求编制的招标文件；③建设单位组织投标单位勘察现场的记录文件、解答招标文件中的有关问题的记录；④当众开标、议标、审查标书，确定中标单位，发出中标通知书的有关文件材料以及时间安排和过程；⑤招标单位与中标单位签定的合同书；⑥建设单位根据设计任务书的要求和现场勘察记录所掌握的有关环境数据，双方拟订的防护区域、范围、风险等级、防护重点、主要设备安装部位、管线敷设走向等所达成的共识，由中标的设计施工单位提出的工程设计方案，该设计方案是经过有关主管部门审查批准的方案；⑦试运行报告，竣工报告，初验报告；⑧检测报告；⑨工程验收的有关资料，其他文件资料等。以上资料，是调查的重要内容，只有选准、选好调查对象，才能满足调查的要求，才能通过调查学习到新知识，了解到工程建设的全过程，从而取得新鲜的经验。

(3) 承诺保密取得支持 在确定调查对象以后，并征得对方同意接待调查的情况下，首先要向对方承诺，对所调查的项目及内容“保密”。特别是一级风险的大型工程，有严格的保密要求。因此，须事前将拟定调查的项目、内容、时间安排以及人员安排，向对方通报，以虚心诚恳的态度，征求对方的意见，不要使对方为难。必要时还要征得上级主管领导的同意批准，以便取得对方的理解和支持。这是使调查能顺利进行的关键。

调查的方法应分为三个步骤：

第一步，集中精力看资料。如设计任务书、现场勘察记录、工程设计方案、设计图纸以及工程验收的全部资料等。特别是“设计任务书”是重中之重，因为它是工程建设的纲领性文件，具有指导和依据作用的内涵。

第二步，要进行观摩演示，进一步了解系统功能和安全防范效果。除中心控制室，其他重点要害部位、周界、重要出入口等，特别是采用了新方法、新技术、新工艺的防范部位，也是观摩学习的重点。

第三步，组织专题座谈，交流经验。由建设单位介绍经验，其中也包括个别失误的教训。

（三）任务书的具体要求

1. 符合建设单位意愿

编制设计任务书应以上述内容为基础，结合本单位的实际需要，还可以适当增加内容。

如建设单位基本情况的简介、指导思想、人员培训等内容。

设计任务书六项内容标题是通用的，然而具体内容却是各异的。这是由安全防范工程所具有的特殊性决定的。正如前文所述：由于每个建设单位的性质、规模、建筑结构、现场环境、风险等级和投资数额不同，所以设计任务书不存在“通用性”。必须从建设单位的实际出发，结合各种条件，在符合政府部门的有关规定和管理要求以及有关规范、标准要求的前提下，充分反映建设单位的意愿和总体规划的设计要求。从而体现出：指导思想的正确性与超前性；风险等级与战略规划的协调性；项目的内容与目的要求的完善性；总体设计要求的科学性；投资控制数额的合理性以及建成后应达到预期效果所体现出来的先进性。依照任务书的要求，可把本单位的安全技术防范工程，建成一个自动化、智能化程度高、防范严密、功能设置完善、集成度高、操作简单、维修方便、综合防范能力强、性能价格比高、能在现场环境条件下长期稳定工作的现代化的安全技术防范系统。

2. 应达到的要求

为了使设计任务书起到指导安全防范工程建设的依据作用，除要满足上述要求外，还应符合以下要求：

（1）编制任务书的指导思想要明确，要认识到安全防范工程是保障国家、集体财产和公民生命财产安全的基础建设，是综合治理的一部分，是运用高科技手段与刑事犯罪做斗争，预防、制止违法犯罪行为或重大治安事件的有效措施，是科技创安的重要手段。所以开展安全技术防范工作，建设安全技术防范工程，不是权宜之计，而是一项长期的任务。所以我们要认真学习，不断提高自身的思想认识，才能为编制设计任务书，奠定思想基础。

（2）参与编制设计任务书，必须懂业务，掌握现代技术。所谓懂业务，是指建设单位所从事的业务活动。因为建设安全技术防范系统的目的，就是使建设单位的各项业务活动，能全天候地得到安全保障。所以编制设计任务书应以建设单位为主，设计单位为辅。因为建设单位最了解本单位的情况，搞起防范的战略规划来，应是得心应手的事。而设计单位掌握现代的技术产品及各项专业技术，在战略规划的指引下，如何使战略战术相结合，并达到防范严密，常备不懈、无懈可击的防范效果，应是设计单位的业务特长。那么，使两个单位相结合，就能发挥优势互补、相辅相成的作用。从而编制出高质量、高水平的设计任务书来，为安全技术防范工程建设打好基础。

（3）编制设计任务书要明确重点，突出重点。在已确定本单位的风险等级后，还要确定各防护部位、各防护目标的风险等级。这项内容要定级明确，各部位的级别划分明确，这是任务书必须明确的重点之一。

关于工程项目的内容和目的要求这一项，要考虑全面，切不可漏项；目的要求要明确，因为这是工程建设的核心，既关系到工程的科学性、先进性、实用性，又关系到工程造价的问题。所以要认真规划、全面考虑、反复推敲，以达到完善、优化的目的。

投资控制数额不仅要合理，而且依据性要强，这样资金才有保障。因此，建设单位、设计单位，都要参与预算的编制。要逐项地研究，精打细算，特别在设备选用上，要信息灵，渠道广，才能选到性能价格比高而又实用的产品，防止“华而不实”的趋向出现。

建成后应达到的预期效果，必须明确并符合实际。因为该项内容不仅是反映工程建成后的总体质量及防范效果，而且是工程设计、方案审核和工程验收的重要依据。

（4）编制设计任务书的执笔人，必须对建设单位的情况、意愿和总体的规划与设计要求深入地了解，参与过调查，充分掌握了第一手材料，并且有较强的写作能力，在此前提下，执笔编写设计任务书，材料就能选得准，依据就能用得当。从而写出认识正确、内容充实、结构严谨、表达明确、语言流畅、易于理解、能起依据作用和指导作用的高水平的工程设计任务书。

3. 论证与审批

编制设计任务书是一个创作过程。这一创作完成以后，是否符合政府部门的有关规定和管理要求，是否完善可行，关系到工程建设能否成功的问题。因此，建设单位与委托单位对设计任务书的稿件，除要认真讨论、认真推敲修改外，还要请有关专家进行论证。论证通过后，报上级主管部门批准。这时，编制设计任务书的工作才算完成。

三、编制任务书时应注意的问题

（一）防止简单化

这里所讲的“简单化”，是指有些申报审核的设计任务书，只是一页纸、数行字。简单化到了无法反映设计任务书应有的性质和作用的地步，使设计任务书失去了存在的价值，从而使方案审核无法进行。出现这一问题的原因虽然是多方面的，但是其根本在于不重视对现行规范、标准的贯彻实施。甚至有极少数的单位把方案审核视为应付过关。这种不严肃、不认真的错误思想，必须纠正。

（二）克服单纯技术观点，加强规划意识

在设计任务书中常出现一种情况，即大谈某项技术的先进性，某项设备智能化的程度、特点，以及国外某些品牌产品的知名度等。似乎有了先进的技术，有了智能化的设备，就达到了目的。给人以花钱买设备，而不是花钱买安全的印象。由于单纯技术的思想，使设计任务书改变了性质，成了一份介绍某些国外产品的宣传材料。这说明，许多从事安防工程设计、施工的单位、工程技术人员、管理人员，对安全技术防范的定义、概念以及对设计任务书的性质、作用并不认识和理解，这是形成单纯技术观点的主要根源。要克服这样的观点，除要认真学习、理解安全技术防范的定义、概念和设计任务书的性质和作用外，还要加强“敌情观念”，树立与刑事犯罪做长期斗争的战略思想和规划意识，这样才能使设计任务书的“工程项目的内容和目的要求”以及“建成后应达到的预期效果”，编制得更加明确、具体，更具有指导性和依据性。

（三）不要把委托书与任务书混为一谈

在 GA/T 75—1994《安全防范工程程序与要求》标准中这样写道：

（1）工程招标

① 建设单位根据任务书的要求编制招标文件，发出招标广告或通知书。

② 建设单位组织投标单位勘察工作现场、解答招标文件中的有关问题。

③ 投标单位密封报送标书。

④ 当众开标、议标、审查标书，确定中标单位，发出中标通知书。

⑤ 招标单位与中标单位签定合同。

（2）工程委托　建设单位根据设计任务书的要求，向工程设计（施工）单位提出委托，工程设计（施工）单位根据委托书和设计任务书要求，提出项目建议书或工程实施方案，经建设单位审查批准后，委托生效即可签定合同。

从以上程序和要求中可以看出，“委托书”与“任务书”是两种不同性质的文件，各有

各的用途。任务书产生在前，委托书产生在后。不能把两种文件混在一起，合二为一，这是与程序不相符的。

（四）不要违反程序

一个工程能否顺利建成，并达到预期效果，在很大程度上取决于能否按程序办事。因为工程程序是客观规律在工程建设中的具体反映，是科学的，是工程能顺利实施的保证。否则，是不科学的，工程建设也得不到保证。

然而，许多单位在这方面重视不够。在申报审核的设计任务书中，违反工程程序的做法屡见不鲜，只是程度上有所不同而已。比如有的设计任务书中，对器材、设备的要求，提出得很具体——哪个国家生产的，具体型号和数量都很明确。这种做法是不妥的，是违反了工程程序的，也是对设计单位不信任的一种表现。选定器材、设备的型号和数量，是要通过现场勘察，从实际需要出发，为了达到预期的效果，通过工程的优化设计，把所选用的器材、设备，反映在设计方案中，这是设计人员的职责。如果提前由建设单位在设计任务书中做出选用器材、设备的具体要求，这不仅违反了设计程序，一旦选用的设备脱离了实际，建设单位就要承担后果。

正确的做法是：建设单位为了保证工程的高质量、高可靠性，提出器材、设备的要求，是完全应该的，也是完全必要的。但是，提法应是原则性的、指导性的。如本工程所需的主要器材、设备，应选用有国家质量认证的、符合国家标准的国内外名优产品。这样，既体现了建设单位的意愿，又为设计单位提出了选用器材、设备的指导原则；既不违反设计程序，又不承担责任。这就要求甲、乙双方要认真学习工程程序与要求，深刻理解其内涵，从而能自觉地按程序办事。

技能要求

一、工作名称

编制安全技术防范系统设计任务书。

二、工作程序

安全技术防范系统设计任务书应根据国家相关规定、标准规范要求和管理/使用需求，清晰、明确、合理地提出安全防范目的、建设内容及功能性能要求等。设计任务书应由建设单位确认并加盖公章。设计任务书编制的主要程序为：安全防范工程设计前，建设单位应根据安全防范需求，提出设计任务书。

按照 GA/75《安全防范工程程序与要求》的规定，设计任务书应包括以下内容：

（一）任务来源

这部分通常在任务书的总则中说明，除此之外，还可以说明项目背景，工程建设目的及作用，设计任务的服务范围及内容，包括设计、施工、调试、验收、培训和维修服务，从可靠性、先进性、经济性、实用性等方面说明安全防范工程设计应遵循的原则，为确保安全防范工程的有效性，设计单位可对建设单位的安保人员及管理等提出要求。

（二）政府部门的有关规定和管理要求

说明被防护目标的风险等级及防护级别，针对项目对象，列明安防工程设计应依据的国家相关法律规章、国家和行业相关政策标准、现行相关研究成果等资料。其中除常规的安全防范技术相关政策标准规范外，还应根据项目特性，依据有关风险等级、安全防护级别的特定设计或技术规范，以及特定行业相关管理规定、建设单位的安全管理现状与要求。

（三）工程项目的内容和要求

包括安全防范工程的功能需求、性能指标、监控中心要求、培训和维修服务等。明确建设的子系统组成和总体结构要求，确定管理模式，监控中心和分控室，各子系统的联动关系，提出基本的管理和应用功能。各子系统的要求包括根据建设单位提供的建筑结构图和保护目标以及环境条件，建立多层防卫体系，各子系统的防护目标、防护区域、前端布置要求、功能要求、子系统间联动要求、主要产品技术性能指标要求、安全管理要求、培训和维修服务等。

（四）建设工期

建设工期包括整体建设工期要求，以及设计、施工、验收等各主要工程阶段的进度计划。

（五）工程投资控制数额及资金来源

建设单位提供工程投资控制数额，设计单位提供工程量清单及概算的编制要求，安全防范工程招标项目预算可根据国家标准及当地安防工程行业实际情况进行编制。

（六）建成后应达到的预期效果

预期效果包括各子系统建成后的效果，安全防范工程的建设效果，社会效益和经济效益分析等。

×××省博物馆安全技术方法系统工程设计任务书（实例）：

（一）任务来源

×××省博物馆新馆建设，是省政府确定的×××社会文化事业重点工程。在新馆建设中，为了贯彻实施 GA 27—2002《文物系统博物馆风险等级和安全防护级别的规定》（以下简称《规定》），在国家文物局和省文化厅的关怀与支持下，该馆将安全技术防范系统工程纳入基建工程中，与基建工程同步进行，由该馆保卫处负责监督落实。

（二）政府部门的有关规定和管理要求

为了使安全技术防范系统工程符合政府部门的有关规定和管理要求，在编制本设计任务书时，参照了下列规范、标准、文件和资料：

① GB/T 16571—2012《文物系统博物馆安全防范工程设计规范》。

② GB 50348—2018《安全防范工程技术标准》。

③ GA/T 75—1994《安全防范工程程序与要求》。

④ GA 27—2002《文物系统博物馆风险等级和安全防护级别的规定》。

⑤ 国家文物局、公安部（91）文物字第 79 号《关于加强文物单位安全技术防范工程管理有关事项的通知》。

⑥ 国家文物局、公安部二十二局（95）文物保字第 492 号《关于加强文博单位安全技术防范报警工程申报审批验收工作的通知》。

⑦ 国家文物局、文物博发〔2000〕044 号《关于加强安全技术防范工程设计、施工管理有关问题的通知》。

⑧ ×××省博物馆新馆建筑图纸及有关资料。

⑨ 其他与工程有关的国家标准、法规、文件等。

（三）×××省博物馆建筑概况及自然条件

×××省博物馆是该省最大的博物馆，也是全国大型博物馆之一。它是集历史博物馆、自然博物馆和考古研究所为一体的综合性博物馆，承担着收藏、陈列、科研考古、对外文化交流等任务。新馆选址位于×××北侧的原馆址上。基地四周范围扩大东至×××，西至×××、北至×××、南为×××，总用地面积为 89 亩（1 亩＝667 平方米）。建筑依功能要求分为主馆、综合区、自然馆和监控中心四组建筑。主展馆与综合馆之间通过柱廊连成一体，自然博物馆及监控中心相对独立，自成一体。其中主展馆东西向长 112 米，南北向宽 80 米，共三层（局部四层）总高度约 23 米；综合馆东西向长 56 米，南北向宽 96.6 米；自然博物馆为一半径 24 米的圆形建筑，共 2 层，高约 16 米；而监控中心为一东西向长约 46 米、南北向宽 16 米的扇形建筑，共 3 层，总高度 14.4 米。

由于建筑基地位于×××风景区内，是个特殊地段，所以建筑造型采取贴近自然、融于环境的低姿态设计方法。以“不争第一，争特色”为宗旨，力求创造出一个生态的、充满绿意的“博物花园”。它将与×××公园浑然一体，成为掩于×××景色中的一个新景点。

×××省博物馆新馆建筑，是世纪之交兴建的大型文化建筑，具有时代气息和跨世纪气势。设计采用了形体穿插构成，玻璃与石材的材质对比，钢结构连廊和网架玻璃顶的结构形式，都是现代设计方法和现代技术、材料的很好表现，浑厚的文化气息和独特的地方特征共同勾画出一道独特的风景线。

新馆的建筑面积：35803 平方米。包括：主馆 16952 平方米，综合馆 9628 平方米，自然馆 3648 平方米，监测中心 2338 平方米。其中：地上 31387 平方米，地下 3727 平方米。原有×××馆 1000 平方米，原有古×××馆 407 平方米，总建筑面积 35803 平方米，绿地面积 27700 平方米（其中水池塘 1470 平方米），绿地率 46.7%。停车面积：地下 2630 平方米，地上 560 平方米。

本馆地域的自然条件：年极端最高气温 39.3℃，最热月份平均气温 28.8℃，年极端最低气温 1.2℃，最冷月份平均气温 10.5℃；年平均降雨量 1343.7 毫米，日最大降雨量 167.6 毫米；平均风速 3.3～3.4 米/秒，常年与每年主导风向均为东南风；年度最高湿度 95%以上，最热月平均相对湿度 78%，年度最低湿度 60%，最低月平均相对湿度 74%。

（四）被防护目标的风险等级与防护级别

（1）本馆被国家文物局和公安部批准为一级风险的博物馆。《规定》中一级防护要求如下：

① 一级风险的博物馆必须建有安全防范报警控制室，安装具有防盗、防火、通信功能的报警系统。重要区域应有周界报警装置；重要出入口应有控制设备；重要防护目标和主要通道应有电视监控系统。

② 一级风险的展厅（室）、库房、文物修复室，必须安装防盗、防火探测器；防盗探测器的技术种类必须有三种以上，并有声音和图像作为复核手段。

③ 陈列的一级藏品和一级藏品的展柜，必须采取防盗及防破坏技术措施。

④ 存有一级藏品的库房、展厅应安装防盗安全门，窗户应安装防盗、防破坏设施；不准改变建筑原状的文物保护单位，必须采取其他安全措施。

⑤ 报警中心控制室应有防入侵设施和自卫器具。与当地公安机关应有专用无线和有线两种报警通信设备。

(2) 主要防护部位的风险等级和防护级别：

① 综合区的文物库房楼是防护的重中之重，因为这里是文物收藏保管的集中地。由于该楼是按文物库房要求建造的，其建筑自身安全系数较大，因此，既要达到一级防护要求，又要做到因地制宜。使“技防”与“物防”有机地结合。

② 陈列展厅、文物修复室、文物鉴赏室、化验室为一级风险，应按一级防护进行设计。

③ 综合楼一楼展厅为二级风险，应按二级风险进行设计。

④ 馆长办公室、党总支办公室、财务科、人事科、档案室、资料阅览室、书库为三级风险，按三级防护进行设计。

⑤ 其他部位的风险等级，需待布展方案确定后，根据布展的文物等级来确定文物展柜的风险等级和部位的风险等级。这些部位在没有确定风险等级之前，原则上就高不就低，都暂按一级防护进行设计。

⑥ 防护的总体设计，应依据建筑平面图所确定的建筑功能、结构和特点，遵循《规定》和《博物馆和文物保护单位安全防范系统要求》(以下简称《要求》)的要求进行设计。

(五) 工程项目的内容和目的要求

出于战略规划的考虑，依据《规定》和《要求》的要求，结合本馆的实际，需要建设的项目内容：入侵报警系统；声音复核系统；图像复核与电视监控系统；通信系统；电子巡查系统；门禁系统；传输系统；主控系统；电源与备用电源的配置与要求；中心控制室的建立与要求。以上十个项目的建设，构成一个现代化的安全技术防范系统工程。该工程是针对刑事犯罪分子狡猾、诡秘、预谋、冒险、不择手段、伺机突发作案、难以预测的特点，运用现代科学技术手段，与建筑物的实体防护有机地结合，在科学的管理下，达到防范严密、常备不懈、无懈可击、严阵以待、发挥全天候的防范效果，以完成与刑事犯罪作长期斗争的战略部署，达到防入侵、防盗窃、防抢劫的目的，并把入侵犯罪行为控制在门、窗之外，使犯罪分子当场落网。

为此，这十个项目的具体要求分述如下：

1. 报警探测器的全面布防与要求

报警探测器的布防设计，是设计中的关键环节。尤其是选用探测器的技术种类必须符合一级防护要求，又要做到因地制宜，使所选用的探测器能在现场环境条件下，稳定工作。并施行多层次、多防线、多方位、多种手段的防范，从而达到防范严密，布设合理，杜绝“漏报警”和最大限度地减少“误报警”，实现纵深防护体系的要求。

(1) 建立周界防护　周界防护是建立纵深防护体系的最前沿的防护。新馆建筑为了与风景环境谐调，四周不设围墙，而且周界范围大。由于受现场环境条件的影响，建立周界有一定难度。因此，必须选用适应环境特点的周界报警探测器，在重点防护区域外围设防，构成严密的周界防线，使其发挥触角作用，一旦入侵者闯入，便触发报警。该报警信号不仅告知中心控制室值班人员有险情出现，还可自动启动该监视区内的声音复核、图像复核及电视监控系统的录像及录音设备，是有效地进行寻查跟踪罪犯的重要手段，具有“预警”和“取证”的作用。

(2) 建立监视区　“监视区”是建立在周界防线与“防护区”或“禁区”外围一定范围的、无阻挡的可视地带。如受环境条件限制，不能建立大范围的监视区，可在重点防护区域内建立局部的监视区。

在监视区内所设置的摄像机，应在优化设计的前提下，充分发挥每台摄像机的最佳视野效果，并全面覆盖预先划定的监视范围，使摄像机系统与周界报警联动。一旦周界被触发报警，设在该监视区的摄像机同时被启动，从不同的角度搜索跟踪入侵者。通过电视监控的技术手段，实时地、直接了解被入侵现场的情况，掌握入侵人数，是否携带武器、凶器。使保卫人员在出击制止违法犯罪行为之前，依照预案，充分做好思想准备和处置准备，从而可以起到最大限度地保护自己，有效打击敌人的作用。与此同时，自动实时录像、录音取证，也为当场破案提供了证据。

白天，监视区在于发挥宏观监控的作用。监控监视区内的各种隐患，把不法行为或治安案件，消灭在萌芽状态。

监视区域内的环境条件，适用“视频报警”，就应采用，既可作为周界的报警设施，又可作为图像复核或作为监视区的宏观监视，实现了一机多用。

（3）建立内周界防护　所谓内周界防护，是指不具备建立外周界的环境条件，而具备建立内周界的防护部位。其前提是该部位的“物防”能力要强，可以充分利用其“物防”条件，使其与“技防”相结合，构成内周界防护。例如：利用窗户的金属栅栏，设置断线报警装置，一旦有人入侵，破坏金属护栏，就触发报警。由于入侵部位受金属护栏的阻挡，可以延迟入侵的时间。因此，为迅速出击擒拿犯罪分子创造了有利条件。这就是建立内周界的作用。利用窗户的金属护栏，建立内周界的断线报警，简单易行，应尽量采用。

（4）建立部位防护　部位防护，是把重要出入口、展厅及要害部位的门、窗、通道及薄弱部位（通风口、天井的天窗、天花板检查口和楼道通道等），安装适合不同部位特点的报警器，在出入口和主要通道，形成又一道防线。一旦犯罪分子强行通过（撬门、砸玻璃、破坏护栏等），触发报警后，部位防护可为堵截捉拿犯罪分子提供准确的信息。

（5）建立空间防护　空间防护是在展厅（室）、库房和要害部位的室内空间，安装适量的、适合空间防范的报警器，控制室内重点区域的空间，构成室内空间的又一道防线。当犯罪分子在室内作案时，会触发其活动范围内的、不同方位的报警器报警。值班人员可凭借报警部位的显示确定犯罪分子的活动范围盗窃的目标。同时通过声音复核、图像复核和电视监控系统的录音、录像设备，将犯罪分子在现场的活动情况及其作案手段记录在案，获取罪证，有助于及时出击，将犯罪分子当场捉拿归案。室内的空间防护，对内部的预谋作案和潜伏作案，起着威慑和及时有效的防护作用。

（6）建立展柜防护　展柜防护的重点是防止白天在展出期间，犯罪分子以参观者的合法身份靠近防护目标，伺机作案。因此，一级品的展柜，首先要加强“物防”能力（如用防弹玻璃特制的展柜），在此基础上，安装适合不同展柜特点的报警装置。一旦展柜被破损或展品移动，即在现场和中心控制室同时触发报警，并在报警展柜上，有明显的报警显示，而这种显示，只有现场值班员知道是报警显示，而不惊扰群众，在保持良好参观秩序的情况下，及时采取应对措施排除险情，以确保展柜和展品的安全。

（7）重要目标的防护　重要目标是指一级文物、精品文物，或因布展需要展在柜子外面的文物及挂在壁上的绘画、书法等展品。重要目标的防护，是根据目标客体的特点，安装与环境谐调、不易被发现的报警装置，一旦有人触摸或稍微移动即触发报警。根据需要，也可采用视频报警。

（8）防抢劫　防抢劫的问题，对博物馆而言是难度最大的问题。尽管如此，我们还是要在力所能及的情况下，积极地采取措施。一方面在经济条件允许的情况下，加强展柜的“物防”能力（如采用防弹玻璃）；另一方面在重点展厅、重点部位，安装隐蔽的有线紧急按钮和值班人员随身携带的无线紧急按钮。一旦出现暴力险情，威胁人身与文物安全时，通过紧急按钮的呼救，在犯罪分子不易发觉的情况下采取有效的营救措施，以确保人员的人身和文物安全，并使犯罪分子落入法网。

2. 声音复核的全面布设与要求

声音复核是确认“险情报警”与“误报警”的重要识别手段。因此，声音复核探测器的布设，必须达到对任一防盗探测器报警后，在其探测的覆盖范围内，都应能清晰地听到现场内人的话音，人走动、撬、挖、凿、锯时发出的声音（这是设计规范所提出的要求）。这就要求凡是安有防盗探测器的部位，都应有声音复核探测器跟随配套。

为了达到良好的识别能力和录音取证的效果，声音复核探测器的灵敏度要高；基础噪声和失真度要小；频响要宽；体积小、耗电低。

选位要适当，既要达到良好的拾音效果，又要便于维修，还要尽可能地隐蔽。

3. 图像复核与电视监控的布设与要求

根据《规定》要求：重要防护目标和主要通道应有电视监控系统，一级防护，有声音和图像作为复核手段。为此，电视监控系统是安防系统的重要组成部分。其中，摄像机发挥着三个方面的功能：图像复核功能；监控功能；视频报警功能。由于功能的不同，其要求也不相同。

（1）图像复核摄像机的布设与要求 《规定》要求，一级防护的展厅（室）、库房、文物修复室等重点部位应有图像复核摄像机。图像复核摄像机的安装位置，应与重点报警部位相适应，多设在入侵必经之路、通道和物防条件差的薄弱部位。一旦入侵部位报警，通过联动功能，能实时地在设定的视野范围内，看清现场的情况，能准确无误地识别确认该现场是“险情报警”还是“误报警”，同时达到取证的效果。所以该摄像机是以报警复核为主，白天进行监视“取证”。为此，宜选用适合现场条件的固定摄像机。

（2）监视摄像机的布设与要求 监视摄像机，是指设在室外“监视区”和室内重要展厅（室）、库房及要害部位的摄像机。这些摄像机通过对现场的实时监视，能及时发现险情、不法行为和治安问题，能使问题被解决在萌芽状态。

为此，重点监视目标、重点监视地段（小范围），宜采用固定摄像机；较大范围的监视区、大展厅（室）、大库房等，宜选用带云台和变焦镜头的摄像机；一级风险展厅，为了监视展柜的重点文物，宜选用快速带有预置位功能一体化的智能球形、半球形摄像机，便于与展柜报警器联动，充分发挥报警后取证的实时效果。

监视区、大展厅（室）、大库房等所设置的摄像机，凡是有报警器的部位，都应与报警器联动，既发挥监视作用，又发挥多地段、多区域的复核作用。

（3）视频报警摄像机的布设与要求 目前视频报警技术已日渐成熟、实用。视频报警摄像机具有报警、复核、监视，一机多用的特点，在本馆局部环境允许的条件下，可用于周界报警，重要部位、重点目标的报警。视频报警系统，应具有画面任意定格、任意设定警戒区域和报警后自动复核、自动监视、自动实时录像取证的功能。

（4）环境适应性的要求 室内外摄像机都要设防护罩，尤其室外摄像机的防护罩，应具备恒温、防水、防湿、雨刷等功能，以保证室外摄像机能在最恶劣的气候环境下正常工作。

（5）图像效果的要求 为了达到录像取证的效果，每台监视器所切换的每一画面图像的清晰度，都要达到国家标准——主观评价“四级”的要求。

（6）摄像机数量与选型的要求 摄像机的选型，要与本馆的现场环境和照度相适应；摄像机的使用数量，应以符合风险等级和设计规范要求为准。从优化设计出发，在充分考虑效果投入比的前提下，确定各类型摄像机的使用数量，防止“华而不实”的倾向出现。

4. 通信系统的设置与要求

通信系统，是指各防护部位、各重要出入口与安防有关的各职能部门之间的通信联系。通信系统除根据需要配备适量的无线对讲机外，在各展厅（室）、库房、重要部位、各控制点之间，安装内线专用对讲系统，该系统具有双向选择通话功能。一旦出现紧急情况，中心控制室与各展厅（室）、库房、传达室、警卫室、保卫处（科）和馆长室的通信应是及时的、畅通无阻的，从而保障指挥调度的顺利进行。

5. 电子巡查系统的设置与要求

由于该馆四周不能设围墙，而且周界范围大，单靠重点周界防护是有漏洞的，所以建立电子巡查系统来弥补周界防护的不足是必要的。

巡查的主要功能是监督巡查人员能够按照事先选定好的巡查路线和设定的巡查通信点，按规定的时间和顺序，一次进行巡查。当巡查人员按时到达巡查点时，用随身携带的启动器，启动巡查点设置的信号发送器，发出巡查到位信号给中心控制室，电子巡查系统便自动记录下巡查到位时间、巡查点的编号，显示给值班人员，报告巡查正常进行。如果在规定时间内，巡查点未发出“到位”的正常信号，该巡查点将发出未巡查到位信号，中控室值班人员必须及时查明情况。所以电子巡查系统不仅能监督巡查人员，而且具有保护巡查人员安全的作用。

在巡查过程中，一旦发现展区外围出现可疑迹象或险情，巡查人员可通过巡查点，发出险情报警信号给中控室的值班人员，从而使险情得到及时的处理。

6. 门禁系统的设置与要求

为了加强要害部位（财会室、档案室等）和库房门的管理，设置“门禁”系统，是实现科学管理的新举措。门禁具有严格的身份识别功能，进出门的实时记录、存储和紧急情况下的报警功能，编程功能等。采用门禁系统，不仅为库房和要害部位加大了内部的安全系数，同时也为内部的科学管理创造了条件。

7. 传输系统的要求

① 防盗报警主控系统的信号传输，宜采用总线制。这样既可克服分路传输管线投资大、安装维修复杂的缺点，又便于系统的扩展。

② 宜采用环形总线传输，可在总线的任意部位发生断路时，只影响局部而不影响全局，加大了线路传输的安全系数。

③ 视频信号传输应采用视频同轴电缆，为保证视频信号的传输质量，尽量采用一根电缆贯通，以减少由于接头造成信号衰减或接触不良出现的故障；缆线传输的长度要与线径的规格型号相适应，以保证视频信号的传输质量。

④ 音频信号传输，应采用金属屏蔽线，提高抗干扰能力，保证音频信号的传输质量。

⑤ 管线传输要采取抗雷击、抗电磁干扰的措施，以保证每类信号的传输质量。

⑥ 本系统的管线敷设，要防止干扰。

⑦ 管线敷设要走弱电竖井，以暗埋为主（走顶棚内或埋入地下、墙内），不能走暗线的部位，要用阻燃管或槽板，其颜色要与室内外的装饰相谐调。管线敷设的安装工艺，要符合国家标准和规范的要求。

⑧ 管线的敷设安装任务，要抢先在展馆内装修之前完成，管线敷设不仅要一次到位，而且要有适量的备用线，为以后的扩展和维修打好基础。

8. 主控系统的组成和要求

根据《规定》要求，安全防范系统主控设备，是以防入侵报警系统为核心，以声音复核、图像复核、电视监控和通信系统为其基础组成部分。根据我馆需要，增加巡查和门禁系统。在软件的支持下，通过集成，在一台多媒体计算机的管理控制下，把每个子系统融为一体，实现各种功能。从而构成一个自动化、智能化程度高，功能设置完善，综合防范能力强的现代化的安全防范报警系统。

其各子系统的主机功能要求如下：

(1) 防入侵报警主机的性能与要求

① 防入侵报警主机以多媒体计算机为核心，通过计算机的多通信接口和网络，可与声音复核、图像复核、电视监控、录音、录像设备和辅助光源等外部设备进行报警联动，其自动同步切换时间≤4 秒，并兼容巡查和门禁系统。

② 与主机配套的控制器（或收集器、模块）其信号传输应用总线制，以便于系统前端探测器的扩展。总线采取环形接法，以提高其防破坏能力。

③ 控制器与前端各类探测器的输入匹配应是灵活多样的（即兼容性好），系统探测器的输入总容量应大于实用容量的10%～20%。

④ 主机应具备明显的声、光报警显示、部位显示、电子平面图的显示；应有接收多路同时报警功能，并能显示记录任何一路的报警信号及报警部位；其报警反应时间应≤2 秒，报警确认和复位时间≤4 秒。

⑤ 通过键盘或鼠标的操作，值班人员可根据工作的需要，在规定的范围内自行编程，对每一种报警器进行“布防”与“撤防”的预置。

⑥ 主机应有运行全过程的实时记录、存储、打印等功能，如布、撤防时间，报警时间，确认后复位时间以及开、关机，停电时间等，其时间精度为“秒”，其信息的内存量，不少于一个月。

⑦ 为便于分级管理，须设有不同级别的密码，确定不同级别的操作权限，使各级责任明确又便于领导的监督检查。

⑧ 有防拆报警功能和自检功能，可自动检测探测器系统、线路传输系统、报警显示系统、控制系统及供电系统。一旦出现故障，能显示故障部位，便于及时维修。

⑨ 设应急处理预案。一旦出现险情，依照预案的提示，能迅速发挥各职能部门的作用，及时排除险情。

(2) 声音复核主机的性能与要求

① 声音复核主机宜选用矩阵切换系统，其声音探测器的输入量应满足防盗探测器总体的覆盖范围，并应有 10%～20%的余量。

② 声音复核要与报警联动，并基本同步，这样才能达到实时复核的效果。否则，稍一延时，就会产生“时过人移”，使复核失去了时效，造成误报警的“假象”，这是产生“漏报警”的隐患。

③ 声音复核应有手动切换功能，以便任意选听现场声音，及时了解现场情况。一旦报警探测器被人为破坏或大面积发生故障，可通过收听现场声音作为防范的应急措施。

④ 声音复核的音量应是可调的；声音显示系统要完善，要能显示出每一路声音信号的

强弱，这样才能了解现场每个部位的情况。

(3) 视频主机的性能与要求

① 视频主机应是模块化结构的，并且设有多个与外部设备接口的矩阵切换系统，既便于扩容，又便于联网。

② 与报警联动。当报警后，视频主机能自动地、实时地将设在报警区域的摄像机的现场图像显示在主监视器上，并自动实时地录像取证。

③ 主机的输入容量，应大于使用摄像机数量的10%～20%；输出容量按实际需要选定。

④ 与多画面分割器联用，可将所有摄像机画面，无遗漏地显示在中心控制室的监视器上，并全面录像存储，为以后的查寻提供图像资料。其资料保留时间一般为一周。

⑤ 全汉字化菜单显示引导操作。

⑥ 可编多个时序显示方式的程序储备，视需要选用。

⑦ 可自动顺序切换图像，也可手动任意切换图像。

⑧ 可自动控制镜头和云台进行扫描，也可手动。

⑨ 用汉字字符以标示摄像机地址，并有时间日期字符同步显示。

⑩ 在馆长室、保卫处设负控系统。

9. 电源与备用电源的配置与要求

(1) 电源　电源是保证系统安全运行的重要设备。为了便于操作和控制，电源应是一个独立系统，设专用配电箱。总电源和各回路的分支电源，都应有电压、电流指示；都应有过压、过流保护装置；交流市电电压波动应为±10%；直流电源应稳压，其波纹系数越小越好；电源的设计容量，应大于实际使用容量的1.5倍；应有良好的通风散热条件，以确保电源的安全供电。

(2) 备用电源　根据《规定》报警系统必须具有备用电源。备用电源应保证连续24小时供电。用直流电源做备用电源时，交流电源恢复后备用电源自动充电。

用交流发电机做备用电源时，停电后在5分钟内自动启动供电，并应配置净化交流稳压器。

该馆如能实现双路供电，则配置能连续供电1小时的UPS电源为备用电源；如不能实现双路供电，则用交流发电机作为备用电源。

10. 中心控制室的建立与要求

中心控制室以设在建筑物的中心位置为宜。这样可以基本消除传输线路长、短不均的弊端，减少电路损耗，提高信号传输质量，减少干扰。这不仅有利于系统的调试，提高系统的总体质量，而且能减少消耗，降低成本节约资金，体现了中心位置的优越性。

中心控制室是“禁区”，是要害部位。因此在选址时，还应避开“行人”和“观众”的干扰；远离强电磁场、高频源、震动、噪声和有害气体的干扰。应设在安静隐蔽的环境中。

为了保障中心控制室值班人员的人身安全和设备安全，应使人员和设备都在适宜的环境条件下工作，以保障设备性能稳定和人员的精力充沛，充分发挥人机结合的优势。为此，中心控制室须满足下列要求：

① 配备防入侵设施和自卫器具，以抵御武装暴力行为，并起到威慑犯罪分子和自卫的作用，与当地公安机关应有专用无线和有线两种报警通信设备。

② 中心控制室应设置周界报警，窗户应安装防弹玻璃和金属栅栏进行防护，出入门应设置两道防盗安全门，两门之间的通道距离不小于3米。

③ 建立封闭式的值班室。值班人员上岗后，无特殊情况，不离开中心控制室。不给犯罪分子对值班人员采取隐蔽突袭的机会。这就要求中心控制室的设施要完善。应设休息室、卫生间和必要的生活设施等。

④ 中心控制室是设备比较集中的地方，其面积要与设备安装的要求相适应，要适当宽敞些。设备安装既要布设合理美观、符合规范要求，又要便于操作和维修。

⑤ 中心控制室应有空调保持恒温。一般室温保持在 18～25℃，相对湿度 40%～80%，机房内空气要清新，要保持补充 10%左右的新鲜空气。

⑥ 中心控制室要有防火、防雷、防尘和防静电设施；要设置专用地线，其接地电阻值应小于 4 欧姆。

（六）器材设备的选用

为了保证系统工程的先进性、可靠性、实用性，系统所需用的器材、设备，应根据设计任务书的总体规划要求，在认真进行现场勘察对系统工程有了较为深入的了解的基础上，选用名牌优质、符合国家标准并经国家质量认证、性能价格比合理的产品。非正式产品或未经国家检测的试制品，不允许使用。

当前数字化技术是现代化的一个象征。因此，在选用系统的主要或关键设备时，不能忽略这方面的因素。但又不要为了数字化而不切实际地数字化。

（七）人员培训

根据《规定》，“博物馆的报警控制室应配备值班人员和设备维修人员，值班人员上岗前要经过岗位培训和考核。”为此，我馆拟推荐三名培训人员，委托设计施工单位培训。设计单位要从实际需要出发，制定切实可行的培训计划和考核标准，并严格按照培训计划代培。培训计划应与工程设计方案同时出台。

（八）设计要符合上报审核的要求

文博系统以往的经验告诉我们，如果选择设计施工单位不当，不具有承担设计一级风险大型工程的能力，其设计出来的方案就很难一次审核通过，即使修改多次，往往也达不到审核要求。不仅延误了工期，浪费了资金，工程质量也达不到要求，这一深刻的教训，必须引以为戒。

为了确保我馆安防工程的高质量，选择具有承担一级风险大型工程设计施工能力并具有一级资质的单位，是至关重要的。承担我馆设计施工的单位，要根据设计任务书的要求，以国家现行规范、标准为依据，在充分做好调研、勘察、论证的基础上，从实际出发，按设计程序与规范要求进行设计。图纸要规范、标准、齐套，资料要完备，工程总体设计方案要达到上报审核的要求。

（九）建设工期

要求安防工程必须与土建工程同时起步，并服从于土建工程、配合土建工程。特别是安防工程的管线敷设要超前于内装修。内装修完工、土建工程验收之日，即安全防范工程验收通过投入使用之时。

（十）工程投资控制数额

我馆安防工程的投资数额，是根据《规定》和《要求》的要求，结合本馆建筑面积大，防护范围广、重点多、难度大，并作为一项基础建设，从安全战略的长远考虑，从实际出发，经认真的考虑，反复对比，多次核算，拟把工程投资额控制在×××万元人民币以内，因经费较为紧张，要求在方案设计和器材、设备选用上，一定要从实际需要出发，既要符合设计任务书和《规定》《要求》的要求，保证工程的高质量、高可靠性，又要做到优化设计，避免大材小用、优材劣用，要充分发挥物尽其力的效果，防止“华而不实”的问题出现。同时要精打细算，尽量做到少花钱多办事，在厉行节约的前提下，确保投资数额不被突破。

（十一）建成后应达到的预期效果

我馆的安全技术防范系统工程建成后，应达到防范严密、常备不懈、无懈可击的防范效果。系统性能先进、实用可靠、操作简单、维修方便、故障率低、寿命长、性能价格比合理、多项技术指标都达到国家标准和一级防护要求。使“技防”优势得到充分发挥。在“物防”与“人防”的有机配合下，一旦发生盗窃险情，能及时有效地把盗窃行为制止在初始阶段，并使犯罪分子当场落入法网，从而有效地防止文物被盗案件的发生。

三、现场勘察记录（实例）

勘察时间：

参与勘察的人员：×××省博物馆技术负责人×××；××××通信技术公司技术负责人×××。

建设单位（以下简称甲方）与设计单位（以下简称乙方）参加现场勘察的人员，遵照GB/T 16571—2012《博物馆和文物保护单位安全防范系统要求》第四章所规定的勘察内容，以建筑平面图为基础，在施工现场进行了实地勘察。现将勘察结果记录如下：

（一）新馆建筑概况

新馆建在×××高科技发展区××广场东端。按建筑红线划定的范围计算，占地面积为17000平方米，建筑面积为19560平方米。从建筑平面图上看，主体大楼近似一“山”字形状。坐东偏西约22°，主楼背靠××巷，面朝××广场，左邻××厅，右对拟建的省政府办公大楼，地理位置优越。

新馆大楼高五层，其中主楼三层。三层楼顶四角建有相对称的四间小研讨室，中央四层为小陈列室，五层为电梯机房和设备用房。目前，主体结构已基本完成，即将封顶。

（二）一层建筑结构、布局及拟定设防

新馆主体建筑为钢混浇筑的框架结构。一层前半部分和左右两面为文物库房区，后半部分为办公区，中间用250毫米厚的混浇筑墙隔开。前半部分的中间，设有配电室、中心控制室、消防监控中心和广播控制中心，柴油机房、空调机组控制室、钢瓶室和风机房。其面积总和为612平方米，其中，中心控制室占有63平方米。这里必须指出的是：中心控制室与配电室只有一墙之隔，又被柴油机房、风机房等包围。不适宜作中心控制室。因此建议甲方，将中心控制室移到不受干扰的房间。经几次协商，终因无其他房间可以更换，只能在原位不动。为了防止电磁和噪声对中心控制室的干扰，甲方同意乙方在设计中对中控室采取屏蔽的隔音措施，否则后患无法避免。

前面中间建筑的左、右为相对称的8间一级大库房，左右各四间，其中左侧的第一间大库房隔为两间精品库，所以一级库房为九间，总面积为2273平方米。其库房的外墙部分均为250毫米厚的钢混浇筑墙，与中间的建筑隔开，构成一个独立的一级库房区。从安全出发，库房只有门无窗户，而且用的金库门，所以一级库区自身的“物防”能力很强。除全部按一级防护要求设防外，其中精品库和通道是防护的重中之重。依据现场环境条件所拟定的防护措施及器材，设备的布设安装位置，请看一层的平面图。

此外，左面的6间小库房和与库房密切相关的设在右面的修复室、化验室、熏蒸室、过渡间和微机室以及设在办公区的数据传输中心，财会室都分别按其风险等级，拟定了防护措施具体布设与设备安装位置，请看一层平面图。由于新馆是开放型的建筑，四周不设围墙，也不设金属护栏，因此无法建立周界报警。为了适应这种情况，拟建立巡逻系统，加强外围地区的巡逻，并设置适量的室外摄像机，进行24小时的宏观监控。具体安装的数量与位置，待进行模拟试验后确定。

（三）二层建筑结构、布局及拟定设防

二层是陈列展览大厅。中央门厅设有两个电梯间和两个楼梯间，是通往一、三、四、五多层的必经之路。与中央门厅相对的是多功能中央厅。在门厅与多功能厅之间，设有××先生的专室，与其相对称的左面是外宾接待室；门厅左边是“××民族厅”，面积约724平方米，与民族厅左边相连的是“临时展厅”，面积约856平方米。左面参观通道门，就设在该展厅的中央；门厅右边的两个大展厅，与左边是对称的。均为历史陈列一室四展厅。面积与左边相同。右边参观通道门设在历史陈列二、三展厅的中央。

该展厅是按F1进行设防的。展厅内设有门禁开关控制出入门和通道门，设有微波、被动红外、双鉴探测器，控制空间，并设有声音复核、图像复核、电视监控及紧急按钮和对讲电话。多功能厅设有电视监控。拟定的布防方案及设备具体安装位置，请看二层平面图。

二层展厅设有外走廊围绕四周，廊宽3.6米，走廊全长约366米，二层建筑没有窗户，只是在左、中、右三处门厅区设有三处玻璃幕墙。左、中、右三处参观通道，用石头台阶与二层走廊相连，参观群众可从三个方向上台阶通过走廊进入展厅。

依照《要求》的设计原则，“文物安全防范工程应优先选择纵深防护体系”的要求，拟在外走廊全长的范围内，用室外长距离窄视角的被动红外探测器，作为周界防范，并用固定摄像机全面地监视外走廊，使外走廊成为有效的“监视区”，从而使二、三层展厅，构成了纵深防护体系。具体的布设请看二层平面图。

（四）三层建筑结构、布局及拟定设防

三层建筑设有外走廊和多功能厅，其他建筑与二层是上下对称的。三层的中央休息厅与二层的门厅，面积是相同的；左边的“古代丝绸、藏汉关系厅”和“藏传佛教厅”与二层的“××民族厅”和“临时展厅”的面积相同；右边的“现代艺术品、古代少数民族厅”和“彩陶精品展厅”与二层的“历史陈列一室四展厅”的面积相同。三层展厅也按F1进行设防。其方法与二层基本相同。

通向四、五层的楼顶通道及一般小展室，也按规范要求，进行了设防。具体的布设，请看三、四、五层平面图。

（五）在薄弱部位加强“物防”

因新馆是开放式建筑，群众在任何时候都能在展馆四周活动，这对文物安全是一大威胁。为了适应这种开放环境的要求，应采取以下“物防”措施，以加大安全系数。

① 二层外走廊的五处通道口进出口处，在走廊与台阶连接处，设置不锈钢的可自动开启的金属栅栏门，其外形结构必须与展厅环境相谐调。闭馆后，关上栅栏门，不允许群众进入二层走廊。这样才能使二层的周界防护和监视区发挥预警的作用，否则会受到群众的干扰，使二层展厅的外围走廊，无法进行技术防范。

② 二、三层各展厅之间，都设有防火卷帘门，这是必要的。但是二层展厅的三个出入大门却没有设置卷帘门，这是不利于安全防范的。应在出入大门处增设三道卷帘门，以加强三个出入口的“物防”能力。

③ 由于布展方案尚未出台，每个展厅展柜的布设位置和展品情况尚无法确定，因此前端要留有一定余量的探测器接口，便于布展后进行探测器的调整。同时要考虑对一级文物展柜，采用防弹玻璃，以加强“物防”能力，这是防破坏、防抢劫的有效措施。

甲、乙双方商定，凡是需要加强“物防”的，由甲、乙双方确定后，由甲方负责实施，遇有技术问题时，乙方要积极协助。

（六）甲、乙双方确认由甲方提供以下建筑平面图，作为现场勘察、方案设计和管线敷设的依据

① 总平面图　1：500　2张

② 首层平面图　1：200　2张

③ 二层平面图　1：200　2张

④ 三层平面图　1：200　2张

⑤ 四层平面图　1：200　2张

⑥ 五层平面图　1：200　2张

⑦ 乙方需要的其他有关图纸。

以上图纸应是符合规范要求的工程蓝图。在工程设计过程中，上述图纸如有修改，甲方应及时将修改后的图纸提供给乙方。

（七）环境数据图表

环境数据表由甲方填写，以当地气象资料为准。

根据《要求》：“勘察记录应作为正式技术文件存档，并有甲、乙方技术负责人签字”。

学习单元3　编制安全技术防范系统工程初步设计方案

学习目标

掌握项目建设费用预算基础知识；

了解现场勘察的程序及重点；

能够熟练掌握编制安全技术防范系统工程初步设计方案。

知识要求

一、项目建设费用预算

安全防范工程费用的确定和控制对安全防范工程的设计和实施是一个关键问题，应根据不同工程的初步设计和施工图设计，编制工程概算、预算。根据国家有关规定，所有建设项目，设计必须有概算，施工必须有预算，竣工必须有决算。也就是说初步设计阶段，必须编制初步设计概算；施工图设计阶段，必须编制施工图预算；工程竣工后必须编制工程竣工决算。

安全防范工程是一个基本建设的产品，基本建设项目造价是由建筑工程费、安装工程费、设备及工器具购置费、其他费用、预备费用、专项费用共六部分组成。建筑和安装工程费由直接工程费、间接工程费、计划利润、税金共四部分组成。也就是说，安全防范工程费用（即产品价格）要按照规定的程序根据初步设计、施工图设计和概算指标、预算定额、单位估价表、其他费用定额和取费标准以及国家有关规定而确定。

根据GA/T 70—2014《安全防范工程建设与维护保养费用预算编制办法》，安全防范工程建设费用包括：工程费用、工程建设其他费用、预备费、专项费用。

（一）工程费用

1. 计价方式

工程费用计算方式可以采用定额计价或工程量清单计价。

2. 定额计价

（1）工程费用组成　工程费用由人工费、材料和工程设备费、施工机具使用费、企业管理费、利润、规费和税金组成。

（2）工程费用计算　采用相关行业、地方的建设工程概（预）算定额计取人工费、材料费、施工机具使用费，并依据相应费用标准计算出企业管理费、利润、规费、税金。

3. 工程量清单计价

（1）分部分项工程费　分部分项工程费应采用综合单价计价。

（2）措施项目费　措施项目费应根据拟建工程的施工组织设计，可以计算工程量的措施项目，按分部分项工程量清单的方式采用综合单价计价；其余的措施项目可以"项"为单位的方式计价。

（3）其他项目费　其他项目应按下列规定报价：

① 暂列金额应按招标工程量清单中列出的金额填写。

② 材料、工程设备暂估价应按招标工程量清单中列出的单价计入综合单价。

③ 专业工程暂估价应按招标工程量清单中列出的金额填写。

④ 计日工应按工程量清单中列出的项目和数量，自主确定综合单价并计算计日工金额。

⑤ 总承包服务费应根据招标工程量清单中列出的内容和提出的要求自主确定。

（4）规费和税金　规费和税金应按国家或省级、行业建设主管部门的规定计算，不得作为竞争性费用。

（二）工程建设其他费用

工程建设其他费用通常包括建设单位管理费、可行性研究费、招标代理服务费、工程勘察费、工程设计费、建设工程监理费、工程保险费、工程检测费等。

（三）预备费

1. 基本预备费

基本预备费包括设计及工程量变更增加费、一般性自然灾害损失和预防费、竣工验收隐蔽工程开挖和修复费等。

2. 价差预备费

价差预备费包括人工、设备、材料、施工机械、仪器仪表的价差费，建筑安装工程费及工程建设其他费用调整，利率、汇率调整等增加的费用。

价差预备费一般根据国家规定的投资总额和价格指数，按估算年份价格水平的投资额为基数，采用复利计算。

（四）专项费用

建设期贷款利息、铺底流动资金等专项费用根据项目建设需要，按照相关规定计算。

二、现场勘察基础知识

（一）现场勘察是工程技术设计的基础

现场勘察是以设计任务书提出的战略规划为基础，以任务书的总体设计要求即工程项目的内容和目的要求为依据，通过现场勘察，为技术设计提供现场环境条件、环境数据和相关要求，使技术设计能与现场条件相适应、相谐调，有机地结合；使设计具有科学性、优化性、可审性。它是安全防范工程设计必不可少的程序。

1. 确定防护目标的风险等级

现场勘察首先要依据不同行业的风险等级标准确认其防护目标的风险等级，这是现场勘察的核心，是设计的重要依据。因为风险等级与防护级别是对应的。勘察时要按照风险等级的规定，根据建设单位对房屋的使用安排和风险物品存放、运用等情况，确定一级防护目标、二级防护目标和三级防护目标的具体区域和位置。银行系统除确定风险等级外，还要划分：一号区、二号区和三号区的具体位置和范围。没有风险等级标准的单位，也要确定重点防护目标及要害部位。

2. 确定纵深防护体系

建立纵深防护体系，是安防工程设计原则之一。纵深防护体系的组成如下：

周界→ 监视区→防护区→禁区。

由于防护部位的环境不同也有如下的形式：

周界→监视区→禁区；

周界→监视区→防护区。

纵深防护体系以哪种形式组成，取决于现场环境条件。

（1）周界与监视区的勘察　周界与监视区是密不可分的，凡是建立周界防护的地带，原则上都应沿周界防护地带内侧 5 米宽的范围内建立“监视区”。监视区内所设置的摄像机与周界报警联动，如图 1-6 所示。

① 围墙上端是平直的，适宜安装主动红外探测器，使防范无漏洞，能达到防范严密的要求。

② 沿周界内侧 5 米宽的范围内无阻挡摄像机视野的阻挡物，在摄像机的监视范围内无死角。

③ 周界报警与监视区内的摄像机、录像机、辅助光源自动联动。一旦周界报警、摄像机既是图像复核、跟踪取证的手段又起宏观监控作用，在 24 小时内能及时发现监视区的险情或隐患，为及时排除险情，保证安全提供了有利条件。

④ 设置周界与监视区所安装的器材设备，要与现场环境相协调。

⑤ 所选器材设备能在现场环境条件下，特别是在恶劣气候的时间段内，能稳定可靠地工作。

上述①②为现场自身存在的理想条件，③④⑤为人为条件。如果由于外界环境条件和资金限制不能采用纵深防护措施，应采用局部纵深防护体系（图 1-7）。这在实际中是经常碰到的问题。在 F1 部位建立局部纵深防护体系，其关键在于 F1 部位能否建立周界与监视区。从图 1-6 的示意中可以看出，建立周界与监视区的基础条件是具有物防设施和空旷地带，即

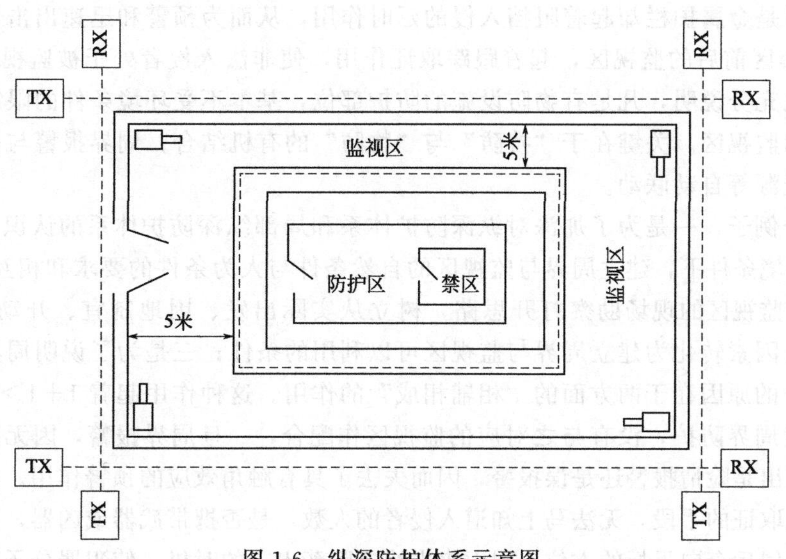

图 1-6　纵深防护体系示意图

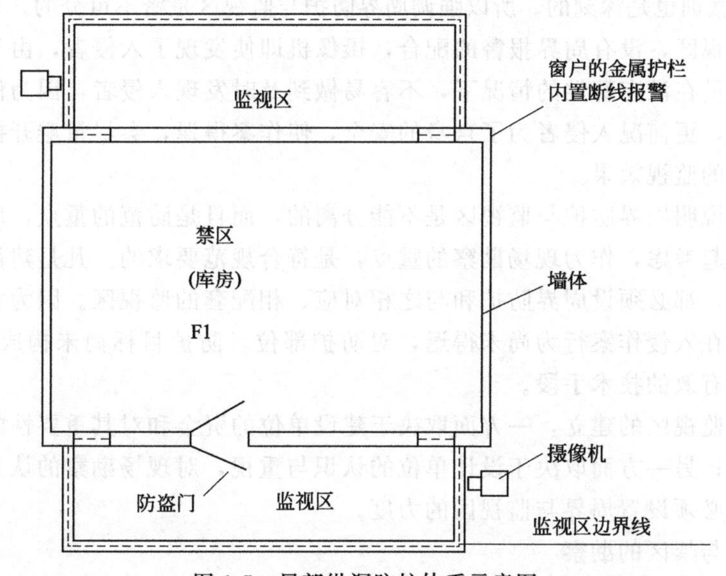

图 1-7　局部纵深防护体系示意图

有围墙，并且沿围墙内侧有 5 米宽（甚至更宽）的空旷地带。其作用是：

第一，围墙是产权的界线，又是“法”的界线。凡是从大门出入是“合法”的，越墙出入是“非法”的。在围墙上设置周界报警，就能及时发现非法入侵者，发挥触角作用。

第二，空旷地带延迟了违法行为的入侵时间，从而为预警和迅速出击创造了条件。

第三，由于监视区的跟踪取证作用，使非法入侵者处于被监视的被动地位。

图 1-7 虽然与图 1-6 的环境条件不同，但其功能和防范效果是基本相同的。其防护形式为：周界→监视区→禁区。

从图 1-7 可以看出与图 1-6 的功能和防范效果是基本相同的。对比说明如下：

a. 在窗户的金属护栏上设置断线报警，可以看作是禁区的周界报警，一旦破坏窗户的金属护栏便触发报警，发挥触角作用。

b. 断线报警与禁区的墙体虽然处在一条轴线上，中间没有空旷地段来延迟违法行为和入侵时间，但是金属护栏却起着阻挡入侵的延时作用，从而为预警和迅速出击创造了条件。

c. 设在禁区前后的监视区，起着跟踪取证作用，使非法入侵者处于被监视的被动地位。

上述对比充分说明，凡是有物防设施的防护部位，基本不受环境条件的限制，都可以建立周界防护和监视区。关键在于“技防”与“物防”的有机结合；周界报警与摄像机、录像设备、辅助光源等自动联动。

上述两个例子，一是为了加深对纵深防护体系和局部纵深防护体系的认识与理解，并说明在不同的环境条件下，建立周界与监视区的自然条件与人为条件的要求和相互结合的办法；二是为周界与监视区的现场勘察打开思路，树立从实际出发、因地制宜、开动脑筋的思想，把现场的不利因素转化为建立周界与监视区可以利用的条件；三是为了说明周界防护与监视区是密不可分的原因在于两方面的“相辅相成”的作用。这种作用起着1+1>2的效果。

如果只设周界防护，没有与之对应的监视区作配合，一旦周界报警，因无图像复核，不能迅速地判断出是险情报警还是误报警，因而失去了具有触角效应的预警作用。如果是险情报警，因无监视取证的手段，无法马上知道入侵者的人数，是否携带武器或凶器，携带什么样的作案工具，入侵后奔向目标的方位，因而丧失快速隐蔽出击的时机，使犯罪分子得逞。这方面的案例是有的，教训也是深刻的。所以强调周界防护与监视区是密不可分的，道理就在于此。

如果只设监视区，没有周界报警的配合，摄像机即使发现了入侵者，由于没有报警信号的提示，值班人员在没有警觉的情况下，不容易做到及时发现入侵者，因为值班人员对监视器的观察是宏观，更何况入侵者为了自身的安全，使作案得逞，会尽量避开摄像机的监视从而弱化了摄像机的监视效果。

上述的分析说明周界防护与监视区是不能分离的，而且是防范的重点，所以把周界防护与监视区放在一起考虑，作为现场勘察的重点，是符合规范要求的。凡是建设安全技术防范系统工程的单位，都必须设周界防护和与之相对应、相配套的监视区。因为它是防御入侵者于门、窗之外，在入侵作案行为尚未得逞，对防护部位、防护目标尚未构成威胁的情况下，使入侵者落网的有效的技术手段。

周界防护与监视区的建立，一方面取决于建设单位的资金和对其重要性的认识及现场的环境条件等因素；另一方面取决于设计单位的认识与重视，对现场勘察的认真程度及对建设单位宣传与强调必须设置周界与监视区的力度。

(2) 防护区与禁区的勘察

防护区——允许公众出入的防护目标所在区域。例如：展厅（室）以及其他展览场所。

禁区——储存、保管防护目标的库房、保险柜、修复室和其他不允许公众出入的部位。例如：中心控制室、档案室、机要室等。

以上定义，虽然是针对文物系统博物馆的情况提出的，但是用举一反三的方法来看这个定义，它在安全技术防范方面，具有普遍性。它可以引申到其他需要进行防范的风险单位或部门。因为不同性质不同行业的风险单位或部门，同样存在允许公众出入的防护目标所在区域即“防护区”，不允许公众出入的部位，即“禁区”。

例如涉外宾馆、饭店、公寓、写字楼，设有许多为公众服务的休息娱乐场所和接待、洽商、各种业务服务和办公场所。为了防止歹徒混入捣乱、盗窃以致威胁宾客和公众的人身安全，对一些容易构成隐患或对公众安全构成威胁的场所，也要有选择有重点地进行监视和防护。这些允许公众出入的场所，也被视为“防护区”。而不允许宾客和公众进入的场所或部位，其自身具有风险性，又必须进行防护，这些场所或部位也被视为“禁区”。

确定哪些场所或部位是“防护区”或是“禁区”，要通过现场勘察，以客观条件为依据，以规范要求为标准，根据不同行业、不同单位、不同部门的特点，遵循政府部门的有关规定和管理要求，从实际出发，来拟定防护区和禁区的场所和部位。确定场所和部位后，还要进一步勘察这些部位有没有易攀爬、易跳越的环境条件；其门、窗有没有物防设施；哪些通道和出入口需要设防、怎么设；哪些电梯轿厢和电梯厅应设防、电梯轿厢的结构、照度以及电梯厅的环境条件，都要勘察清楚，其中也包括地上、地下停车场、车库、车库通道及出入口等部位，有针对性地拟定防范措施，明确应该选用什么样的摄像机、探测器，安装在什么位置防范效果最佳，这些都是要通过现场勘察确定的问题。

(3) 重视现场特殊性的勘察 现场勘察还要重视勘察部位的特殊性，做到因地制宜。例如中心控制室禁区是要害部位，其共同点是：都要恒温、恒湿、使机房的室温控制在18～25℃，相对湿度在40%～80%；空气要清新，要创造一个人、机都适宜的环境条件，以保证值班人员的精力充沛和设备性能的稳定，从而发挥人、机结合的优势。

为了保证人身和设备的安全，还要采取防雷、防静电的措施，要设专用地线，其接地干线截面≥25平方毫米，接地电阻要小于4欧姆，要单独供电、设专门的配电箱并设有过压、过流的保护装置；还要加强中心控制室的“物防”能力，采用防盗安全门、防弹玻璃窗；设置防入侵设施和自卫工器具，与当地公安机关应有专用无线和有线两种报警通信设备。这些都是中心控制室所必备的，是属于共性的东西。所谓特殊性是指：由于各单位的条件不同，在选择中控室的位置及使用面积方面差异较大。有的单位比较了解中控室的要求，选择的位置既接近建筑的中心，又比较隐蔽；既避开了公众、噪声和强电磁的干扰，中控室较宽敞，又设有卫生间，达到了规范的要求。有的单位由于不了解中控室的技术要求，或对中控室的选位不重视，结果选在了既不隐蔽又有噪声和强电磁干扰的部位。而且已经建成，再无选择的余地。遇有这种特殊情况，就要通过现场勘察，提出防止电磁干扰的屏蔽措施和防噪声干扰的隔音措施来弥补。如果不通过现场勘察，不事先向甲方提出抗干扰问题，等事后出现干扰问题时再提，就难于弥补了，而且使乙方处于被动地位。所以现场勘察要特别重视现场存在的特殊情况。

(4) 现场环境的勘察 任何一个系统都存在于一定的环境之中，因此它必然地要与环境自然地融合在一起，长期并存在这一环境之中，而且相互作用着，相互影响着。这是客观现实所决定的。

一些设备或系统，为了适应环境的要求，不受环境的影响，都采取了一些技术措施和工艺措施。如防湿、防震、防腐、防氧化、防信息干扰，确定工作温度的适应范围（如工作温度－10～45℃等），以及在产品说明书上明确使用的技术要求和性能指标等，以使产品能在相适应的环境下稳定工作。然而这种适应性是有限度的，超出所设定的限度，就要影响产品的稳定性、可靠性，甚至造成产品的损坏，这是经验所证实的。

安全技术防范系统也不例外，它是以建筑物为基础、为依托，而且要适应各种环境条件，尤其设在室外的设备，往往要进行24小时全天候的工作，适应全年的气候变化，尤其要适应恶劣气候的变化。因此，要进行现场环境勘察的项目和内容如下：

① 室外的调查：调查一年中室外最高温度、湿度、风、雨、雾、雷电和最低温度变化情况及持续时间（以当地气象资料为准），作为室外入侵探测监视系统设计时的依据之一。

② 室内的调查：了解防护区、禁区一年中室内温、湿度变化情况。哪些部位有空调，一天内恒温、恒湿的时间，恒温、恒湿的范围；哪些部位没有空调；哪些部位冬天有取暖设

备，哪些没有；空调、取暖设备的部位，一年中最高温度与最低温度是多少，以此作为室内入侵探测监视系统设计时的依据之一。

③ 热源的勘察：勘察确定通风管道、排风扇、吊扇、暖气装置、日光灯及其他热源的分布情况，以便根据现场的设施条件，选择入侵探测器，防止由于现场某一设备的干扰，造成探测器易产生误报警的问题。

④ 照度的勘察：勘察确定摄像机安装位置后，在其视野范围内，一天的光照度变化和夜间可能提供光照度的参数以及有无逆光或逆光的时间段，以便为选择摄像机提供参考依据。

⑤ 干扰源的勘察：勘察现场已安装的重型机械设备和电气设备的位置及其产生噪声和电磁波辐射的强度，并测量其场强，以便为系统抗干扰设计提供参数。

同时还应该了解现场四周有无高频炉、变电站、高压输电线、电视塔、广播天线等设施，以防对安防系统产生干扰或随机性的干扰。

(5) 现场作业面的勘察 所谓现场作业面的勘察，是对前端采集设备安装环境的勘察。包括墙壁、顶棚、门、门框、窗户、窗框、展柜等，同时应考虑，明线敷设的走向，暗埋管线的走向，以及室外立杆，室外管线敷设走向，室内的弱电竖井、室外的电缆沟等。总之，凡是前端探测器、摄像机、控制器、解码器、辅助光源等设备安装所依赖的固定的部位以及槽板、金属管、PVC 管、桥架固定的部位，打孔穿线的部位，中心控制室、分控室设备安装的部位，都属于作业面。

现场作业面的勘察，关系到设备安装的合理选位。对入侵探测器和摄像机而言，关系到探测器能否达到最佳的覆盖范围，摄像机能否达到最佳的视野效果；对控制器而言，选位安装合理，既能节约缆线，又便于安装调试和维修；就管线敷设而言，选择最佳的线路走向，不仅可以防止线路交叉干扰，又可节约缆线，提高工效。

现场作业面的勘察，还要解决好设备安装与现场环境相谐调的问题。通常在文物保护部位，不允许改变古建筑的建筑原状，通过作业面的勘察，可以了解古建筑的结构及特点，有针对性地研究对策，找出不破坏建筑原状的办法。

通过以上五个方面的勘察内容，对现场情况有了较全面的了解，明确了防护部位的风险等级；建立了纵深防护体系及 F1 部位的纵深防护；掌握了现场环境与安防工程设计有关的环境数据；了解了现场作业面的条件及初步拟定了设备安装较佳的部位，从而为工程建设的技术设计，奠定了基础，提供了设计依据。

(二) 现场勘察的步骤与方法

现场勘察是安全防范工程建设中需要甲、乙双方共同完成的重要程序之一。掌握正确的现场勘察的步骤与方法，不仅能提高勘察的质量，达到事半功倍的效果，而且能为工程的技术设计奠定良好的基础，使工程设计不脱离实际，从而有助于提高工程设计的水平。

1. 全面勘察

全面勘察是现场勘察的第一步。其目的在于对现场的全面情况有一个初步的了解，增强对现场的感性认识。

勘察的方法：甲方要提供完整的建筑蓝图给乙方；乙方以建筑蓝图为勘察现场的依据，通过看图，了解现场的占地面积，建筑的规模和布局，建筑年代、建筑结构及特点，建筑部位的风险等级、防护的重点，建筑物存在的薄弱部位、四邻的情况、地形地貌、围墙的结构、高度、全长及几何形状，大门的位置，传达室、警卫室、中心控制室的位置，通道的分布情况等。

通过查看图纸对现场的基本情况有了全面的初步了解以后，乙方与甲方约定勘察时间，在甲方技术负责人的陪同下，按计划有顺序地进行实地全面勘察。

全面勘察，以各建筑的平面图为依据，边勘察边核对图纸是否与建筑物相符。发现有不符的，应按建筑物的实际情况，在原图上进行修改纠正，使建筑平面图能真实地全面地反映建筑物和现场的实际情况。全面勘察要关注各部位的物防条件，同时也要和需要进行重点勘察的方面相联系，还要和设计任务书的规划与总体设计要求挂钩。

2. 重点勘察

重点勘察是在全面勘察的基础上，对现场情况做了全面的分析研究以后，对重点勘察要解决什么问题、确定什么问题，事先都要有准备。要针对不同的重点，列出勘察项目及内容，做到有的放矢，并指定专人负责勘察记录工作，以保证勘察记录的高质量、高水平，使现场勘察记录达到作为正式技术文件存档的要求。

（1）依照风险等级拟定防护措施　对已确定为一、二、三级风险的防护部位或防护目标及一、二、三号防区的部位，依照各防护部位的面积、高度、建筑结构及特点，综合“物防”的情况，因地制宜地拟定布防设备具体的安装部位，如各类入侵探测器、摄像机、声音探测器、紧急按钮、收集器、解码器，有线可视对讲、门禁、对讲机、辅助光源等。应把拟定的安装位置、数量，用规范的图形符号准确地标示在平面图上。同时，应具体说明拟定的依据，以及应达到的预期效果，并且记录在册，作为方案设计和技术设计的参考。在拟定的过程中，甲、乙双方如有分歧，分歧的意见是什么，也要记录在案。

无法确定风险等级的单位及其防护部位，也要确定其防护重点，重要出入口、通道、电梯轿厢、电梯厅、地下停车场，停车场的上、下通道、出入口以及其他需要进行防护的部位，都应按上述要求办理。

（2）拟定周界、监视区的防护措施　在已确定建立周界防护和监视区的部位，依照现场的环境和条件，拟定其防护措施，解决相关问题。周界防护和监视区，都是设在室外，又是防护的重点，适用性较广、环境各异、防护难度较大，拟定其防护措施，应从以下几个方面入手：

① 要从周界现场环境条件的实际情况出发，所选用的探测器既便于安装，又与现场环境相谐调，其造价甲方能接受。

② 周界探测器的指标和性能，能适应现场环境最恶劣气候的时间段，使用寿命长。

③ 在同一个现场内，由于环境条件的不同（例如：同是围墙，由于各段的结构或高矮不同或几何形状不同，不能用同一种探测器），应因地制宜加以解决，并可采用模拟试验的方法，通过试验选择探测器。

④ 在选择监视区的摄像机时，除要遵循上述原则外，还要考虑现场照度，特别是夜间的照度情况。

⑤ 建立大范围周界防护和监视区时，如果因为条件不具备，或因成本高，甲方接受不了，也要从实际出发，采取突出重点的办法，在重点部位建立局部的周界防护和局部的监视区。

由于室外的现场勘察范围广、难度大，勘察更要仔细、认真、全面，记录更要真实、完整。

（3）拟定作业面的安装工艺　在作业面勘察的基础上，应对前端各类设备安装位置的合理性做再一次确认。同时，结合作业面的条件，拟定各类设备的安装工艺，确定安装高度、角度，采用什么样的支架和紧固件，使安装既牢固，又便于拆卸维修与调试。特别是对需要隐蔽安装的器材、设备，如桥架、管线、分线盒及其他设备，要在平面图上进行标示定位，标示绘出走向，尤其是收集器与收集器之间的线距、各类探测器与收集器之间的线距，前端摄像机与中控室之间的线距、供电电源与供电设备之间的线距，要尽可能地测量准确，其误差不超过15%，这些勘察测量工作不仅要认真对待，还要尽可能做细、测准。还要认真地进行记录，因为这些记录，一方面为技术设计和施工设计提供了可靠的依据，另一方面为系统工程的器材、设备的用量及工程概算提供了依据。

此外，重点勘察还要拟定哪些部位具有“技防”与“物防”相结合的条件，以及如何进行结合；哪些部位“物防”条件较差，需要加强“物防”才能发挥“技防”的优势，这些方面也要认真勘察，认真记录。

总之，重点勘察，往往不是勘察一次，有时需要多次勘察才能完成。必须做到认真、全面、细致、一丝不苟，特别是现场勘察记录，要记得真实、全面，表达明确。甲、乙双方在勘察的过程中，哪些方面达成了共识，哪些方面还存在分歧，也要记录。因为现场勘察记录不仅是工程设计、方案审核的重要依据，而且要作为正式技术文件存档，并有甲、乙方的技术负责人签字。

技能要求

一、工作名称

编制安全防范工程初步设计方案。

二、工作程序

安全技术防范工程初步方案设计是工程实施的第一个也是最重要的环节，方案设计的优劣直接决定了整套安防系统水平的好坏。不专业、不科学的方案轻则造成成本的增加、效果达不到要求和后期维护和扩建的难度增加，重则在安防体系中留下漏洞，为不法分子留下可乘之机，给人身和财产安全带来隐患。

安全技术防范系统工程初步设计方案编制规范包括一般要求、设计说明、设计图纸、主要设备和材料清单以及工程概算。

（一）一般要求

① 编制初步设计文件前，应进行现场勘察，并编制现场勘察报告。

② 应对项目建设规模、技术、工程、经济等方面进行综合分析和初步的设计计算，提出实现建设项目设计目标、解决重大技术问题等的具体实施方案。

③ 初步设计文件应包括设计说明、初步设计图纸、主要设备和材料清单及工程概算书等。

④ 设计说明描述及设备材料清单应能清晰反映各防护区设备的配置情况。

（二）设计说明

设计说明至少需要阐明工程项目概况、评审意见响应及方案调整说明、工程项目建设条件、需求分析、设计依据、总体设计、分部件设计以及项目建成后的预期效果和效益分析、附件等内容。

1. 项目概况

项目概况包括如下内容。

① 项目基本信息：项目名称、建设地点、建设方名称。

② 项目建设地概况：区域位置、地形地貌、气象条件、水文地质、电磁环境等。

③ 建设单位负责人和建设项目责任人。

④ 与项目建设相关的审批信息等。

2. 评审意见响应及方案调整说明

评审意见响应及方案调整说明包括如下内容。

① 对可行性研究报告评审过程中提出的意见和建议，逐条进行响应并做简要说明；对于不予采纳的意见或建议，应详述相应的理由。

② 初步设计与可行性研究报告建设内容有重大差异时，应对调整内容、调整原因和调整依据等进行详细说明。

3. 需求分析

需求分析包括如下内容。

① 项目建设的必要性。具体包括：简述有关政策法规、周边社会环境、安全防范管理等与项目建设相关的内容；分析原有安全防范措施存在的主要问题和差距；提出安全防范实际工作中需要解决的问题，阐述安全防范工程建设的意义和必要性。

② 需求分析。具体包括：根据国家现行相关规定或标准规范，确定风险等级、防护级别或防护要求；根据相应的风险等级、防护级别或防护要求，进行系统功能和性能需求分析，提出项目建设内容。

③ 对于改建项目，应对现有系统中软硬件设备、管线、材料等的使用情况和利用价值进行评估，进行“利用、改造或重新选型”等定性分析，列出原有的主要软硬件设备、管线、材料等清单，确定拟利用或改造的软硬件设备、管线、材料等清单。

④ 确定安全防范系统的基本框架和主要功能。

4. 工程项目建设条件

工程项目建设条件的内容包括：①政策、资源、法律法规等支持条件；②环境、气候、技术等场址建设条件；③其他条件；④项目建设地基础设施条件简述，包括建筑总图布置、建筑结构特征、供配电条件、网络与通信条件、道路与交通状况等；⑤项目建设地周边人文环境条件简述，包括人员组成、社会治安状况、警务配置情况等。

5. 建设内容调整说明

初步设计与项目可行性研究报告的建设内容有重大差异时，应对调整内容、调整原因和调整依据等进行说明。

6. 设计依据

设计依据的内容包括：①主要依据的政策法规文件；②采用的主要标准规范；③与项目建设相关的审批文件、评估报告等；④经批准的项目可行性研究报告、专家论证会的会议纪要、现场勘察报告、设计任务书、设计合同书等。

7. 总体设计

总体设计的内容包括：①项目建设的总体原则；②项目建设的可量化、可考核目标（包括安全防范工程建设目标和建设规模等）；③安全防范系统的整体框架描述，包括人防防范/实体防范/技术防范建设的基本内容、技术防范系统的组成和各子系统相互之间的关系等；

④对于改建、扩建项目，概要描述项目建设内容与原有系统之间的关系；⑤结合现场实际情况，合理划分防护区域，确定安全防护的类型（整体纵深防护或局部纵深防护）；⑥系统基本组成概述；⑦针对不同防护区域的特点，阐述安全防范的策略；⑧设计理念简述，包括设计指导思想、设计目标和设计遵循的基本原则；⑨安全防范系统、各子系统及主要设备的技术指标；⑩对于改/扩建项目，应重点说明改/扩建的内容、范围及与原有安全防范系统的接口关系等。

8. 系统设计

系统设计的内容包括：①入侵报警、视频安防监控、出入口控制、电子巡查、声音复核、停车库（场）管理、专用通信、供配电等子系统：功能概述，设备布置原则，系统/设备主要性能指标，主要设备类型、参考选型及数量等。②防爆安全检查子系统：功能概述，设备布置原则，系统/设备主要性能指标、参考选型，检出物处理设备参考选型及数量等。③安全管理子系统：功能概述，系统集成/联动架构，系统主要硬件、软件配置、参考选型及数量等。④监控中心（含分控中心、设备机房）：监控中心选址、建设和改造内容等。⑤实体防护建设：实体防护设施改造/建设的内容、类型及数量等。⑥信息传输：系统传输路由、传输方式，传输设备及材料主要性能指标、参考选型及数量等。⑦特殊应用说明：安全防范工程建设的特殊需求，简述项目特殊建设需求所需的安全防范系统/设备的主要性能指标、参考选型及数量等。⑧入侵报警子系统：防护区域划分、探测器设置及选型、布防、撤防策略、电源与备用电源容量计算、处警时间计算及保证措施等。⑨视频安防监控子系统：视音频的存储方式、存储时间、存储介质容量等初步设计计算，环境照度的保证措施等。⑩出入口控制子系统：控制策略、受控区划分、前端设备电源保障措施、应急疏散措施等。⑪电子巡查子系统：巡查线路规划等。⑫停车库（场）管理子系统：系统构建模式，车辆管控规划等。⑬防爆安全检查子系统：防爆安全检查流程规划及设备安装位置、检出物处理设备安装位置等。⑭安全管理子系统：说明安全防范系统与其他系统（如楼宇智能监控系统、火灾自动报警系统、照明系统等）的集成/联动需求，系统集成/联动实现方法及接口，系统软硬件性能指标等。

9. 信息传输设计

信息传输设计的内容包括：①系统/设备的信息传输路由、传输方式等；②系统/设备信息传输管线的种类、规格、数量及敷设方式；③信息传输安全性、实时性、可靠性分析。

10. 系统供配电及防雷、接地设计

系统供配电及防雷、接地设计的内容包括：①各子系统的供配电方式、电源容量及电源保障措施等的说明；②安全防范系统的负荷容量估算；③安全防范系统的供电要求，包括电压等级、容量等技术指标；④监控中心/分控中心/各分区备用电源的形式、电压等级和容量估算；⑤供配电的传输路由、传输方式等的说明；⑥系统的雷电防护措施；⑦电器接地的设置要求和接地电阻要求；⑧根据系统的总负荷量提出供电要求，包括城市电网提供电源的电压等级、回路数和容量等技术指标；⑨系统/设备供配电传输管线的种类、规格、数量及敷设方式；⑩系统/设备的雷电防护设备选型、性能指标及数量；⑪涉及接地装置建设项目的，应明确相关设备材料的选型、性能指标及数量等。

11. 系统安全性、可靠性、电磁兼容性及环境适应性分析

系统安全性、可靠性、电磁兼容性及环境适应性分析的内容包括：①选用设备/系统、信号传输、供配电的安全性和可靠性分析、评估；②选用设备的电磁兼容性和环境适应性分析、评估。

12. 监控中心设计

监控中心设计的内容包括：①监控中心（含分控中心、设备机房）选址、周边环境、使用面积、功能区划分、建设/改造内容等；②监控中心安全防护、应急通信等措施；③监控中心对建筑环境的要求（包括建筑装饰、照明、温湿度、电磁环境等）；④监控中心对供电电源、防雷及接地系统的要求；⑤监控中心功能区域的划分及设备（包括电视墙、控制台、控制/记录设备、传输设备、供配电设备、防雷设备等）的布置；⑥监控中心信号传输、供配电传输管线的种类、规格、数量及敷设方式；⑦监控中心防雷、接地的实现方法。

13. 实体防护设计

实体防护设计的内容包括：①结合安全防范工作的使用需求和安全防范系统的建设目标，提出实体防范设施的建设/改造建议；②对于包含实体防范设施建设或改造内容的安全防范工程，应提出新建/改造实体防范设施的部位、类型、数量等；③提出实体防范设施的建设或改造建议，并进行适用性、有效性评估和分析；④对于包含实体防范设施建设或改造内容的安全防范工程，应提出实体防范设施建设或改造的实施方案，明确实体防范设施的规格/型号。

14. 人力防范设计

人力防范设计的内容包括：①提出安全防范组织管理（包括机构设置、人员配置、管理流程等）的要求或建议；②提出处警响应时间要求。

15. 项目建成后的预期效果和效益分析

预期效果与效益分析的内容包括：①项目建成后的预期效果分析、论证；②项目建成后的效益分析、论证。

16. 附件

附件的内容包括：①与项目建设相关的审批文件、评估报告；②行业主管部门/建设单位对安全防范工程建设、设备选型的要求；③设计任务书、现场勘察报告；④主要设备（含软件）和材料的认证证书或检验报告；⑤其他与初步设计相关的材料等。

（三）设计图纸

(1) 设计图纸标题栏应完整，文字应准确、规范，应有相关人员签字、设计单位盖章。

(2) 平面图应标明尺寸、比例和指北针，图纸中标注的图形符号、线条、文字等应清晰可见。

(3) 设计图纸包括图纸目录、设计说明、图例、总平面图、系统图、设备器材平面布置图、传输及系统布线图、监控中心布局图等。

(4) 设备器材平面布置图的要求为：①图纸应能清晰表达主要结构和建筑构配件的位置、墙体、房间名称、建筑门窗位置/材质/尺寸、楼层标高等必要信息；②设备器材平面布置图中应标明设备器材及设备箱（柜）的安装位置和其他必要的说明；③对于改、扩建项目，应将拟改造利用的设备器材标注在平面布置图中，并将原来设备器材与新增设备器材予以区分；④室外设备器材可在总平面图中布置。

(5) 传输及系统布线图的要求为：①信号及供配电传输路由、传输方式、主要节点间距等；②远程传输方式、带宽、主要节点间距等；③信号传输线缆类型、管线规格、敷设方式、设备箱（柜）位置等；④供配电系统回路、电压等级、容量、传输线缆类型、管线规格、敷设方式、配电柜（箱）位置等。

(6) 监控中心布局图：①监控中心（含分控中心、设备机房）布局图应能清晰、准确地表达监控中心建筑物的轮廓、与周边环境的关系、墙体、门窗、管线进出位置等必要信息；②机柜/机架的位置、设备布设位置及数量等；③管线类型、规格、敷设方式等；④其他必要的说明。

（四）主要设备和材料清单

主要设备和材料清单应单独列出。主要设备和材料清单的内容包括系统拟采用的主要设备名称、参考型号和规格、主要技术参数、数量等。

（五）工程概算书

(1) 初步设计阶段应编制工程概算书。概算书应如实、完整、准确地反映项目初步设计的工程内容和工程量。

(2) 工程概算书应按照 GA/T 70—2014《安全防范工程建设与维护保养费用预算编制办法》的要求编制。

(3) 工程概算书应符合行业主管部门、项目所在地政府有关主管部门的规定；概算总额应控制在已经批准的投资额度内；若有超出，应说明理由。

学习单元 4　编制工程项目施工组织方案和计划

学习目标

了解工程项目管理基础知识；

能够熟练编制工程项目施工组织方案和计划。

知识要求

一、工程项目管理基础知识

工程项目管理是指从事工程项目管理的企业（以下简称工程项目管理企业）受业主委托，按照合同约定，代表业主对工程项目的组织实施进行全过程或若干阶段的管理和服务。工程项目管理企业不直接与该工程项目的总承包企业或勘察、设计、供货、施工等企业签订合同，但可以按合同约定，协助业主与工程项目的总承包企业或勘察、设计、供货、施工等企业签订合同，并受业主委托监督合同的履行。

项目工程管理的职能是：为保证项目在设计、采购、施工、安装调试等各个环节的顺利进行，围绕“安全、质量、工期、投资”控制目标，在项目集成管理、范围管理、时间管理、成本管理、质量管理、人力资源管理、沟通管理、风险管理、采购管理等方面所做的各项工作。

（一）立项决策阶段

① 组织进行项目建议书的编制及立项报批。

② 协助业主选择咨询单位，签订咨询合同，并对咨询单位的编制工作进行检查。

（二）设计管理

① 协助业主选择勘察设计单位，签订勘察设计合同。

② 协助业主及时向设计单位提供所需的各种资料及外部条件的证明。

③ 监督勘察设计合同的履行及对设计单位进行管理。

④ 代表业主向政府职能部门报审设计文件。

（三）前期准备阶段

① 代表业主进行建设用地规划许可证及建设工程规划许可证的报批。

② 进行施工图审查的协调。

③ 监理单位的确定。

④ 施工单位的确定及施工许可证的办理。

（四）采购管理

① 进行整个项目的合同体系策划，制订采购计划。

② 完成招标代理的全部工作。

③ 负责采购合同的管理。

（五）项目实施阶段

① 负责组织协调设计单位在工程实施阶段的配合工作。

② 代表业主与有关工程质量安全等部门的联系工作。

③ 监督监理合同的履行。

④ 审查承包商的竣工验收报告，代表业主组织竣工预验收。

⑤ 负责向城建档案管理部门移交竣工资料并办理备案手续。

⑥ 承担该项目的造价咨询的专项工作并配合结算审计工作。

（六）项目文档管理

建设项目实施时负责文件资料的收集保存，在项目竣工时将工程来往批件、技术资料和施工图纸整理完好归档移交业主。

（七）项目后评价阶段

项目竣工后，向业主提交从项目立项决策、项目物资采购、项目勘察设计、项目施工、项目生产运行、项目经济等方面的后评价报告及工程项目管理工作的综合评价报告。

二、安全技术防范系统工程项目施工组织

安全技术防范系统的施工，是安全技术防范系统工程应用的重要环节，系统施工质量如何，直接影响系统能否正常发挥作用。为了保证系统的施工质量，必须严格执行国家标准，如《民用闭路电视系统工程技术规范》及《电器装置安装工程施工及验收规范》中的有关规定。安全技术防范系统的施工是一项专业性、技术性很强的工作，必须由公安机关批准，确认其资格，并取得许可证的专业单位和专业人员承担。系统的施工必须受公安机关的监督，在系统竣工后、使用前，必须经公安机关验收合格后方可使用。

安全技术防范系统工程项目施工组织包括施工准备、工程施工和系统调试三部分。

（一）施工准备

工程施工前应做好如下准备工作。

（1）设计文件和施工图纸必须准备齐全。这些文件和图纸应该是经过批准的。对原设计有修改的部分必须经设计主管人员签字。

（2）施工人员应认真熟悉施工图纸及有关施工规范，了解本工程所选用安防器材的主要特点，掌握这些器材的安装方法。

设计人员应对施工人员进行技术交底，对特殊问题应做明确的交代。

安全技术防范系统工程施工流程如图 1-8 所示。

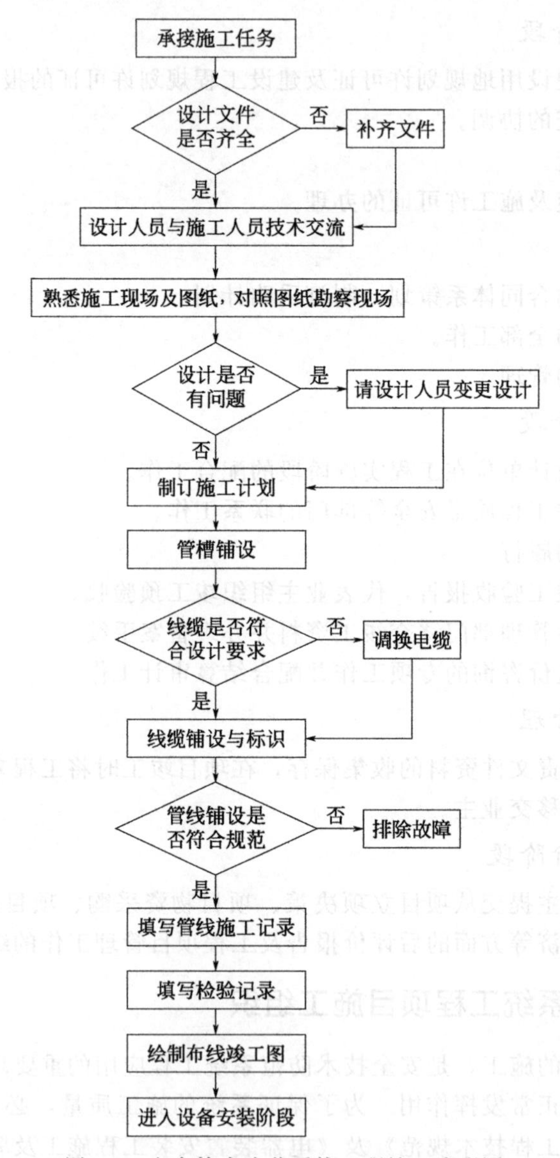

图 1-8　安全技术防范系统工程施工流程图

（3）设备、仪器、器材、工具、辅材、机械以及有关必要的物品应准备齐全，以满足阶段施工或连续施工的需求。必要时，应备有施工调试中所需要的通信联络工具。

（4）熟悉施工现场。对施工现场应提前熟悉和检查，以便决定进住现场的具体时间以及设备 、器材在现场的存放地点。施工现场如在室内进行时，应在主体工程完毕、内装修开始或已有本系统工程的各类预埋管道（已经过验收）的情况下开始进行施工。对改造性工程，应与用户单位协调好管线的走向、安装方式等情况下再进行施工。施工现场在室外进行时，应了解施工沿途的具体情况。包括使用道路及占用道路情况；允许用杆架设的杆路及自立杆路的情况；敷设管道、电缆和直埋电缆的地质和地下其他管路情况。

（5）施工单位应委派一名现场工程师负责安装、施工全过程的有关技术工作。设计图纸如与现场情况不符，需修改时，一般由现场工程师提出设计变更方案，经原设计人员认可后填写设计变更表，并由现场工程师与设计人员共同签字盖章。

（6）准备好施工现场的用电，对所用各类施工材料列表清点、分类。

（7）根据现场施工条件、设备安装种类与数量、所配施工人员的数量及技术水平，制订出施工计划（包含对人员的必要培训、施工顺序、设备安装顺序以及工程周期），作为现场组织施工安装的依据。

（二）工程施工

（1）工程施工应按正式设计文件和施工图纸进行，不得随意更改。若确需局部调整和变更的，须填写“更改审核单”或监理单位提供的更改单，经批准后方可施工。

（2）施工中应做好隐蔽工程的随工验收。管线敷设时，建设单位或监理单位应会同设计、施工单位对管线敷设质量进行随工验收。并填写“隐蔽工程随工验收单”或监理单位提供的“隐蔽工程随工验收单”。

（3）线缆敷设、光缆敷设以及工程设备工程的安装应符合 GB 50348—2018《安全防范工程技术规范》6.3.3、6.3.4 和 6.3.5 的要求。

（三）系统调试

施工最后要进行系统调试。系统调试前应编制完成系统设备平面布置图、走线图以及其他必要的技术文件。调试工作应由项目责任人或具有相当于工程师资格的专业技术人员主持，并编制调试大纲。

系统调试前，要检查工程的施工质量。对施工中出现的问题，如错线、虚焊、开路或短路等应予以解决，并有文字记录；按正式设计文件的规定查验已安装设备的规格、型号、数量、备品备件等；系统在通电前应检查供电设备的电压、极性、相位等。

检查完毕，对系统进行调试。首先，对各种有源设备逐个进行通电检查，工作正常后方可进行系统调试，并做好调试记录。其次，按要求逐个进行报警系统调试，视频安防监控系统调试，出入口控制系统调试，访客（可视）对讲系统调试，电子巡查系统调试，停车库（场）管理系统调试，采用系统集成方式的系统的调试，供电、防雷与接地设施的检查等。系统调试结束后，应根据调试记录，按相关表格要求如实填写调试报告。

技能要求

一、工作名称

编制工程项目施工组织方案和计划。

二、工作准备

安全防范工程施工方案主要包括以下几方面内容。

（1）总体说明　包括编制说明、编制依据、编制原则、编制目的和工程概况等。

(2) 施工项目资源配置情况　包括组织机构设置、人员、机械、仪器设备配置等。

(3) 施工准备与部署　包括技术准备工作、现场准备工作、总体施工原则、用户单位及相关管理部门的对接准备等。

(4) 施工方案　包括分系统施工方案及相关施工工艺、施工方法、检验方法等。

(5) 施工进度计划及保证措施。

(6) 质量保证措施　包括质量标准、目标及相关保证措施等。

(7) 安全保护措施　包括安全生产目标与相关保证体系、安全施工管理制度、施工安全与防护、生产安全应急预案、现场安全保卫管理措施等。

(8) 文明施工、环保措施　包括用户沟通与协调要求、施工噪声及粉尘控制、绿化恢复措施、现场环境清洁要求，节能环保举措等。

(9) 劳动力计划及主要设备材料、仪器设备的使用计划。

(10) 与他方（建设单位、监理单位、设计单位）的协调、配合措施、工程交付、服务、保修。

附件：相关材料的合格检验报告、试验报告、试验数据等。

学习单元 5　编制安全技术防范系统试运行方案

学习目标

了解安全技术防范系统试运行的各项要求；
能够熟练编制安全技术防范系统试运行方案。

知识要求

一、安全技术防范系统试运行总体要求

安全防范工程初步验收通过、项目整改及复验完成后，安全防范系统至少应试运行 30 天。试运行应连续通电进行。在试运行期间，应随时注意前端设备和系统控制设备的运行情况，出现问题立即停机，查找原因，进行排除。应注意各种设备的温升、电源电压和电流的变化情况。

二、安全技术防范系统试运行中的技术培训

试运行由建设方人员进行，施工方应在试运行期间培训操作人员，使操作人员学会操作使用，并能处理一般常见问题。试运行期间，施工单位应配合项目管理机构建立系统的运行、操作和维护等管理制度。试运行期间可同期进行技术培训。根据工程合同有关条款，设计、施工单位必须对有关人员进行操作技术培训，使系统主要使用人员能独立操作。培训内容应征得建设单位同意，并提供系统及其相关设备操作和日常维护的说明、方法等技术资料。

三、安全技术防范系统试运行报告编写

试运行人员要如实进行系统的数据测试和记录工作，系统有报警部分的，报警试验每天进行一次。安防系统经试运行达到合同和设计文件要求，项目管理机构应依据试运行期间系

统的运行情况做好试运行记录。试运行记录的内容主要包括：①系统运行是否正常；②系统功能是否符合设计要求；③误报警、漏报警次数及产生原因；④故障产生的次数、排除故障的时间；⑤维修服务是否符合合同规定。表1-8为安全技术防范系统试运行记录。

表1-8 安全技术防范系统试运行记录

工程名称			工程级别	
建设(使用)单位				
设计、施工单位				
日期时间	试运行内容	试运行情况	备注	值班人

注：1. 系统试运行情况栏中，正常打"√"，并每天不少于填写一次；不正常的在备注栏内及时扼要说明情况（包括修复日期）。

2. 系统有报警部分的，报警试验每天进行一次。出现误报警漏报警的，在试运行情况和备注栏内如实填写。

建设单位根据试运行记录出具系统试运行报告，其内容包括：①试运行起讫日期；②试运行过程是否正常；③故障（含误报警、漏报警）产生的日期、次数、原因和排除状况；④功能是否符合设计要求以及综合评述等。

四、安全技术防范系统试运行中的收尾工作

在系统试运行期间，应完成工程的收尾工作。清理工作现场，修补破坏的装饰面、检查管路固定、接口密封和固定。地沟回填、线槽接线盒扣好并用土盖好，对系统进行全面检查，不合格部位修整到位。

技能要求

一、工作名称

编制安全技术防范系统试运行方案。

二、工作准备

安全技术防范系统试运行方案主要由以下部分组成：

（1）项目概况和试运行范围；

（2）编制依据和编制原则；

（3）试运行组织机构，包括具体人员配置及人员资质和职责要求，部门间的协调与责任划分；

（4）试运行准备，针对试运行项目的具体情况编制仪器设备、技术资料、技术人员的准备条件和要求，准备试运行图纸、记录表格等文档资料，并组织技术力量对安防系统的相关图纸、设计指标及技术规程进行审核，对现场设备安装情况进行审核；

（5）试运行进度计划，按照国家行业标准及设计要求，对各系统分项功能进行试验并编制具体计划；

（6）试运行的保障措施，针对试运行所需的资金、人员、水电等保障条件列出具体要求；

(7) 安全生产措施；

(8) 节能环保措施；

(9) 试运行存在的难点和应对措施；

(10) 紧急事件预防方法；

(11) 试运行数据的统计与交接；

(12) 培训计划；

(13) 试运行中的管理要求。

学习单元6 编制系统初步验收报告

学习目标

掌握安全技术防范系统工程验收基本要求和组织方案编制规范；

能够熟练编制系统初步验收报告。

知识要求

一、安全技术防范系统工程验收基本要求

GB 50348《安全防范工程技术规范》第八章“安全防范系统验收”中对安全防范工程的竣工验收，从施工质量、技术质量及图纸资料的准确、完整、规范等方面全面地提出了基本要求，是安全防范工程验收的基本依据。

(1) 工程初步设计论证通过，并按照正式设计文件施工。工程必须经初步设计论证通过，并根据论证意见提出的问题和要求，由设计、施工单位和建设单位共同签署设计整改落实意见。工程经初步设计论证通过后，必须完成正式设计，并按正式设计文件施工。

(2) 工程经试运行达到设计、使用要求并为建设单位认可，出具系统试运行报告。具体要求如下：

① 工程调试开通后应试运行一个月，并按要求做好试运行记录。

② 建设单位根据试运行记录写出系统试运行报告。其内容包括：试运行起止日期；试运行过程是否正常；故障（含误报警、漏报警）产生的日期、次数、原因和排除状况；系统功能是否符合设计要求以及综合评述等。

③ 试运行期间，设计、施工单位应配合建设单位建立系统值勤、操作和维护管理制度。

(3) 进行技术培训。根据工程合同有关条款，设计、施工单位必须对有关人员进行操作技术培训，使系统主要使用人员能独立操作。培训内容应征得建设单位同意，并提供系统及其相关设备操作和日常维护的说明、方法等技术资料。

(4) 符合竣工要求，出具竣工报告。

① 工程项目按设计任务书的规定内容全部建成，经试运行达到设计使用要求，并为建设单位认可，视为竣工。少数非主要项目未按规定全部建成，由建设单位与设计、施工单位协商，对遗留问题有明确的处理方案，经试运行基本达到设计使用要求并为建设单位认可后，也可视为竣工。

② 工程竣工后，由设计、施工单位写出工程竣工报告。其内容包括：工程概况；对照设计文件安装的主要设备；依据设计任务书或工程合同所完成的工程质量自我评估；维修服务条款以及竣工核算报告等。

（5）初验合格，出具初验报告。

① 工程正式验收前，由建设单位（监理单位）组织设计、施工单位根据设计任务书或工程合同提出的设计、使用要求对工程进行初验，要求初验合格并写出工程初验报告。

② 初验报告的内容主要有：系统试运行概述；对照设计任务书要求，对系统功能、效果进行检查的主观评价；对照正式设计文件对安装设备的数量、型号进行核对的结果；对隐蔽工程随工验收单的复核结果等。

（6）工程检验合格并出具工程检验报告。

① 工程正式验收前，应按 GB 50348《安全防范工程技术规范》第七章的规定进行系统功能检验和性能检验。实施工程检验的检验机构应为法定检验机构。

② 工程检验后由检验机构出具检验报告。检验报告应准确、公正、完整、规范，并注重量化。

（7）工程正式验收前，设计、施工单位应向工程验收小组（委员会）提交下列验收图纸资料（全套，数量应满足验收的要求）：

① 设计任务书。

② 工程合同。

③ 工程初步设计论证意见（并附方案评审小组或评审委员会名单）及设计、施工单位与建设单位共同签署的设计整改落实意见。

④ 正式设计文件与相关图纸资料（系统原理图、平面布防图及器材配置表、线槽管道布线图、监控中心布局图、器材设备清单以及系统选用的主要设备、器材的检测报告或认证证书等）。

⑤ 系统试运行报告。

⑥ 工程竣工报告。

⑦ 系统使用说明书（含操作和日常维护说明）。

⑧ 工程竣工核算（按工程合同和被批准的正式设计文件，由设计施工单位对工程费用概预算执行情况作出说明）报告。

⑨ 工程初验报告（含隐蔽工程随工验收单）。

⑩ 工程检验报告。

二、安全技术防范系统工程验收组织与职责要求

① 安全技术防范系统工程的竣工验收，一般工程应由建设单位会同相关部门组织安排；省级以上的大型工程或重点工程，应由建设单位上级业务主管部门会同相关部门组织安排。

② 工程验收时，应协商组成工程验收小组，重点工程或大型工程验收时应组成工程验收委员会。工程验收委员会（验收小组）下设技术验收组、施工验收组、资料审查组。

③ 工程验收委员会（验收小组）的人员组成，应由验收的组织单位根据项目的性质、特点和管理要求与相关部门协商确定，并推荐主任、副主任（组长、副组长）；验收人员中技术专家不应低于验收人员总数的50%；不利于验收公正的人员不能参加工程验收。

④ 验收机构对工程验收应作出正确、公正、客观的验收结论。尤其是对国家、省级重

点工程和银行、文博系统等要害单位的工程验收，验收机构要对照设计任务书、合同、相关标准以及正式设计文件，如发现工程有重大缺陷或质量明显不符合要求的应予以指出，严格把关。

三、安全技术防范系统工程验收内容

（一）施工验收

（1）施工验收由工程验收委员会（验收小组）的施工验收组负责实施。

（2）施工验收应依据正式设计文件、图纸进行。施工过程中若根据实际情况确需做局部调整或变更的，应由施工方提供更改审核单。

（3）工程设备安装验收（包括现场前端设备和监控中心终端设备）：列出相关要求，现场抽验工程设备的安装质量并做好记录。

（4）管线敷设验收：列出相关项目与要求，抽查明敷管线及明装接线盒、线缆接头等的施工工艺并做好记录。

（5）隐蔽工程验收：对照相关表格，复核隐蔽工程随工验收单的检查结果。

（二）技术验收

（1）技术验收由工程验收委员会（验收小组）的技术验收组负责实施。

（2）对照初步设计论证意见、设计整改落实意见和工程检验报告，检查系统的主要功能和技术性能指标，应符合设计任务书、工程合同和国家现行标准与管理规定等相关要求。

（3）对照竣工报告、初验报告、工程检验报告，检查系统配置，包括设备数量、型号及安装部位，应符合正式设计文件要求。

（4）检查系统选用的安防产品，应符合 GB 50348《安全防范工程技术规范》第 3.1.4 条的规定。

（5）对照工程检验报告，检查系统中的设备电源在主电源断电时应能自动快速切换，应保证系统在规定的时间内正常工作。

（6）高风险对象的安全防范工程，应符合本规范第 4 章和其他相关标准的技术要求。

（7）对具有集成功能的安全防范工程，应按照 GB 50348《安全防范工程技术规范》第 3.10 节和设计任务书的具体要求，检查各子系统与安全管理系统的联网接口及安全管理系统对各子系统的集中管理与控制能力（对照工程检验报告）。

（8）报警系统的抽查与验收。

① 对照正式设计文件和工程检验报告、系统试运行报告，复核系统的报警功能和误、漏报警情况，应符合国家现行标准 GB/T 32581—2016《入侵和紧急报警系统技术要求》的规定；对入侵探测器的安装位置、角度、探测范围做步行测试和防拆保护的抽查；抽查室外周界报警探测装置形成的警戒范围，应无盲区。

② 抽查系统布防、撤防、旁路和报警显示功能，应符合设计要求。

③ 抽测紧急报警响应时间。

④ 当有联动要求时，抽查其对应的灯光、摄像机、录像机等联动功能。

⑤ 对应已建成区域性安全防范报警网络的地区，检查系统直接或间接联网的条件。

（9）视频安防监控系统的抽查与验收。

① 对照正式设计文件和工程检验报告，复核系统的监控功能（如图像切换、云台转动、镜头光圈调节、变焦等），结果应符合本规范第 3.4.3 条的规定。

② 对照工程检验报告，复核在正常工作照明条件下，监视图像质量不应低于现行国家标准 GB 50198—2011《民用闭路监视电视系统工程技术规范》中表 4.3.1-1 规定的 4 级；回放图像质量不应低于表 4.3.1-1 规定的 3 级，或至少能辨别人的面部特征。

③ 复核图像画面显示的摄像时间、日期、摄像机位置、编号和电梯楼层显示标识等，应稳定正常。电梯内摄像机的安装位置应符合 GB 50348《安全防范工程技术规范》第 6.3.5 条第 3 款第 5 项的规定。

(10) 出入口控制系统的抽查与验收。对照正式设计文件和工程检验报告，应符合现行国家标准《出入口控制系统技术要求》(GA/T 394—2002) 的规定；检查系统存储通行目标的相关信息，应满足设计与使用要求；对非正常通行应具有报警功能。检查出入口控制系统的报警部分，是否能与报警系统联动。

(11) 访客（可视）对讲系统的抽查与验收。对照正式设计文件和工程检验报告，复核访客（可视）对讲系统的主要技术指标，应符合现行国家标准《楼宇对讲电控安全门通用技术条件》(GA/T 72—2013) 和《联网型可视对讲系统技术要求》(GA/T 678—2007) 的相关要求；复核电控开锁是否有自我保护功能，可视对讲系统的图像应能辨别来访者。

(12) 电子巡查系统的抽查与验收。

① 对照正式设计文件和工程检验报告，复核系统具有的巡查时间、地点、人员和顺序等数据的显示、归档、查询、打印等功能。

② 复核在线式电子巡查系统，应具有即时报警功能。

(13) 停车库（场）管理系统的抽查与验收。对照正式设计文件和工程检验报告，复核系统的主要技术性能，应符合 GB 50348《安全防范工程技术规范》第 3.4.6 条的相关要求；检查停车库（场）出入口或值班室是否有紧急报警装置；对安装视频安防监控的停车库（场）及其出入口，检查其监视范围和图像质量，应能辨别人员的活动情况及出入车辆的车型和车牌号码；检查停车库（场）管理系统设备工作是否正常。

(14) 监控中心的抽查与验收。对照正式设计文件和工程检验报告，复查监控中心的设计，应符合 GB 50348《安全防范工程技术规范》第 3.13 节的相关要求；检查其通信联络手段（不宜少于 2 种）的有效性、实时性，检查其是否具有自身防范（如防盗门、门禁、探测器、紧急报警按钮等）和防火等安全措施。

（三）资料审查

① 资料审查由工程验收委员会（验收小组）的资料审查组负责实施。

② 设计、施工单位应按 GB 50348《安全防范工程技术规范》第 8.2.1 条第 7 款规定的要求提供全套验收图纸资料，并做到内容完整、标记确切、文字清楚、数据准确、图文表一致。图样的绘制应符合国家现行标准《安全防范系统通用图形符号》(GA/T 74—2017) 及相关标准的规定。

③ 按 GB 50348《安全防范工程技术规范》表 8.3.3 所列项目与要求，审查图纸资料的准确性、规范性、完整性以及售后服务条款，并做好记录。

（四）验收结论与整改

1. 验收判据

(1) 施工验收判据 按 GB 50348《安全防范工程技术规范》表 8.3.1 的要求及其提供的合格率计算公式打分。按表 6.3.2 的要求对隐蔽工程质量进行复核、评估。

(2) 技术验收判据　按 GB 50348《安全防范工程技术规范》表 8.3.2 的要求及其提供的合格率计算公式打分。

(3) 资料审查判据　按 GB 50348《安全防范工程技术规范》表 8.3.3 的要求及其提供的合格率计算公式打分。

2. 验收结论

(1) 验收通过　根据验收判据所列内容与要求，验收结果优良，即按 GB 50348《安全防范工程技术规范》表 8.3.1 要求，工程施工质量检查结果 $KS \geqslant 0.8$；按表 8.3.2 要求，技术质量验收结果 $KJ \geqslant 0.8$；按表 8.3.3 要求，资料审查结果 $KZ \geqslant 0.8$ 的，判定为验收通过。

(2) 验收级别通过　根据验收判据所列内容与要求，验收结果及格，即 KS、KJ、KZ 均 $\geqslant 0.6$，但达不到“验收通过”要求的，判定为验收级别通过。验收中出现个别项目达不到设计要求，但不影响使用的，可判为基本通过。

(3) 验收不通过　工程存在重大缺陷、质量明显达不到设计任务书或工程合同要求，包括工程检验重要功能指标不合格，按验收判据所列的内容与要求，KS、KJ、KZ 中出现一项 < 0.6 的，或者凡重要项目（见 GB 50348《安全防范工程技术规范》表 8.3.2 中序号栏右上角打 * 的）检查结果出现一项不合格的，均判为验收不通过。

工程验收委员会（验收小组）应将验收通过、验收级别通过或验收不通过的结论填写于验收结论汇总表，并对验收中存在的主要问题，提出建议与要求。

3. 整改

(1) 验收不通过的工程不得正式交付使用。设计、施工单位必须根据验收结论提出的问题，抓紧落实整改后方可再提供、提交验收；工程复验时，对原不通过部分的抽样比例按 GB 50348《安全防范工程技术规范》第 7.1.12 条的规定执行。

(2) 验收通过或基本通过的工程，设计、施工单位应根据验收结论提出的检验与要求，提出书面整改措施，并经建设单位认可签署意见。

技能要求

一、工作名称

编制安全技术防范系统初步验收报告。

二、工作准备

安全技术防范系统工程正式验收前，由建设单位（监理单位）组织设计、施工单位根据设计任务书或工程合同提出的设计、使用要求对工程进行初验，要求初验合格后写出工程初验报告。初步验收报告主要内容有：

(1) 系统试运行评述；

(2) 对照设计任务书要求，对系统功能、效果进行检查的主观评价；

(3) 对照正式设计文件，对安装设备的数量和型号进行核对的结果；

(4) 对隐蔽工程随工验收单的复核结果等。

安全防范工程初步验收报告见表 1-9。

表 1-9　安全防范工程初步验收报告

工程名称	
建设(使用)单位	
设计、施工单位	
系统概述	
系统功能、效果的主观评价	
对安装设备的数量、型号进行核对的结果	
对隐蔽工程随工验收单的复核结果	
初步验收结论	
监理单位公章	
建设(使用单位)公章	
设计、施工单位公章	

第二章 安全风险评估

第一节 安全风险评估基础知识

学习单元1 风险及风险管理概述

学习目标

熟悉安全风险评估基础知识，包括风险、风险管理及安全风险的概念及辨析、风险管理理论等。

知识要求

典型案例导入：

2004年2月5日，正值农历正月十五元宵节，北京密云发生了一起重大的人群拥挤踩踏事故，导致37人死亡，15人重伤。这是北京市乃至全国发生的非常严重的踩踏事故之一。

2003年，密云县成功地举办了第一届灯展，获得群众好评，因此组织者决定在2004年继续举办“北京密云第二届迎春灯展”，结果由于领导和管理责任不落实，导致彩虹桥上人员拥挤，最终发生踩踏惨剧。

一、风险

（一）风险的含义

风险自古有之，它随人类的发展而发展，随科学技术的进步而变化。特别是进入现代社会以后，国际与国内的大量事件使人们认识到“风险”是关系到国家、企业、家庭，直至个人的生存发展及前途命运的大课题，管理与应对风险，已成为组织管理、业务工作及个人生活中一项极其重要的内容。

“风险”一词由来已久。相传在远古时期，以打鱼捕捞为生的渔民们，每次出海前都要祈祷，祈求神灵保佑自己能够平安归来，其中祈祷的主要内容就是让神灵保佑自己在出海时能风平浪静、满载而归。但是，一旦出现大风大浪，就有可能造成船毁人亡。捕捞活动使他们深刻认识到“风”会给他们带来的无法预测、无法确定的灾难性危险，有“风”就意味着有“危险”。这就是“风险”一词的由来。可见，“风险”是一个与不确定性密切相关、对实现目标不“吉利”的事件。这一名词传承下来，慢慢延伸到许多领域。表 2-1 列举了网站上“风险”一词的用法。

表 2-1 网站上使用的“风险”一词

车底盘异响和漏油风险	房产泡沫已构成社会风险
经济风险上升，通胀风险下降	互联网金融风险整体水平正在下降
人脸识别的风险细思极恐	公共卫生风险监测预警
贩毒暴力加剧致执法风险加大	施工负责人无视坍塌风险仍违规作业
保险业研判海外投资风险	风险让保险价值凸现
清明节交通安全风险加大	澳大利亚楼市风险正在累积
检察机关廉政风险防控机制	空气污染，全球最大环境健康风险
朝鲜半岛爆发战争的巨大风险	户外活动中因自然风险及自身身体状况导致死亡

目前对风险还没有一个统一的定义。经济学家、行为学家、风险理论家、统计学者和保险精算师们对风险都有自己不同的定义。经济学中的风险是根据概率和概率分布的概念来计算的，指一种特定的决策所带来的结果与期望的结果之间变动性的大小。系统工程学中的风险，是指用于度量在技术性能、成本进度方面达到某种目的的不确定性。而在指挥决策学中，风险被理解为在不确定性的决策过程中，所面临的无法保证决策方案实施后一定能达到所期望效果的危险。另外还有医疗风险、安全风险、质量风险、战争风险、被偷风险、地震风险，等等。艾尔姆斯（1992）认为风险是一个既有趣又复杂的概念，从某种意义上说，它总是与未来、可能性以及还没有发生的事情有关。1996 年，知名风险研究专家斯坦·卡普兰在接受风险分析协会颁发的特别贡献大奖时，阐述了对风险一词的看法：“风险这个词曾经是、现在是、将来也一直会是一个问题，风险分析协会刚刚创建的时候，第一项工作就是成立一个委员会定义‘风险’这个词，委员会花了整整四年的时间，最终还是决定放弃。它的最后一份报告指出，最好的方法也许就是不要对风险下定义，让每一个作者按照自己的方式去定义。”尽管如此，在人们的生活中，“风险”出现的频率极高，因为“未来可能发生的事件”本身就是生活的一部分。这些事件可能是自然灾害，如山洪、暴雪、地震；也可能是人的活动造成的，如交通安全风险、施工风险等；还可能是技术失效风险。风险已经成为人们非常关注的重要问题，金融、房产投资等方面存在的风险具有很强的吸引力，而同时人们也受到交通事故、疾病、自然灾害等风险的困扰。人们在各种“风险”的应对中风险意识也不断加强。

2009 年，国际标准化组织（ISO）正式发布了 ISO 31000《风险管理——原则与指南》，明确定义“风险”是“不确定性对目标的影响”，是对风险主体目标的影响。该定义是人类对“风险”这一概念的最新认识和理解的总结与概括。该定义说明风险是一种“影响”，这种影响是对“目标”的影响，这种目标是组织的目标或利益相关方的目标；对目标的影响因素多种多样，风险要研究的只是其中一种，即“不确定性”。对这一权威的“风险”定义，可以从以下六方面进行理解：

(1) 风险是一种“影响”。影响是指偏离预期目标的差异，影响可能是正面的也可能是负面的，前者称为“机会”，后者称为“威胁”。这颠覆了风险全是负面性影响的传统观念。

(2) 风险是相对于目标而言的。没有目标就谈不上风险。目标包括多方面和多层次，是具体的，而不是抽象的；目标的多方面，如财务目标、健康安全目标、环境目标等；目标的多层次，如战略层面目标、项目层面目标、产品层面目标等。

(3) 风险具有“未来性”。将风险定义为“不确定性对目标的影响”，其中的目标是我们制定并预期在未来某一时刻或事件范围的目标。因此不确定性也具有未来属性，即风险与未来息息相关，应对未来就是应对风险。风险的未来属性决定了风险管理是一种预防性的方法。在风险没有充分暴露出来时，对它难以肯定与否定，包括事件、发生可能性及后果，或三者结合。

(4) 风险具有“事件性”。2009 年版术语有注释“通常用潜在事件、后果或者两者的组合来区分风险”，这表明了风险具有事件性。由于风险的未来属性，与风险相关的事件一定是潜在事件，是今天没有发生的，可能在未来某一时点发生的事件。风险是具体的，不是凭空想象的，这个具体性就体现在风险的事件性，所以事件是风险的载体。风险通常用事件后果和事件发生可能性结合来表示。即风险＝事件后果×事件发生可能性。在风险评估的风险识别中，必须识别潜在的事件，没有潜在的事件，就谈不上后果和可能性，也就无从对风险进行研究和计量。对负面影响的事件可称为“不良事件”或“事故”。

(5) 风险的“不确定性”。从风险的定义可以看出，不确定性是风险的最基本特性。不确定性是一种缺乏或部分缺乏对一个事件、事件后果或发生可能性的相关信息、了解或认知的状态，即指不知道或不清楚某个事件会不会发生，不知道或不清楚某个事件发生的后果会怎样，程度有多大，以及该后果发生的可能性有多大等。

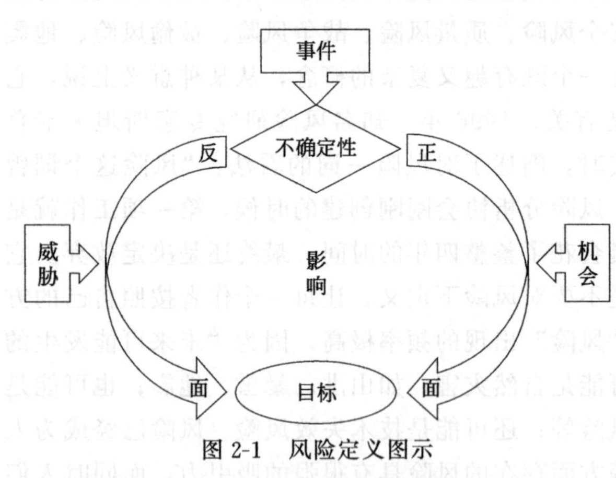

图 2-1 风险定义图示

(6) 风险大小的二维表示。通常用事件后果（包括事情的变化）和事件发生可能性的组合来表示风险。说明风险是一个二维组合，一维是事件的后果，另一维是事件发生的可能性。用可能性与后果构成的二维平面内的一个点或一个区域来表示某一特定的风险，这个点代表的风险通过在可能性和后果两个坐标轴上对应的数值来反映它的这两个参数：后果和可能性。进一步，可以将后果和可能性划分为不同的等级，从而得到二维空间的不同区域，由此形象地反映风险的大小（见图 2-1）。

（二）风险与不确定性

虽然风险很难被明确地定义，各种定义也不尽相同，但在所有关于风险的定义中，无一例外都将“不确定性”作为风险最基本、最重要的特征。例如，由不确定性而导致交通事故中丧生的风险；由不确定性而导致吸烟者患肺癌的风险；人群拥挤导致的踩踏事故风险同样也要归因于不确定性的存在。事实上，风险与不确定性既紧密联系，又有区别。

不确定性是一种缺乏或部分缺乏对一个事件、事件后果或发生可能性的相关信息、了解或认知的状态。“不确定性”的以上表述为风险管理领域中的“不确定性”给出了明示——“一种缺乏信息、了解和认识的状态”。“状态”就是一种现实存在的状况，“不确定性”指的这种现实存在的状况是“缺乏信息、了解和认识”，核心内容是“缺乏信息、了解和认识”。在风险管理领域中，“不确定性”就是指缺乏信息、了解和认识，正是由于缺乏信息、了解和认识而导致了不确定性。

“不确定性”概念中的“缺乏信息、了解和认识”是指什么呢？是对什么而言“缺乏信息、了解和认识”呢？风险的一个重要特征是“事件性”，通常风险的发生都是由潜在事件触发的。从风险管理的角度讲，获取有关“事件”的“信息”与“了解和认识”一个“风险事件”成为认识、理解风险的重要内容。所以，在风险管理领域，在“不确定性”的表述中体现了“事件”“后果”“发生可能性”这三项风险管理的核心问题。风险管理领域中的“不确定性”针对的是风险“事件”“后果”“发生可能性”，“缺乏信息、了解和认识”的对象是“事件”“后果”“发生可能性”。

不确定性是风险的重要特征，但风险与不确定性并不完全相同，那么它们之间的联系何在呢？关键是要认识到，风险的定义只能与目标相联系。风险最简单的定义是“起作用的不确定性”，它之所以起作用，是因为它能够影响一个或多个目标。风险并不是存在于真空中，因此我们需要定义什么“处于风险之中”（at risk），也就是说，如果风险发生的话，什么目标将会受到影响。

国际标准化组织 ISO 31000 给风险的一个更加完整的定义是“能够影响一个或多个目标的不确定性”。这个定义使我们认识到，有些不确定性与目标并不相关，它们应该被排除在风险管理过程之外。例如，如果我们在北京举行某项大型活动，那么上海是否会有雷暴天气这个不确定性就是不相关的——谁会关心它呢？但是，如果我们大型活动是在上海举办，那么上海雷暴天气的概率就不再仅仅是一个不确定性了——它起作用了。在前一种情况下，下雨仅仅是一个不相关的不确定性，而在后一种情况下，下雨就是一个风险。把风险与目标联系起来，可以使我们很清楚地看到，生活中风险无处不在。我们所做的一切事情都是为了达到一定的目标，包括个人目标（例如快乐和健康）、项目目标（包括准时并在预算内交付成果）、公司商业目标（例如增加利润和市场份额）。一旦确定了目标，在成功达到目标的过程中，就会有风险随之而来。

从风险的概念“不确定性对目标的影响”来看，我们可以提出另外一个问题——会产生什么样的影响？有些不确定性事件的发生会使得我们达到目标更加困难（即威胁），而有些不确定性事件的发生则会帮助我们达到目标（即机会）。当我们进行风险识别时，不仅要看到不确定性的负面影响，也需要看到不确定性的正面影响。有效的风险管理要求识别出真正的风险，即“能够对一个或多个目标产生正面或负面影响的不确定性”。把风险和目标相联系，就可以确保风险识别过程关注于那些起作用的不确定性，而不会被不相关的不确定性分散精力。

因此，“不确定性对目标的影响”非常简洁准确地表达了风险这个概念中最基本的三个要素，即目标、不确定性及两者之间的关系。

（三）风险、危机与危险

“风险”一词经历了“风”和“险”两个单音节词组合进而词汇化的进程。其最初指的是“行船遇风之险”。风险被理解为客观的危险，体现为自然现象或者航海遇到礁石、风暴等事件。“风险”也常作为一种灾害类型，与“火灾”并提。而这个词的现代意思已经不是最初的“遇到危险”，而是“遇到破坏或损失的机会或危险”。

危机是风险积聚到一定程度的产物，它是在不断变化着的。在危机管理领域，斯蒂文·芬克（Steven Fink）较早地把“危机”解释为“转机与恶化的分水岭”，认为危机乃是产生危险和出现机会之间的一个决定时刻（decisive moment）或关键时期（crucial time），两者发生的概率各占一半。危机包含两种意思，一是指潜伏的祸根，二是指严重困难或生死成败的紧要关头。从中可以看出，危机是潜在的或者已经发生的，会对组织或项目的效益、市场和声誉造成破坏的事件。显然，陷入危机的组织或项目必然面临着较大的风险，而具有风险的组织或项目不一定陷入了危机。若组织或项目面对危机束手无策，或措施不力，就会进一步加剧危机，不仅会带来损失，还可能威胁到生存。因此组织或项目必须寻求解决的方法，进行风险控制和危机管理。

“危险”与“危机”处于事情发展的同一过程线上，但二者处于不同的阶段。现代语境中，“危险”指的是高风险的、可以预知或已经发生的突发性威胁事件，包括突发性的威胁，也包括日常非突发性或渐进性的威胁。人们对一些危险可以达成共识，通过采取一些措施可以避免危险的发生，或控制危险的蔓延，可以说是“可控”的；“危机”情境下，遇见的往往是前所未有的挑战，这种挑战通常超出常规操作能力、伴有各种无法预知的连锁损害，进而使人恐慌，人们也不知道该怎么办，此时的情况是“难控”或“不可控”的。因此“危机”是一种特殊的情境，是对人群及社会的生命、财产、安全、秩序及其他价值可能会造成突发或特别紧急的严重威胁，同时又具有高度的不确定性风险和崭新性特征，并且还可能具有一定的机遇性，从而急需有关组织紧急决策处置的事态。突发紧急性、严重威胁性、不确定性和崭新性及机遇性往往是“危机”的典型特征。

（四）风险理论

1. 风险社会理论

社会学家以社会历史性视角将风险概念本身与社会形态结构相连形成独特的分析路径。贝克在其代表作《风险社会》以及《世界风险社会》中，始终将风险置于现代性和全球化视野中，以独特的社会结构形态视角切入来对风险社会图景进行反思性论述。贝克认为“现代性正从古典工业社会的轮廓中脱颖而出，正在形成一种崭新的形式——（工业的）‘风险社会’”。在贝克看来，古典工业社会和现代风险社会同为人类社会现代化过程的社会形态，古典工业社会的劳动就业市场不断萎缩，婚姻家庭体制不断解体，宗教教会组织不断衰落，国家政权体制不断式微，其整合机制不断消解和解构，另一种超越古典工业社会的现代风险社会正在形成。

在贝克看来，现代社会的真正本质也就是风险社会，而风险的主要特性至少有两个：一个是影响的广泛性，另一个是不可确定性。贝克指出，“首先，现代化风险出现在地理上特定的地域，同时它也是非特定的、普遍的；其次，它们形成有害影响的曲折途径是多么地不稳定和不可预测”。所谓影响的广泛性，是指风险对所有地域、所有社会阶层的人都平等地起作用，风险是全球性的、普遍的和不具体的。所谓不可确定性，是指相对于风险的普遍性、广泛性而言，人们对风险的来源、发生时间、具体影响等在本质上处于无知状态，“不明的和无法预料的后果成为历史和社会的主宰力量”。在“广泛性”与“不确定性”的统一中，广泛性的本质就是不确定性。

2. 海因里希事故理论

美国科学家海因里希曾统计研究了事故发生频率与事故后果严重度之间的关系，提出了1∶29∶300法则，又称海因里希法则，即冰山理论（见图2-2）。这一法则分析了事故所造成的人身伤害程度与事故发生次数之间的关系，揭示了事故发生的规律性，其中1代表死亡事故，29代表轻伤事故，300代表未遂和异常，即严重人身伤害的事故次数总是远少于轻微伤害事故次数，轻微伤害事故次数又远少于无伤害事故（即未遂事故或异常事件）次数（见图2-3）。

图2-2　冰山理论

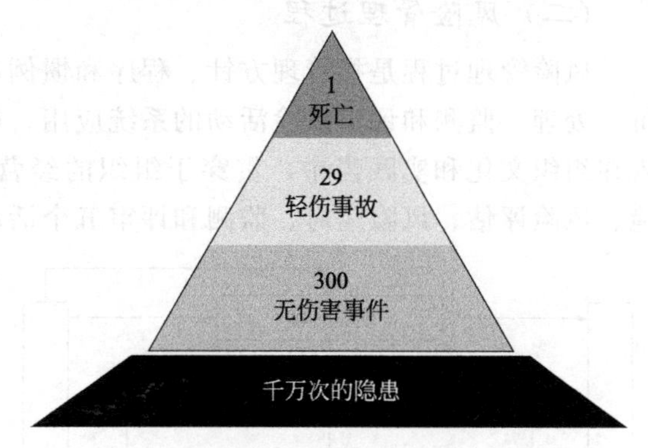

图2-3　海因里希法则

海因里希曾经调查了美国的75000起工业伤害事故，发现占总数98%的事故是可以预防的，只有2%的事故超出人的能力所能预防的范围，是不可预防的。在可预防的工业事故中，以人的不安全行为为主要原因的事故占88%，以物的不安全状态为主要原因的事故占10%。根据海因里希的研究，事故的主要原因或者是人的不安全行为，或者是物的不安全状态，没有一起事故是由于人的不安全行为及物的不安全状态共同引起的。

海因里希事故理论对于风险管理具有重要意义，其表明我们社会生产生活中存在着大量的风险，风险-事件-事故构成一个完整的事故链条，这些事故绝大部分是可预防的。在事故发生之前，我们可以发现、认识导致事故发生的风险及其事件，这本身就是风险管理的过程。同时，该理论认为控制人的不安全行为，以及物的不安全状态，能够有效地减少和防范事故，这是我们生产生活中进行风险控制的基本策略。

二、风险管理

（一）风险管理的含义

我们生活在贝克所说的“风险社会”之中，而现实生活中大量的风险都会带来损失，因此在面对风险时，人们必须有所作为，风险管理活动便应运而生并不断发展。美国COSO 2004年发布的《企业风险管理——总体框架》认为：“风险管理是一个流程，在一个实体进行战略决策和执行决策的过程中，由董事会、管理层和其他人员实施，旨在识别可能影响实体的潜在事件，管理风险，以使其处于该实体的风险容量之内，并为实体目标的实现提供合理保证。”理解这个定义需要注意以下几个方面：首先，风险管理是一个流程，是降低和控制风险的一系列程序，涉及对企业风险管理目标的确定、风险的识别与评价、风险管理方法的选择、风险管理方案的实施以及对风险管理计划持续不断地检查和修正的一个过程。其次，风险管理的工作需要所有员工的参与。最后，该定义表明了风险管理的目的并不是不惜一切代价降低风险，而是尽量使风险降低至可以接受的容量范围内。而且，企业风险是无法彻底消除的，对企业经营目标的实现只能做出合理而非绝对的保证。

国际标准化组织ISO定义风险管理为：风险管理（risk management）是指某一组织针对风险所采取的指挥和控制的协调的活动。同时，ISO 31000确定了风险管理过程，规范了风险评估程序，指出了风险管理的11项重要原则，明确提出风险管理的首要原则是创造并保护价值。风险管理就是管理不确定性、减少威胁、放大机会、创造条件改变风险传导的过程，使其有助于目标的实现。

（二）风险管理过程

风险管理过程是指管理方针、程序和惯例对沟通、协商、明确环境以及识别、分析、评价、处理、监测和评审风险活动的系统应用。风险管理过程是组织管理的有机组成部分，嵌入在组织文化和实践当中，贯穿于组织的经营过程。风险管理过程由沟通和协调、明确环境、风险评估、风险应对、监测和评审五个活动组成。风险评估包括风险识别、风险分析和风险评价等三个步骤（见图2-4）。

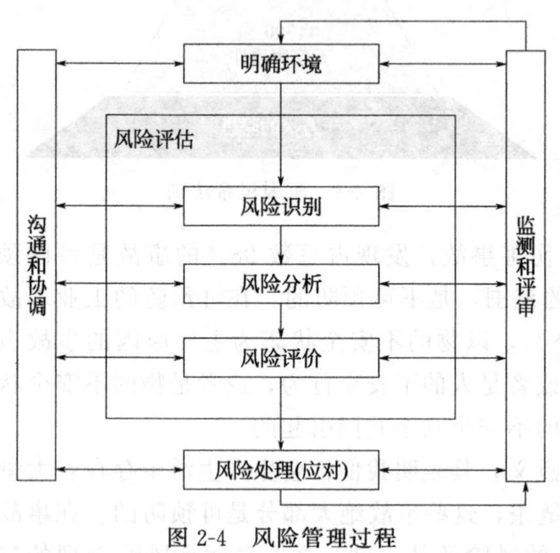

图2-4 风险管理过程

1. 沟通和协调

沟通和协调是组织针对风险管理，提供、共享或获取信息，与利益相关者进行对话的持续和反复的过程。在风险管理程序的每一个阶段，与内部和外部利益相关者进行沟通与协商是十分必要的。在风险管理的前期阶段，应该制订一个与内部和外部利益相关者进行沟通和协商的计划，处理与风险本身、风险后果和应当采取的管理措施相关的问题。沟通和协商应该是利害关系者之间的一个双向对话，所强调的是双方面的协商，而非决策者单方面地将信息传送给利害关系者。因此，有效的外部和内部沟通与协商可以明确地解释实施的风险管理程序，使利益相关者了解做出相关决定的依据，采取的特殊措施的原因。其主要作用包括：①带来不同领域的风险评估专业知识；②发展组织内部沟通计划；③在执行风险管理流程期间提升更适当的变更管理方案；④确保客观地选择不同评估风险的方法；⑤确保利害关系人的利害被考虑与接纳；⑥协助判断组织环境风险状况；⑦协助组织确认风险已被充分地辨识。

2. 明确环境

明确风险管理的基本环境是风险管理框架的重要一步。通过明确环境信息，可以使组织明确其风险管理的目标，确定与组织相关的内部和外部参数，并设定风险管理的范围和有关风险准则。

为保证在制定风险准则时能充分考虑外部利益相关者的目标和关注点，组织需要了解外部环境。外部环境以组织所处的整体环境为基础，包括法律和监管要求、利益相关者的诉求和与具体风险管理过程相关的其他方面的信息等。外部环境信息一般包括：国际、国内、地区及当地的政治、经济、文化、法律、法规、技术、金融以及自然环境和竞争环境；影响组织目标实现的外部关键因素及其历史和变化趋势；外部利益相关者及其诉求、价值观、风险承受度；外部利益相关者与组织的关系等。

内部环境是组织在实现目标过程中所面临的内在环境的历史、现在和未来的各种相关信息。风险管理过程要与组织的文化、经营过程和结构相适应，包括组织内影响其风险管理的任何事物。组织需明确内部环境信息，因为：风险可能会影响组织战略、日常经营或项目运营等各个方面，从而会进一步影响组织的价值、信用和承诺等；风险管理在组织的特定目标和管理条件下进行；具体活动的目标和有关准则应放到组织整体目标的环境中考虑。内部环境信息一般包括：组织的方针、目标以及经营战略；资源和知识方面的能力；信息系统、信息流和决策过程；内部利益相关者及其诉求、价值观、风险承受度；采用的标准和模型；组织结构、管理过程和措施；组织所采用的标准、指南和模式；合同关系的形式与范围等。

3. 风险评估

风险评估是风险识别、风险分析和风险评价的全过程。风险评估是风险管理活动的核心环节，它有助于决策者对风险及其原因、后果和可能性有更充分的理解，为后续各项决策提供信息：是否应该开展某些活动；如何充分利用时机；是否需要应对风险；选择不同风险应对策略；确定风险应对策略的优先次序；选择最适合的风险应对策略，将风险的不利影响控制在可以接受的水平。

(1) 风险识别。风险识别是风险评估的基础性工作。它是指组织查明风险的来源、影响的区域、事件（包括环境的改变）及其产生的原因和潜在的后果。这样做的目的是在可能会产生、加强、防止、降低、加速或延迟目标实现的事件基础上，生成一个全面的风险清单。风险识别的重点包括：风险的来源、影响的区域、事件（包括环境的改变）及其产生的原因和潜在的后果。进行风险识别时要掌握相关的和最新的信息。除了识别可能发生的风险事件外，还要考虑其可能的原因和可能导致的后果。不论风险事件的风险源是否在组织的控制之下，或其原因是否已知，都应对其进行识别。此外，要关注已经发生的风险事件，特别是新近发生的风险事件。总之，所有重要的风险来源和结果均应纳入考虑范围之内。

(2) 风险分析。风险分析是根据风险类型、获得的信息和风险评估结果的使用目的，对识别出的风险进行定性和定量的分析，为风险评价和风险应对提供支持。风险分析是对风险理解走向成熟的过程。风险分析为风险评价、决定风险是否需要处置和最适当的风险应对提供策略和方法。

在风险分析中，应考虑组织的风险承受度及其对前提和假设的敏感性，并适时与决策者和其他利益相关者有效地沟通。根据风险分析的目的、可获得的信息数据和资源，风险分析可以是定性的、半定量的、定量的或以上方法的组合。一般情况下，首先采用定性分析，初步了解风险等级和揭示主要风险。适当时，进行更具体和定量的风险分析。

风险分析的结果，包括后果和可能性，可通过专家意见确定，或通过对事件或事件组合的结果建模确定，也可通过对实验研究或可获得的数据的推导确定。对后果的描述可表达为有形或无形的影响。在某些情况下，可能需要多个指标来确切描述不同时间、地点、类别或情形的后果。

(3) 风险评价。风险评价是将风险分析的结果与组织已设定的风险准则比较，或者在各种风险的分析结果之间进行比较，确定风险等级，以便做出应对决策。风险评价的目的是在风险分析结果的基础上协助决策，对其中需要处置的风险进行优先处置。如果该风险是新识别的风险，则应当制定相应的风险准则，以便评价该风险。在进行风险评价时，应在风险分析的基础上综合考虑风险管理的目标、成本和收益、资源的投入安排等因素，对风险进行不同维度的排序，包括风险发生可能性的高低、风险影响程度的高低以及风险水平的高低；进而，依据风险水平的排序，对照组织的风险管理准则，对风险进行分级，具体划分为多少个等级可以根据组织的管理需要设定。

4. 风险应对

风险应对是风险管理活动的最终落脚点，其目的是确定对识别出来的风险采取什么措施以及谁负责进行处理，主要的风险应对方法有回避风险、降低风险、转移风险、接受风险等。风险应对措施的制定和评估应该是一个递进的过程。管理者和其他利益相关者应当清楚在采取风险应对措施后剩余风险的性质和程度。对于风险应对措施，应评估其剩余风险是否可以承受。如果剩余风险不可承受，应调整或制定新的风险应对措施，并评估新的风险应对措施的效果，直到剩余风险可以承受。此外，风险应对措施还可能引起次生风险，对次生风险也需要评估、应对、监督和检查。

5. 监测与评审

风险管理对变化应保持持续感觉和响应。随着内部和外部事件的发生、环境和知识的改变，新的风险会出现，某些风险可能发生变化，另一些风险则可能会消失。因此，组织应持续不断地对各种变化保持敏感并做出恰当反应，通过监测和评审，使风险管理得到持续改进。监测与评审是持续地检查、监控、密切观察或确认风险状态，从而发现背离目标的潜在风险，同时对风险管理计划以及绩效进行衡量，确定是否发生偏离。监测与评审活动贯穿于风险管理的全过程，是对建立环境、风险评估、风险应对等所有过程进行的监测与评审，是实施风险管理过程的有效保证。

监测与评估可以包括日常检查或监督，其目的包括：①确保风险控制和处置措施在设计和操作上是有效的；②获得更深层次的信息来提高风险评估水平；③分析事件、变化和发展趋势并从中吸取经验教训；④检测外部和内部的环境变化，包括可以要求修改风险处置和优先事项的风险本身的变化；⑤识别新产生的风险。

三、安全风险及管理

（一）安全风险的本质

尽管风险作为一种“影响”，既有正面的“机会”，也有负面的“威胁”，但从安全的角度论述风险，即“安全风险”，通常是指负面效应。国际民航组织对安全的定义：安全是一种状态，即通过持续的危险识别和风险管理过程，将人员伤害或财产损失的风险降低并保持在可接受的水平或其以下。显然，安全风险产生是由于事故不确定性对安全状态这一目标的负面影响。因此，安全风险也被定义为损失的不确定性，即发生事故的概率，而事故是一般会造成人员伤亡或重大财产损失的事件。

安全风险的形成机理，本质上就是由风险因素、风险事故和损失三者构成的统一体，这三者之间存在着一种因果关系：风险因素增加或产生风险事故，风险事故引起损失。换句话说，风险事故是损失发生的直接与外在原因，风险因素为损失发生的间接与内在原因，三者的串联构成了安全风险形成的全过程。可以说，安全风险的本质归结为风险因素、风险事故和损失。这些因素有时被视为在不同情况下讨论的安全风险的不同侧面。

1. 风险因素

风险因素是指促使和增加损失发生的概率或严重程度的条件，它是事故发生的潜在原因，是造成损失的内在或间接原因。例如，房屋内存放的易燃易爆物品、有关人员的疏忽大意、灭火设施不灵、房屋结构不合理等都是增加火灾损失发生概率和损失幅度的条件，是火灾的风险因素。构成风险因素的条件越多，损失发生的概率或损失幅度就可能越大，有些情况下还可能对这二者都有影响。

2. 风险事故

风险事故是造成生命财产损失的偶发事件，又称风险事件。风险事故是造成损失的直接的或外在的原因，它是使风险造成损失的可能性转化为现实性的媒介，是风险因素到风险损失的中间环节。风险只有通过风险事故的发生，才有可能导致损失。例如，汽车刹车失灵造成车祸与人员损伤，其中刹车失灵是风险因素，车祸是风险事故。如果仅有刹车失灵而未发生车祸，就不会导致人员伤亡。又如，一段河堤年久失修，经不起大水的冲击，但如果这个区域没有大暴雨，也不会导致水灾损失。

有时风险因素与风险事故很难区分，某一事件在一定条件下是风险因素，在另一条件下则为风险事故。如下冰雹，使得路滑而发生车祸，造成人员伤亡，这时冰雹是风险因素，车祸是风险事故；若冰雹直接击伤行人，则它就是风险事故。因此，应以导致损失的直接性与间接性来区分，导致损失的直接原因是风险事故，间接原因则为风险因素。

3. 损失

损失是指非故意的、非预期的和非计划的经济价值的减少或消失。它包含两方面的含义，一方面，损失是经济损失，即能以货币来衡量。当然，有许多损失是无法用货币衡量的，例如亲人死亡，谁也无法计算出其家人在精神上所遭受的打击和痛苦值多少钱。尽管如此，在衡量人身伤亡时，还是从由此引起的对本人及家庭产生的经济困难或其对社会所创造经济价值的能力减少的角度来给出一个货币衡量的评价。另一方面，损失是非故意、非预期和非计划的。上述两方面缺一不可。如折旧，虽然是经济价值的减少，但它是固定资产自然而有计划的经济价值的减少，不符合第二个条件，不在这里所讨论的损失之列。

损失可以分为直接损失和间接损失两种，前者指直接的、实质的损失，强调风险事故对于标的本身所造成的破坏，是风险事故导致的初次效应；后者强调由于直接损失所引起的破坏，即风险事故的后续效应，包括额外费用损失和收入损失等。

综上，在安全领域中，人们把这种不确定的损失的期望值叫作风险，即风险是风险事故发生概率（可能性）与所遭受损失（后果）的乘积。用函数关系式表示为：$R=f(C, P)$，其中：R表示“风险”，C表示“后果”，P表示“可能性”，显然安全风险具有概率和后果的两重性。

（二）安全风险管理

安全风险不一定导致生产安全事故的发生，安全风险高意味着发生事故的可能性大。安全风险涉及生命的保护和健全，所以，安全风险管控尤其重要，不能任由风险“自由生长”，应人为地进行干预和调节，从而降低风险。当然，安全并不意味着零风险，而是意味着可以接受的风险。这一方面说明安全是个相对的概念，另一方面也说明判断安全不仅需要衡量利益和风险，也需要判断风险的可接受程度。

安全管理的对象是风险，管理的结果要么是安全，要么是事故。“安全的规律”，确切地说，就是事故发生的规律，就是事故是怎么发生的。任何事件都有前因后果，事故这个结果也有原因，原因就在于与事故相关的各个环节。就是说，事故是一系列事件发生的后果。这些事件是一系列的，一件接一件发生的，就是“一连串的事件”。所以，安全管理上就有了“事故链”原理。事故让人们看到了一个锁链：初始原因→间接原因→直接原因→事故→伤害。这是一个链条，传统、社会环境、人的不安全行为或物的不安全状态、人的失误、事故伤害；又像一张张多米诺骨牌，一旦第一张倒下，就会导致第二张、第三张……骨牌倒下，最终导致事故发生，出现相应的损失。按照“事故链”原理的解释，事故是因为某些环节在连续的时间内出现了缺陷，这些不止一个的缺陷构成了整个安全体系的失效，酿成大祸。

四、保安工作中的风险管理

（一）保安工作与风险管理概述

目标群体是管理学上的一个概念，它主要是指管理主体运用管理手段所直接指向的目标，目标既包括了单个的个人和多数的群体，也包括了物体，究竟以人为目标，还是以物体为目标，根据直接指向的目标性质而定。在保安业中，我们把保安所保护的对象（个人或组织中的人身、财产和信息）称为保安目标群体，在保安人员对个人或组织中的人身、财产和信息等进行安全服务和管理时，存在着巨大的风险。其具体表现为以下三个方面：第一，保安目标群体发生的危险是偶然发生的，也是一种客观存在。保安人员对目标群体进行安全服务和管理时，其目的是使保安目标群体发生的危险系数降低到最低点，但是，达到万无一失、百分之百的安全，是不符合事物的发展规律的。因此，目标群体尽管在保安人员的安全服务和管理下做到了尽善尽美的安全，把其危险的发生概率降到了最低点，但是，危险发生的偶然性也是不可避免的。例如，保安人员的偶尔疏忽，安防器材的年久失修等。第二，保安目标群体一旦发生危险，其直接表现就是损失。保安目标群体之所以称为保安人员的保安对象，就是因为其有被犯罪分子破坏的危险性，保安目标群体的重要性和有价值性决定了一旦发生危险，直接的表现就是损失。第三，保安目标群体发生损失后，其结果是不确定的。保安目标群体发生损失，有可能伤害到个人或组织的人身、财产和信息，这种损失不只是一个点的损失，而是经常涉及连带的损失效果。例如，保安目标群体是一个人，受到的伤害，不仅仅是本人身心上和肉体上的痛苦，而更多地会牵连到保安人员和保安服务公司的社会信誉问题，以及本人在社会上的影响等，其损失结果难以确定，不可估算。

保安工作的核心是安全。无论委托人所委托的是人身安全、财产安全，还是公共活动的安全等目标群体的安全，在实现安全目标的过程中，都会遇到各种各样的风险，能否妥善地应对各种风险，关系到是否能够实现安全目标，以及安全的成本。[1] 在国际、国内安全形势日益复杂，对安全的要求标准日益提高的情况之下，如果保安企业及管理人员不能掌握并自觉地应用风险管理的理论与方法，就不可能承担重要的安全管理任务，保安企业也很难开展高层次的业务。

在保安工作中，我们可以把风险理解为：可能造成资产损坏与损失的潜在危险。一般情况下，资产可以分为五个基本的范畴：人、设施与设备、资料、信息、活动与行动。这些资产对于所有者来说具有主要的价值，或者对所有者和对手双方都具有主要的价值。从原理上说，保安工作的业务领域都可以运用风险管理的原理与知识。因为保安作为一种社会职业之所以存在，而且随着经济社会的发展表现出强劲的发展势头，正是因为我们身处风险社会之中。在人类的生存发展过程中，无论国家、地区、企业事业单位，还是家庭、个人与社会组织，始终处在与各种风险相互博弈、应对的过程之中。当然，一些战略性的风险，如国家的能源安全、粮食安全、水资源的安全、环境的污染等风险，政府会发挥职能作用，采取一系列的措施进行风险的管理，而社会组织与个人在人身、财产安全方面的风险有待于专业性的

---

[1] 郭太生．风险管理及其在保安工作中的应用［J］．中国保安，2007（2）：35-41.

组织与人员进行管理。这正是保安业发挥作用的空间和领域。

（二）风险管理在保安业务中的具体体现

具体说来，保安企业和管理人员可以在以下几个方面充分应用风险管理的知识开展业务：

1. 大型活动的风险管理

大型活动的类型很多，有文体类的活动，也有各种庆典与庆祝活动，在举办之前需要制订安保总体方案和各种预案，而制订方案和预案的过程就是对风险的管理过程。包括奥运会等世界瞩目的国际性体育盛会。大型活动由于参与人员多，结构复杂，有时还有国家首脑与领导人出席，文艺体育界与社会名流参加，都会提高风险的级别。因此，大型活动是否能够成功举办，在很大程度上取决于风险管理的能力。大型公共活动的风险包括自然灾害的危害，也包括各种人为的灾难，如恐怖袭击、灾难性的事故、人群的拥挤踩踏、群众性的冲突、食品的安全、公共基础设施失效、实际应急能力的不足等，其中任何一个因素出现意外，都可能导致大型活动的安全受到影响。保安企业可以承担或参与大型公共活动的安全管理，但更为重要的是能够进行系统的、全面的风险管理，并在此基础上制定安保方案和应急预案，提出风险控制的设想与措施。

2. 企业事业单位涉及人员安全、财产安全的风险管理

保安企业作为合同制的提供安全服务的组织，更多的安全委托人来自企业事业单位，包括各种金融企业与商业企业等。企业事业单位所需要的安全是多方面的，包括各种有形资产与无形资产的安全，单位内部人员的安全，以及单位声誉的安全。对单位安全构成侵害的因素既有工作场所发生的各种暴力，也有内部人员所实施的各种盗窃行为，还有诸如盗窃、失泄密、破坏等行为。保安企业及管理人员在参与或承担企业事业单位的安全管理工作方面，应主动地开展风险管理流程，使企业事业单位的安全管理工作逐步走上更加科学化与规范化的轨道。

3. 贵重物品、危险物品押运过程的风险管理

押运贵重物品、危险物品是保安企业普遍开展的一项重要业务。由于所涉及物品性质的特殊性，因而其也是充满风险——潜在危险的一项重要业务。因此在贵重物品与危险物品的押运过程中，主动地运用风险管理的知识，会使保安企业更好地开展此项业务。押运过程的风险主要来自暴力犯罪，如武装抢劫、使用爆炸手段破坏、发生意外事故等。而规避押运过程的风险可以使用的手段也是可以选择的，如主动地了解、掌握当地的治安形势，充分地分析押运过程存在的脆弱性环节等。

4. 突发公共事件应急管理

《国家突发公共事件总体应急预案》要求各级政府及其有关部门、企业事业单位、社区、公共场所都要制定应急预案。应急预案制订只是应急管理的一个方面，按照现代危机管理的理念，更为重要的是对突发公共事件全过程的管理，包括预防、准备、反应与恢复四个方面。而在预防阶段的重点是对潜在的危险，即风险进行评估。风险评估是风险管理的重要组成部分，涉及风险的识别等。没有风险评估的环节作为基础，就无法进行突发事件的预警，也就不可能按照适度反应的要求进行应对。保安企业一方面可以在提供安全服务的企业事业单位、场所、社区，根据实际情况进行风险评估，并据此制定与实施突发事件应急预案，另一方面也可以针对突发公共事件为企业事业单位、社区开展风险评估的业务。

5. 涉及重要人物安全的风险管理

无论国外还是国内，对重要人物的人身安全进行保护都是一项普遍开展的业务。重要人物之所以需要提供保护，是由于本身面临一定的风险，这种风险体现在或由于本人拥有大量的财富，或由于掌握重要的机密，或由于对一个国家或地区的局势会产生重大影响，或由于其他原因会对别人带来一定的利益。重要人物安全的威胁主要来自绑架、暗杀、伤害、劫持、心理与精神方面的威胁等方面。对重要人物进行安全保护业务的开展如果有风险管理的方法作为支撑，则效果会更好。

以上仅仅是对保安服务的主要业务领域应用风险管理的初步分析。实际上，风险管理作为一种安全管理的方法，具有应用的普遍性，在几乎所有保安服务的领域都可以运用。保安企业和管理人员也只有通过自觉地应用风险管理的理论与方法，才能逐步地提高自身的工作水平与社会声望，逐步走出层次低、凭经验的管理困境。

学习单元2 安全风险评估原理

学习目标

熟悉安全风险评估基本原理及方法，包括定性分析法、定量分析法、定性与定量相结合分析法。

知识要求

风险管理的最终目标是实现对风险的预测预警预防。安全风险评估是预防的关键工作，当然构成风险管理过程的核心部分，具有很强的理论性和实践性，被广泛地运用于各个领域，包括安全风险管理领域和保安工作中。

一、 安全风险评估理论基础

风险为什么能够被“评估”？这与风险及风险事件的特征密切相关。风险具有不确定性，可被视为是客观事物发生发展过程中的一种逆转、偏离或突变，是客观事物发展过程中的一种不确定性。若各种可能发生的结果之间的差异大，则风险大；若差异小，则风险小。若只有一种结果，则没有差异，完全确定，结果完全可以预测，从而没有风险。若不止一种可能结果，则每一结果有其相应的概率，从而有一个反映各结果及其对应概率的概率分布。因此，在这个意义上，风险具有概率分布的特性。

安全风险事件是直接导致损失的偶发事件，即随机事件。对全时空而言，安全风险是客观存在和必然的。但是就具体的主体、具体的时空而言，风险事件的发生却是个偶然现象，具有随机性。使用概率统计方法去处理大量相互独立的偶发安全风险事故资料，可以得到风险的分布状态，其结果可以比较准确地反映风险的规律性。正因如此，借助一定的技术和工具，安全风险是可以被测量和评估的。

（一） 大数定律

大数定律是概率论中用来阐述大量随机事件平均结果稳定性的一系列定理的总称。大量安全风险事件的发生有其必然性和统计规律性。大数定理证明：被观察的同类事件越多，这种规律越明显。如果掌握安全风险事件的统计规律，那么风险损失虽然存在，但不确定性因此消失。大数定律为安全风险评估奠定了理论基础，只要被观察的风险事件足够多，理论上就可以估计出损失发生概率和损失的影响程度。

（二）惯性原理

任何事物的发展，除了外界作用的影响之外，还与其他初始状态和发展过程有关。过去的行为不仅影响事物的现在，还会影响事物的未来。事物的发展具有一定的延续性，通常称为惯性。在安全风险评估中利用惯性原理就是利用过去发生的风险和损失预测未来可能的风险和损失。利用惯性来估计需要保护的对象，也就是风险主体的损失，要求风险主体具有一定的稳定性。因为只有稳定的风险主体其内在要素才具有一定的“惯性”，才有可能延续下去。但在实际中，不同阶段、不同时期的风险状态会受到各种偶然因素的影响，绝对稳定的安全风险主体是不存在的，因此只要风险主体具有相对的稳定性，就可以利用惯性原理来对风险进行分析和评估。运用惯性原理，并不是复制过去的情况粘贴到将来，而是预测其发展趋势。

二、 安全风险评估的作用

安全风险评估旨在为有效的风险应对提供基于证据的信息和分析。安全风险评估的主要作用包括：

（一）增进对安全风险的理解

通过风险评价，特别是定量方法评价，可以确定各种安全风险因素和风险事件发生的概率大小或概率分布，及其发生后对安全目标影响的严重程度或损失严重程度。其中，损失严重程度又可以从两个不同的方面来反映：一方面是不同风险的相对严重程度，据此可以区分主要风险和次要风险；另一方面是各种风险的绝对严重程度，据此可以了解各种风险所造成的损失后果。

风险应对策略是在确定生产经营活动中存在的风险，并分析出风险概率及其风险影响程度的基础上，根据风险性质和决策主体对风险的承受能力而制定的回避、承受、降低或者分担风险等相应的防范计划。显然，风险的应对策略是以风险评估为基础的，而风险评估的重要性在于它必然发展为风险应对策略，即风险控制。除了风险评估结果为风险应对策略选择提供依据，风险评估也提供了一种结构性的过程，识别目标如何受各类不确定性因素的影响，并从后果和可能性两个方面来进行风险分析。从风险性质和风险等级等多角度深入理解风险，有助于明确需要优先处理的风险事件，进而采取正确的应对策略。

（二）科学决策的基石

风险评估不是一个技术评定，也不是简单地写一个报告了事。最重要的是要将一线得到的信息及时地传递到决策者手中，根据情况及时调整政策，这样才能真正发挥安全风险管理工作的实用性。风险评估所提供的信息，相当于在决策前进行一次应急预案演练，把可能出现的问题都一一确认，做最坏的打算，才能避免最后出现不可控的状态。全面、准确地评估项目安全现状及风险，为制定防范措施、展开应急管理提供充分、准确的依据。如十八大报告提出，要建立健全重大决策社会稳定风险评估机制，风险评估成为加强和创新社会管理的重大举措[1]；十八届四中全会通过的《中共中央关于全面推进依法治国若干重大问题的决

---

[1] 中共十八大报告将“建立健全重大决策社会稳定风险评估机制”作为“加强和创新社会管理”的重要内容，这其实反映出风险评估在社会安全领域的重要作用。

定》，明确提出要健全依法决策机制，并“把公众参与、专家论证、风险评估、合法性审查、集体讨论决定确定为重大行政决策法定程序”，从而首次通过中央文件把风险评估机制引入行政决策之中，确立了把风险评估机制作为解决我国行政决策问题突破口的创新机制地位。在现代风险社会，无论是政府管理还是企业管理，项目管理的决策必须具有科学根据，通过风险评估等程序引入专家知识，专家为决策者提供各种方案技术风险的精细分析，能够提升决策的事实基础，增强决策的理性。

（三）资源配置的指针

资源配置问题是项目管理和安全管理的重要问题，成功的管理离不开资源的有效组织和利用。安全风险评估有助于有效分配安全保卫人员和设备、设施，既提高效率、降低成本，又确保保护对象的人员和财产安全。安全风险评估对于避免安保资源错配和过度配置，提高安保资源配置效率和安全管理有效性具有重要作用。2017 年 4 月 1 日开始实施的 GB/T 33170.1—2016《大型活动安全要求　第 1 部分：安全评估》中明确指出安全评估的基本功能是“为行政许可与安保资源调配提供参考”；GB/T 33170.5—2016《大型活动安全要求　第 5 部分：安保资源配置》则提出“视活动性质确定安保人员配置的岗位和点位，并根据安全评估风险等级确定安保人员的类别和数量”。

三、安全风险评估方法分类

风险评估最早出现在 19 世纪的美国，当时美国铁路大发展孕育了债券的产生。随着大量债券的发行，逐渐地出现了风险评估的技术。加上后来科学家的研究，形成了许多风险评估的方法。目前已经有了风险评估技术的国际标准 ISO 31031：2009，我国制定了 GB/T 27921—2011《风险管理——风险评估技术》标准。

风险评估方法多数是基于一定的基础数据来进行的。但是，实际使用的风险评估方法可能没有直接数据或很难通过打分来量化，也就是说不能用纯粹的计算方法来解决。因此安全风险评估的方法整体上可以分为三类：定性分析法、定量分析法、定性和定量相结合分析法。

（一）定性分析法

定性分析法是借助于对事物的经验、知识、观察及对发展变化规律的了解，科学地进行分析、判断的一类方法，是评估已识别风险的影响和可能性的过程。

定性风险分析的目的是利用已识别风险的发生概率、风险发生对项目目标的相应影响，以及其他因素，例如时间框架和项目费用、进度、范围和质量等制约条件的承受度，对已识别风险的优先级别进行评价，以达到明确特定风险和指导风险应对的作用。运用这类方法可以找出项目存在的安全隐患、风险因素，进一步根据这些因素从技术上、管理上、教育上提出安全管理措施，加以控制，达到保障项目安全的目的。

定性风险评估是采用词语和叙述性的方法，描绘已识别风险事件的频率以及由这些事件导致的潜在后果的严重程度。这些叙述可能需要根据环境进行调整，而对于不同类别的风险，可以使用不同的描述。定性风险分析可用于风险级别较低，不需要花费时间和精力进行更加详细分析的时候；也可用于没有足够数据进行定量风险分析的时候。

定性风险分析的方法通常使用定性语言将风险的发生概率及其后果描述为极高、高、中、低、极低 5 级，再编制可能性-后果风险评价矩阵（见表 2-2）。可能性通常用某一风险事件发生的概率进行描述。风险后果描述某一风险事件如果发生将对项目目标产生的影响。目前应用较多的方法有检查表法（SCL）、事件树分析（ETA）、危险性可操作研究（HAZOP）

等分析评价方法。

表 2-2 定性风险分析表

后果	可能性				
	极低	低	中	高	极高
极高					
高					
中					
低					
极低					

（二）定量分析法

定量分析法是对通过定性风险分析排出优先顺序的风险进行量化分析，根据统计数据、检测数据、同类和类似系统的数据资料，按有关标准，应用科学的方法构造数学模型进行定量化评价的方法。

定量风险分析一般应当在确定风险应对计划时再次进行，以确定项目总风险是否已经减少到满意的水平。重复进行定量风险分析反映出来的趋势可以指出需要增加还是减少风险管理措施，它是风险应对计划的一项依据，并被作为风险监测和控制的组成部分。

定量分析法常用方法有德尔菲法、事故树分析（FTA）、事件树分析（ETA）、原因-结果分析法、概率树分析等。

（三）定性和定量相结合分析法

定性评价方法要求评价者具备相关知识和经验，定量评价方法则要求大量的安全数据。单纯的定性分析容易造成研究的粗浅；而有关数据的不完善，也使得定量安全评价方法难以得到有效应用和检验。在定性和定量相结合分析中，可以为定性的描述赋予一定的数值。分配给每一段描述的数值并不一定需要准确地反映出实际的频率或者严重程度。数值可以按照不同的方式组合，形成风险状况表（见表 2-3）。这样做的目的是建立起比定性分析更加详细的优先次序，但它并不是要像定量分析那样给出风险的实际值。部分安全风险评估中，应当结合定性和定量的方法进行系统分析和评价，弥补单纯定性分析和单纯定量分析所产生的不足。

表 2-3 定性和定量相结合风险分析表

后果	可能性				
	1	2	3	4	5
1					
2					
3					
4					
5					

风险评估的方法很多，表 2-4 列举了风险评估主要技术方法及各阶段的适用性。

表 2-4 风险评估主要技术方法及各阶段的适用性

方法	风险评估过程				
	风险识别	风险分析			风险评价
		后果	可能性	风险等级	
头脑风暴法	非常适用	适用	适用	适用	适用
结构化/半结构化访谈	非常适用	适用	适用	适用	适用
德尔菲法	非常适用	适用	适用	适用	适用

续表

方法	风险评估过程				
	风险识别	风险分析			风险评价
		后果	可能性	风险等级	
情景分析	非常适用	非常适用	适用	适用	适用
检查表	非常适用	不适用	不适用	不适用	不适用
预先危险分析	非常适用	不适用	不适用	不适用	不适用
失效模式和效应分析(FMEA)	非常适用	不适用	不适用	不适用	不适用
危险与可操作性分析(HAZOP)	非常适用	非常适用	不适用	不适用	非常适用
危险分析与关键控制点(HACCP)	非常适用	非常适用	不适用	不适用	非常适用
保护层分析法	非常适用	不适用	不适用	不适用	不适用
结构化假设分析(SWIFT)	非常适用	非常适用	非常适用	非常适用	非常适用
风险矩阵	非常适用	非常适用	非常适用	非常适用	适用
人因可靠性分析	非常适用	非常适用	非常适用	非常适用	适用
以可靠性为中心的维修	非常适用	非常适用	非常适用	非常适用	非常适用
业务影响分析	适用	非常适用	适用	适用	适用
根原因分析	适用	不适用	非常适用	非常适用	不适用
潜在通路分析	适用	不适用	不适用	不适用	不适用
因果分析	适用	非常适用	不适用	适用	适用
风险指数	适用	非常适用	非常适用	适用	非常适用
故障树分析	不适用	适用	适用	适用	适用
事件树分析	不适用	非常适用	非常适用	适用	不适用
决策树分析	不适用	非常适用	非常适用	适用	适用
Bow-tie 法	不适用	适用	非常适用	非常适用	适用
层次分析法(AHP)	不适用	非常适用	非常适用	非常适用	非常适用
在险值(VaR)法	不适用	非常适用	非常适用	非常适用	非常适用
均值-方差模型	不适用	适用	适用	适用	非常适用
资本资产定价模型	不适用	不适用	不适用	不适用	非常适用
F-N 曲线	适用	非常适用	非常适用	适用	非常适用
马尔可夫分析法	适用	不适用	非常适用	不适用	不适用
蒙特卡罗模拟法	不适用	非常适用	非常适用	非常适用	非常适用
贝叶斯分析	不适用	不适用	非常适用	不适用	非常适用

资料来源：ISO 31010：2009《风险管理　风险评估技术》。

第二节　安全风险评估过程

学习单元 1　安全风险评估准备

学习目标

掌握安全风险评估准备的过程。

知识要求

为了让风险评估能够获得满意的结果，需要非常精心地计划和准备评估过程。有些人可能会对这部分的工作不够重视，希望尽快地开始“真正的”评估工作。然而，在很多时候，在评估的准备阶段花费足够的时间和精力还是很有必要的。

在正式进行风险评估之前，应该制订一个有效的风险评估计划，明确风险评估的目标，限定评估的范围，建立相关的组织结构并明确责任，采取有效措施来采集风险评估所需的信息和数据。具体来说，安全风险评估准备阶段包含以下工作：

一、定义风险评估的目标

进行风险评估的原因可能多种多样，但是所有风险评估工作的一个相同目标是为某些决策的制定提供信息。因此，非常重要的一点就是，项目组应该理解这些信息的要求。如果风险评估的目标从一开始就不甚明确，风险评估工作也就很难回答需要回答的问题。

（一）目标

包括开展风险评估活动的目的，期望得到的结果，关键的约束条件（时间、成本、技术、策略、资源等）。

（二）范围和边界

风险评估范围必须明确。例如，评估范围也许只是确定某项特定资产的风险，或者与一种新型攻击或威胁源相关的风险。此外，必须定义风险评估的物理边界和逻辑边界。逻辑分析边界定义了分析所需的广度和深度，而物理系统边界则定义了一个系统起于哪里止于何处，比如一个与外部系统相连的系统，必须对其所有的接口特性进行描述。

（三）系统描述

进行风险评估的一个先决条件就是对受评估系统的操作、特性有一个清晰的认识，必须识别评估边界内所有的系统。

二、成立风险评估小组

项目组应该成立一个专门的风险评估小组，小组应该包括具有安全评估经验和熟悉组织运作情况的成员，还应该包括管理层、业务部门、人力资源、IT系统和来自用户的代表，如果需要，还应该聘请外部的风险评估专家来参与项目。最重要的一点，高级管理层一定要参与并支持风险评估项目。

三、选择风险评估方法

风险评估小组要确定风险评估的途径和方法，计划评估步骤；制定风险接受标准，即事先明确组织能够接受的风险的水平或者等级。进行风险评估的方法有很多种，选择何种方法需要取决于评估的目标，评估对象的类型和复杂程度，可以利用的资源、可以使用的信息数据。

四、收集风险评估信息数据

准备阶段的主要工作就是通过多种途径去采集信息，包括：专家经验（来自内部或外部专家、专业组织的统计公布信息）、集体讨论或小组讨论系统分析（包括技术性分析和业务分析）、人员访谈、调查问卷、文件审核（包括政策法规、安全策略、设计文档、操作指南、审计记录等）、以前的评估结果、对外部案例和场景的分析、现场勘察。

风险评估中主要数据类型包括：

（一）技术数据

如果要理解技术系统的全部功能，建立诸如故障树和事故树这类系统模型，就需要多种类型的技术数据。比如对于一个化工厂来说，评估团队需要查看工艺管道与流程仪表图，需要了解系统中存在哪些危险物品，这些危险物品储藏在何处并会在哪里使用。系统所有者、设备制造商和技术手册通常可以提供技术数据。

（二）运行数据

为了理解元件和子系统如何运行，确立流程和系统模型，需要大量的运行数据。系统正常运行、启动和关闭的过程，就属于这种类型的数据。而处理异常情况的过程则属于另一类。

（三）事故数据

评估小组应该已经拥有过往事故、最近发生的相同类型事故以及相似系统的知识。

（四）外部安全防范数据

很多时候，像消防车、救护车和医院这些外部安全功能实体对于限制事故的后果也会起到举足轻重的作用。因此，与这些系统的能力和可用性相关的数据也是风险分析的重要数据。

（五）可靠性数据

这是关于系统中的元件和子系统如何失效以及失效频率的信息。如核电设备可靠性数据库。

（六）维护数据

这些数据可以告诉我们需要如何对技术元件和子系统进行维护、如何制订维护计划，以及修理和停产的时间应该是多久。

（七）自然灾害数据

对于一些系统来说，像洪水、山体滑坡、暴雨、地震、雷击这些自然灾害是出现事故的主要原因，对于这种情况，预测此类自然事件的严重程度和频率就显得非常关键。

例如，大型活动风险评估所需材料清单包括活动概况，主、承办单位名称及资质等（见表 2-5）。

表 2-5 大型活动风险评估所需材料清单

序号			备注
1	活动概况	活动名称	
2		活动介绍	活动性质、详细背景、往届安全情况，具体时间、地点等相关内容
3	主、承办单位名称及资质		复印件
4	其他资料	参展商详细情况	展览、销售型活动尽量提供重点展商、展品名单，以及展商促销活动的详细情况
5		预计的每日观众人数及人员构成	预计观众到场方式，预计观众及展商车辆数量，观众入场的详细策划方案及路线图
……	……	……	……

又如，针对网球公开赛场次多、场馆多、面积大、客流量大、客流集中等特点，制定相应的工作方案，搜集国际上各大网球赛事的数据，建立专业数据库，找出网球赛事安全事件的规律，同时结合赛事安排，对人流的峰值进行测算，确定赛事的高风险时段、高风险区域以及主要风险源（见表 2-6、表 2-7）。

表 2-6　赛事安全数据收集表

序号	时间	地点	事件描述	事发原因	后果描述	责任人

表 2-7　赛事环境数据收集表

内容		是	否	程度			备注
				高(好)	中(一般)	低(差)	
外部环境	是否紧邻其他高层建筑						
	是否地处繁华地段						
	周边是否有重要目标和险点目标						
	周边治安秩序是否较差						
	周边交通是否易拥堵						
	……						

学习单元 2　安全风险识别

学习目标

熟悉安全风险识别内容、目标及过程；

能够正确、熟练地进行安全风险识别。

知识要求

一、安全风险识别内容

进行风险管理和风险评估，首先要找出风险，这就是风险识别。风险识别（risk identification）是指发现、列举和描述风险要素的过程。风险识别包括风险源的识别、风险事件的识别、风险原因及潜在后果的识别，其目的是最大限度地识别出评估范围内的各类风险，并及时更新。风险识别实际上回答的是风险定义中的第一个问题："会发生什么问题?"

风险识别是否正确和全面，关系着风险评估的成败。无论是对于政府、组织还是个人来说，风险识别在整个风险管理的过程中都占有举足轻重的地位。对于一个项目或业务来说，风险识别工作是风险管理中最重要也是最困难的部分。如果不能识别业务所面临的所有风险，就谈不上设计应付风险的方法。某一种风险没有被识别出来，尤其是重大风险被忽略，那么一旦这类风险事件发生，项目组可能措手不及，进而造成不可估计的损失。所以，面对不断变化的风险，如果不清楚这些问题，就不可能制定出恰当的决策。

安全风险识别应涉及自然灾害、事故灾难、公共卫生事件、社会安全事件等。

（一）自然灾害

自然灾害风险识别是根据自然灾害特点收集特定时段的自然灾害事件和气象、国土资源等相关部门的监测数据，统计、分析灾害发生频率、发生强度、每年因灾死亡和受伤人数以及经济损失等指标，全面辨识自然灾害及其次生灾害导致的风险，确定风险来源、易发生部位（位置或地点）以及风险的影响形式和影响对象。自然灾害主要包括气象灾害、地质灾害等。

（二）事故灾难

事故灾难风险识别应收集国内外同行业典型事件案例及相关事件统计，现有安全管理水平及应急救援力量等相关资料，分析可能引发事件的各种原因（自然、技术、管理、人为等原因），全面辨识事故灾难风险，确定易发生部位（位置或地点）以及风险的影响形式和影响对象。事故灾难主要包括设施和设备事故、火灾事件、踩踏事故等。

（三）公共卫生事件

公共卫生事件风险识别应收集特定时段的公共卫生事件及卫生、农业、林业等相关部门的统计资料，综合考虑地理、气象条件和影响人群特征，全面辨识公共卫生风险，确定风险的影响形式、影响对象及其潜在后果。公共卫生事件主要包括传染病疫情、群体性不明原因疾病、食品安全等。

（四）社会安全事件

社会安全事件风险识别应综合考虑政治因素、经济因素、社会环境因素等的变化对社会安全事件风险的影响。社会安全事件主要包括恐怖袭击事件、群体性事件等。

二、风险识别过程

风险识别是风险评估过程的第一步。风险识别通过深入调查，识别出风险因素及其影响的对象、安全事件产生的原因，目的就是生成一个全面的风险清单。风险清单是指一些由专业人员设计好的标准的表格和问卷，上面非常全面地列出了一个项目可能面临的风险。这些清单都很长，因为它们试图将所有可能的损失暴露并全部囊括在内，清单中的项目包括伴随资产损毁的收入损失以及承担法律责任的可能性等。使用者对照清单上的每一项都要回答，“我们项目会面临这样的风险吗?”在回答这些问题的过程中，风险管理者逐渐构建出自身的风险框架。

生成风险清单的目标达成首先需要分析调研资料，穷举可能存在的风险，列出初始风险清单；然后描述每一风险的类型、发生部位（位置或地点）、发生时间、发生原因、影响因素、影响形式、影响对象及其潜在后果；最后结合风险评估的具体目标和范围，比较已有评估指标，筛选风险。为此，风险识别一般分为以下四个步骤：

（一）建立风险初始清单

建立风险初始清单是风险识别的起点，初始清单中应明确列出存在的或潜在的各种风险。风险初始清单一般根据过去的项目资料和现场记录来整理归纳，也包括搜集同类项目、同类地区的项目档案资料或其他公开文献资料，包括商业数据库、学术研究、行业标准、规章制度等。

（二）识别和确定风险因素

根据风险初始清单中列出的风险因素，结合具体项目自身和外部环境的特点，对每一类风险因素的不确定性和潜在的危害进行分析，确定项目可能遇到的风险因素。

（三）风险分类和重要性排序

在对风险初始清单分析的基础上，进行风险分类和重要性排序，其目的是便于对不同类型的风险采取不同的对策和措施，把握关键风险。

（四）建立项目风险清单

通过建立具体项目的风险清单，将项目可能面临的风险汇总并按照重要性排列，可以使风险管理人员对项目风险有整体的印象，而且可使每个人不仅考虑自己所面临的风险，也自觉意识到其他风险管理人员的风险，并考虑风险之间的联系（见表 2-8）。

表 2-8　风险清单

风险编号	风险名称	风险描述	风险产生原因	风险后果	风险级别	现有控制措施	……
××-001							
××-002							
××-003							
……							

学习单元 3　安全风险分析

学习目标

熟悉安全风险管理分析内容、风险事件发生可能性分析方法、风险事件的后果分析等内容；能够正确、熟练地进行安全风险分析。

知识要求

一、安全风险分析的内容

风险分析是对“已识别的风险”进行“发生可能性和后果”的分析。这就要求考虑导致风险的真正原因和风险源、风险事件的后果及其发生的可能性，进一步分析不同风险及其风险源的相互关系以及风险的其他特性，还要考虑现有的风险应对措施及其效果和效率，然后结合风险发生的可能性和后果确定风险等级。总体上，风险分析是理解风险特性和确定风险大小的过程。风险分析中应涉及事件发生的可能性和后果严重性两个基本要素。风险分析内容主要包括：

（一）自然灾害

结合致灾因子和环境的自身特征，分析风险承受能力、风险控制能力，确定自然灾害发生的可能性和后果的严重性。自然灾害的风险承受能力与风险控制能力分析可建立指标体系，指标定量化应考虑灾害承受者的易损度空间差异。

（二）事故灾难

根据风险固有属性、受影响对象（人群、设施、地域、政治）的风险承受能力、风险控制能力，确定事故灾难发生的可能性和后果的严重性。

（三）公共卫生事件

依据公共卫生事件的暴发背景、流行规律、人群易感性以及各类监测数据，分析风险承受能力及风险控制能力，确定公共卫生事件发生的可能性和后果的严重性。

（四）社会安全事件

综合考虑影响社会稳定的不安定、不确定因素，分析风险承受能力和风险控制能力，确定社会安全事件发生的可能性和后果的严重性。

二、风险事件可能性分析

风险事件发生的可能性分析是回答风险定义中的第二个问题，即“风险事件发生的概率有多大”。在此之前必须确定风险事件的成因。对风险发生概率的分析常用方法分为定性方法、定量方法。定性方法是风险评估人员通过风险识别阶段所得到的信息，根据经验和判断，进行信息加工和处理，对生产、活动的环境、人员、场所、设备、管理等方面的风险事件发生可能性进行定性分析，风险事件发生的概率表示为“很小”“小”“中”“大”“很大”。定量分析法是根据所掌握的有关信息和资料，采用一定的算法和规则，对每一个风险事件发生的可能性进行概率估计，计算出一个确定值的方法。如历史资料法、专家打分法、外推法、决策树法等。

三、风险事件后果分析

后果分析要回答的是风险定义的第三个问题——“如何确定风险事件的可能后果”。后果分析通过假设特定事件、情况或环境已经出现，确定风险的影响，包括性质、大小和类型。对后果的描述可表达为有形或无形的影响。在某些情况下，可能需要多个指标来确切描述不同时间、地点、类别或情形的后果。

后果分析可以有多种形式，如对结果的简单描述，或制定详细的数量模型等。选择何种分析方式应视组织的实际需要和实际资源而定。后果分析应包括以下四方面：

① 考虑现有的后果控制措施，并关注可能影响后果的相关因素，对现有控制措施的分析是风险评估的必做事项。否则，我们只会得到固有风险，因为固有风险并没有体现组织的管理能力和水平。

② 将风险后果与最初目标联系起来。因为风险的定义是“不确定性对目标的影响”。

③ 对马上出现的后果和那些经过一段时间可能出现的后果这两种情况要同等重视。这说明风险评估是有时间概念的。这个时间概念包含两层含义：其一是风险评估实施的时间，其二是评估对象的时间范畴，如近期、未来六个月至一年等。

④ 不能忽视次要后果，如那些影响附属系统、活动、设备或组织的次要后果，随着时间的推移，内外部环境发生变化，这些变化将可能使一些次要后果演变成重要后果。

不确定性对目标的影响可能是“轻微后果高概率”或“严重后果低概率”或某些中间状态。在某些情况下，应关注具有潜在严重后果的风险，因为这些风险往往是管理者关心的。在其他情况下，同时分析具有严重后果和轻微后果的风险可能是重要的，因为频繁而轻微的问题可能具有很大的累积效应。

处理“轻微后果高概率”和“严重后果低概率”这两类截然不同的风险，其应对措施往往有很大的区别，因此需要分别分析和应对这两类风险。对于“轻微后果高概率”的风险，一般采用“内部控制”手段来应对；对于“严重后果低概率”的风险，一般需要准备预案，这种风险往往属于业务持续管理的范畴。

四、现有控制措施分析

风险的等级水平（或风险的大小）不仅取决于风险本身，还与现有风险控制措施的充分性和有效性密切相关。在进行控制措施分析时，需要回答以下三个基本问题：

第一，对于一个具体的风险，现有的控制措施是什么？

第二，这些控制措施是否足以应对该风险，是否可以将该风险控制在可接受的水平？

第三，在实际工作中，控制措施是否在预定方式上正常运行？当需要时能否证明这些控制措施是有效的？

对于“特定的控制措施或一套相关的控制措施”的有效性水平，可以用定性、半定量或定量的方式来表示。但在大多数情况下，难以保证其高度的精确性。即便如此，对风险控制效果的测量进行表述和记录仍然是有价值的，因为在对现有控制措施进行改进或实施不同的风险应对措施时，这些信息将有助于决策者进行比较和判断。

学习单元4　安全风险评价

学习目标

了解安全风险评价的含义，掌握风险接受准则及可接受风险确定的方法，尤其是风险接受的 ALARP 原则；

能够进行安全风险评价。

知识要求

一、风险评价含义

风险评价是风险评估过程的第三个子过程，该子过程是把风险分析的结果与预先设定的风险准则相比较，或者在各种风险的分析结果直接进行比较，以确定风险的重要等级。风险准则是由风险主体内部环境和外部环境规定的风险指标必须满足的条件，是评价风险重要性的依据。

风险评价需要将在风险分析过程中得到的风险级别与在当时的环境下审议后建立起来的风险标准相比较。在进行比较后，可以确认必须应对的风险。风险评价的目的是在风险分析结果的基础上协助决策。这些决策包括：某个风险是否需要应对；风险的应对优先次序；是否应开展某些应对活动；对选择的应对活动应该采取哪种途径去实施。

二、风险接受准则

风险接受准则是对可接受风险做出决策时所依据的准则。风险分析的结果必须要与可接受风险准则进行比较，并在风险分析之前首先建立风险接受准则。风险接受准则可以是定性的，也可以是定量的。风险接受准则是根据权威机构、标准、经理、理论知识和规范建立的。例如，可参考《中央企业全面风险管理指引》。在给定的环境中，到底何种程度的风险是“可以接受的”，需要取决于多种因素，如我们从能够引发风险的活动中取得的收益，以及我们是否愿意主动承担风险（见表 2-9）。

表 2-9　风险接受准则

<table>
<tr><td>定量方法一</td><td colspan="2">评分</td><td>1</td><td>2</td><td>3</td><td>4</td><td>5</td></tr>
<tr><td>定量方法二</td><td colspan="2">企业财务损失占税前利润的百分比</td><td>1%以下</td><td>1%～5%</td><td>6%～10%</td><td>11%～20%</td><td>20%以上</td></tr>
<tr><td rowspan="5">定性方法</td><td colspan="2">文字描述一</td><td>极轻微的</td><td>轻微的</td><td>中等的</td><td>重大的</td><td>灾难性的</td></tr>
<tr><td colspan="2">文字描述二</td><td>极低</td><td>低</td><td>中等的</td><td>高</td><td>极高</td></tr>
<tr><td rowspan="3">文字描述三</td><td>企业日常运行</td><td>不受影响</td><td>轻度影响(造成轻微的人身伤害，立刻受到控制)</td><td>中度影响(造成一定的人身伤害，需要医疗救援，情况需要外部支持才能控制)</td><td>严重影响(企业失去一些业务能力，造成严重人身伤害，需要医疗救援，情况失控但无致命影响)</td><td>重大影响(重大业务失误，造成重大人身伤害，情况失控，给企业致命影响)</td></tr>
<tr><td>财务损失</td><td>较低的财务损失</td><td>轻微的财务损失</td><td>中等的财务损失</td><td>重大的财务损失</td><td>极大的财务损失</td></tr>
<tr><td>企业声誉</td><td>负面消息在企业内部流传，企业声誉没有受损</td><td>负面消息在当地局部流传，对企业声誉造成轻微损害</td><td>负面消息在当地某区域流传，对企业声誉造成中等损害</td><td>负面消息在全国各地流传，对企业声誉造成重大损害</td><td>负面消息流传世界各地，政府监管机构进行调查，引起公众关注，对企业声誉造成无法弥补的损害</td></tr>
</table>

风险接受实际上是关于风险承受者希望从接受风险这一行为中获得何种收益的问题。如果可能获得高回报的话，一些人就会自愿接受非常高的风险。例如组织者愿意接受大型活动的风险，是因为他们能从大型活动中获得收益。根据风险是否可接受，是否可容忍，可以将风险分为三种类别：不可接受、可容忍和广泛可接受。

对于不可接受程度的风险，除非在一些特殊情况下（比如战争期间），否则无论其收益如何，都不能进行。应该禁止任何引发这类风险的行为，或者不惜成本降低风险。

对于具有可容忍程度的风险行为，为了获得某些收益，这些行为是可以容忍的。在这个区间里，风险需要在合理可行的范围内保持尽可能的低，因此也就需要采取措施降低风险，除非采取这些措施的负担（成本、时间、精力）和可以降低的风险比例失衡。

对于广泛可接受的风险意味着风险水平在一般情况下是较低的，通常并不需要采取进一步行动降低风险。

英国皇家协会（1992）对于面向公众的风险给出了一个类似的概念性框架。如果风险达到一定程度，比如每年发生的概率高于 1/10000，这种风险是不能容忍的，需要立刻采取措施，不能顾及成本问题。即便暴露在风险中的人认为他可以从风险中得到足够的补偿，降低风险的行动同样必不可少。如果风险低于 1/1000000，那么就可以认为它对于公众来说基本上是可以接受的。而介于这两者之间的风险就可以容忍，但却是不能忽略的情况，需要采取措施使其“在合理可行的范围内尽可能的低”。如果风险低于广泛可接受的水平，我们就可以考虑忽略这种风险，也不需要相关人员寻求更加有效的风险降低手段。如交通事故风险当前在各个国家都处于无法接受的等级。目前，有些国家和地区的政府机构也已制定了可接受风险的相应标准或指导性文件，如新加坡、荷兰、丹麦、澳大利亚、新西兰和加拿大等都有相应的指导性文件。表 2-10 列出了一些国家与地区的个人风险的上、下限。

表 2-10　政府制定的可接受风险准则

项目	英国	中国(香港)	荷兰	澳大利亚(新南威尔士)
个人风险下限(个人)	1×10^{-5}	—	—	—
个人风险下限(公众)	1×10^{-6}	—	1×10^{-3}	
个人风险上限(个人)	1×10^{-3}	—	—	—
个人风险上限(公众)	1×10^{-4}	1×10^{-5}	1×10^{-6}	1×10^{-6}
个人风险值	10 人在 1×10^{-4}	10 人在 1×10^{-4}	10 人在 1×10^{-5}	—
社会风险厌恶度指数	−1	−1	−2	−1

在考虑一个行业或一项新技术的可接受风险时，人们通常选取的风险指标为个人风险、社会风险和环境风险（对应的可接受风险我们有时也叫作可接受个人风险标准、可接受社会风险标准和可接受环境风险标准）。这里的个人风险、社会风险有特定的含义。

(一) 个人可接受风险标准

个人风险指单位时间内特定区域内的人员因特定事故造成的个体死亡（受害）概率，即单位时间内（通常为年）的个体死亡（受害）率。如某年中国大陆建筑从业人员共 4000 万人，该年共发生建筑施工伤亡事故 1000 起，死亡 1200 人，则当年中国大陆建筑业个人死亡概率为 $1200/(4\times10^7)=3\times10^{-5}$。表 2-11 列举了一些我国采用的危险化学品单位周边重要目标和敏感场所的个人可接受风险。

表 2-11　可接受个人风险标准[①]

防护目标	个人可接受风险标准(概率值)	
	新建装置(每年)≤	在役装置(每年)≤
低密度人员场所(人数＜30 人)：单个或少量暴露人员	1×10^{-5}	3×10^{-5}
居住类高密度场所(30 人≤人数＜100 人)：居民区、宾馆、度假村等 公众聚集类高密度场所(30 人≤人数＜100 人)：办公场所、商场、饭店、娱乐场所等	3×10^{-6}	1×10^{-5}
高敏感场所：学校、医院、幼儿园、养老院、监狱等 重要目标场所：军事禁区、军事管理区、文物保护单位等 特殊高密度场所(人数≥100 人)：大型体育场、交通枢纽、露天市场、居住区、宾馆、度假村、办公场所、商场、饭店、娱乐场所等	3×10^{-7}	3×10^{-6}

① 来源：国家安全生产监督管理总局《危险化学品生产、储存装置个人可接受风险标准和社会可接受风险标准（试行）》(国家安监总局公告 2014 年第 13 号)。

在使用个人可接受风险时，要注意国家经济发展水平差异。国外发达国家的经济、科技水平都高于我国现阶段水平，其风险管理水平也高于我国，所以不能直接引用其可接受风险，应引入修正系数对其进行适当修正，以较合理地确定适合我国现阶段经济发展水平的可接受风险。

如某发达地区建筑业的个人可接受风险为$<1\times10^{-6}$，要将这一标准引入中国，我们须引入修正系数 D，即基准国（地区）建筑业人均 GDP 与我国建筑业人均 GDP 之比。如该地区年 GDP 为 10000 亿元，建筑业产值占总产值的 5%（建筑业产值为 500 亿元），从业人员 200000 人（人均 250000 元），中国建筑业总产值 20000 亿元，从业人员 4000 万人（人均 50000 元），则修正系数 $D=5$，由此可以得到较适合我国经济水平的建筑业可接受风险为$<5\times10^{-6}$。

如果某年中国大陆建筑从业人员共 4000 万人，该年共发生建筑施工伤亡事故 1000 起，死亡 1200 人，则当年中国大陆建筑业个人死亡概率为 $1200/(4\times10^7)=3\times10^{-5}>5\times10^{-6}$，由此可知我国大陆建筑业个人风险处于不可接受风险水平。

（二）社会可接受风险标准

社会风险，又叫群体风险（可能更准确些）。在20世纪，荷兰、英国等国家和我国香港地区开始指定了群体风险指标。社会风险是对个人风险的补充，指在个人风险确定的基础上，考虑到危险源周边区域的人口密度，以及发生群死群伤事故的概率超过社会公众的可接受范围，通常用累积频率和死亡人数直接的关系曲线（*F-N* 曲线）表示。研究表明，人们对死亡事故的厌恶程度和一次发生死亡人数有比例关系，比如对于近期航空事故的关注度明显高于地面交通事故，虽然后者的每年死亡数远远高于前者。因此社会对群死群伤的事故只有发生次数足够少才可容忍。

社会风险用公式表示是指单位时间内死亡（受害）人数大于等于 N 的事故数占总事故数的比例（F）。

与风险矩阵图比较，社会风险指标也采用了类似的维度图表来表示累积风险的严重程度和发生的频率；不同的是社会风险图通常是对数坐标，表示死亡数量这样级别的特大严重度和发生以每个数量级的年数这样的微小频率。另外不同点是社会风险通常以累积频率表示被研究设施的所有预测事故，按每个递增的死亡数预测频率总和。

社会可接受风险标准是对个人可接受风险标准的补充，是在危险源周边区域的实际人口分布的基础上，为避免群死群伤事故的发生概率超过社会和公众的可接受范围而制定的，通常用累积频率和死亡人数之间的关系曲线（*F-N* 曲线）表示。社会风险曲线中横坐标对应的是死亡人数，纵坐标对应的是所有超过该死亡人数事故的累积概率。如 F（30）对应的是造成超过30人以上死亡事故的概率，也就是特别重大事故的发生概率。图2-5标注了中国社会可接受风险标准。

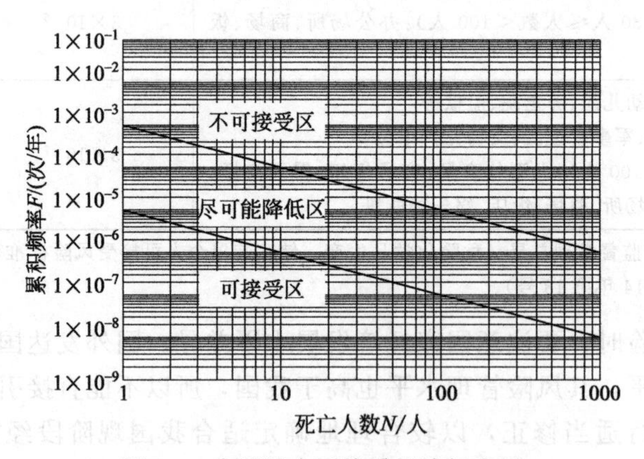

图2-5　中国社会可接受风险标准图

（三）可接受风险确定的方法

1. 可接受风险方法分类

可接受风险是一类特定的风险状态，如何界定其范围，要解决两类问题：一是用什么指标划定其范围，二是这个指标取值在什么范围可接受。

第一个问题涉及如何度量风险，即所谓风险测度问题。简单地说就是：给定一个风险状态，用什么确定风险的大小（或优劣）。若无法度量风险的大小（或优劣），我们也就无从谈起多大的风险可以接受、多大的风险不可接受。选定风险测度方法必须由具体的风险管理要求决定，是风险主体必须面对的、困难的决策问题。第二个问题涉及风险主体承受风险的能力和优化风险状态的能力。

现实中这两个问题被含混地用一个决策问题取代：如何确定可接受风险。它既包括风险状态优劣评价标准的选取（用什么描述风险的大小，或称判别指标的选取），又包括可接受范围的划定。一般认为确定可接受风险的、最基本的方法分属三大类：

一是专业判断，由合格的专业人员根据专业原则确定可接受风险。专业原则来源有职业经验、行业标准、政府规定。它们可以是伦理的、质量的、技术（设计）的、绩效的。

二是经验修正，以过去或现存的可接受风险为基础，确定新的、相关风险的可接受风险，并通过长期反复的实践来修正新的可接受风险。经验修正的方法主要有风险目录法等。风险目录法是用统一的标准来定量各种不同的风险，将估值编辑成详细的表格，这样的表格将帮助决策者产生决策直觉，形成可接受风险标准。如 R. Wilson（1979）、Cohen 和 Lee（1979）制作了表 2-12。

表 2-12　使死亡率增加 0.000001 的风险

活动	死亡原因
吸 1.4 根烟	癌症、心脏病
喝 0.5 升白酒	肝硬化
在煤矿中停留 1 小时	黑肺病
在煤矿中停留 3 小时	事故
在纽约或波士顿生活 2 天	空气污染
乘独木舟行进 6 分钟	事故
骑自行车行进 6 英里(1 英里＝1.609 千米)	事故
坐汽车行进 150 英里	事故
坐喷气机飞行 1000 英里	事故
坐喷气机飞行 6000 英里	宇宙放射线引起的癌症
从纽约到丹佛度假 2 个月	宇宙放射线引起的癌症
在普通的用石头或砖建成的建筑物中生活 2 个月	自然放射线引起的癌症
在好的医院做一次 X 光线检查	放射引起的癌症
与吸烟的人生活 2 个月	癌症、心脏病
吃 40 大汤匙花生酱	黄曲霉素 B 引起的癌症
喝迈阿密饮用水 1 年	氯仿引起的癌症
喝 30 罐 12 盎司(1 盎司＝28.35 克)的无糖软饮料	糖精引起的癌症
在核电站附近生活 5 年	射线引起的癌症
喝 1000 罐 24 盎司最近刚禁止的塑料瓶中的软饮料	丙烯腈单体引起的癌症

三是正规分析，以公认的事实和价值为基础，正式定义推理原则，按推理原则确定可接受风险。正规分析法的基本过程是：①定义决策问题，就是列举所有可选择的行为和所有可能的后果；②建立这些可选择的行为和后果之间的关系；③将所有的后果用同样的指标（相同的量纲）进行评价；④行为选择（求解极值问题）。

2. 风险接受的 ALARP 原则

风险接受通常采用 ALARP（as low as reasonable practice）原则作为可接受原则。ALARP 是“在合理可行的范围内尽量低”的英文缩写，该原则通过两个风险分界线将风险划分为三个区域，即不可接受区、尽可能降低的容忍区（ALARP）和广泛可接受区。ALARP

准则最早是由英国健康、安全和环境部门（Health Safety and Environment，HSE）提出的进行风险管理和决策的准则，现已成为可接受风险标准确立的基本框架。

如图2-6所示，ALARP准则包括两条风险分界线（容许上限和容许下限），分别称为可接受风险上限、可接受风险下限。两条线将风险分为3个区域：风险不可接受区、尽可能降低的容忍区（ALARP区）、风险广泛可接受区。若风险评价所得的风险等级落在风险不可接受区，除特殊情况外，该风险无论如何不能被接受。对处于设计阶段的装置，该设计方案不能被通过；对现有装置，必须立即停止生产，采取强制性措施降低风险水平。若风险等级处在风险可接受区，由于风险水平很低，无须采取安全改进措施。若风险等级处在ALARP区，则需要考察实施各种降低风险水平措施后的后果，并进行成本效益分析，据此确定该风险是否可以接受。如果增加危险防范措施后，对降低系统风险水平无显著影响，则可以认为该风险不可接受。

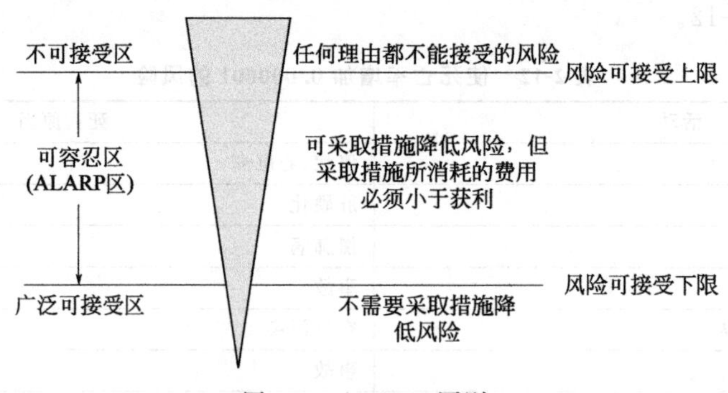

图2-6 ALARP原则

3. 风险接受区域确定——矩阵法

风险矩阵由美国空军电子系统中心（Electronic Systems Center，ESC）于1995年4月提出，ESC的大量项目采用风险矩阵方法对项目风险进行分析、评估。风险矩阵法（risk matrix）是一种将风险后果的分级与风险事件发生可能性的分级相结合的方法。风险矩阵通过测定后果和可能性进行排序并显示风险，可用于风险评估的全过程[❶]。

风险矩阵法的原理是根据风险事件发生的可能性及其可能造成的后果的乘积来衡量风险的大小，其计算公式是：风险值$R=P\times C$。式中：P表示风险事件发生可能性（概率）；C表示风险事件发生造成的后果（严重程度）。风险矩阵在进行风险评价时，将风险事件的后果严重性分成若干等级作为表列，将风险事件发生的可能性大小分为若干等级作为表行，进而制成表格，在行列交叉处得到风险等级。

（1）风险矩阵中半定量风险接受标准的建立

① 风险的概率分级标准（见表2-13）。

表2-13 风险发生概率描述

表示符	系数值	风险发生概率定量分析的范围	概率的定性描述	备注
$P5$	5	$\geq 1\times10^{-2}$	经常	
$P4$	4	$1\times10^{-3}\sim1\times10^{-2}$	有时	

❶ 在ISO 31031：2009标准中，风险矩阵法对“风险识别”和“风险分析”是“非常适用”，对“风险评价”是“适用”。

续表

表示符	系数值	风险发生概率定量分析的范围	概率的定性描述	备注
$P3$	3	$1\times10^{-4}\sim1\times10^{-3}$	偶然	
$P2$	2	$1\times10^{-5}\sim1\times10^{-4}$	很少	
$P1$	1	$<1\times10^{-5}$	非常少	

② 风险的严重度水平标准（见表 2-14）。

表 2-14　风险后果严重程度描述

表示符	系数值	严重程度定量的描述	严重程度定性的描述	备注
$C1$	1	可忽略	不便或暂时不适	
$C2$	2	轻度	导致不要求专业医疗介入的暂时伤害或损伤	
$C3$	3	严重	导致要求专业医疗介入的伤害或损伤	
$C4$	4	危重的	导致永久性损伤或危及生命的损伤	
$C5$	5	灾难性的	导致患者死亡	

③ 风险接受准则系数值分析（见表 2-15）。

根据上述风险评价准则所构成的 5×5 风险评价矩阵图，确定风险可接受区域。

可接受系数 R_a：$R_a=P_i\times C_i$

广泛可接受区：$R_a\leqslant4$，该区域内，风险是可以接受的，并且不需要主动采取风险控制。

ALARP（可容忍）区：$4<R_a\leqslant12$，该区域内，应先考虑接受风险的收益和进一步降低的可行性，然后对风险与收益进行比较，如果收益超过风险，则风险是可接受的；如果收益没有超过风险，则风险是不可接受的。任何风险都应降到可行的最低水平。

不可接受区：$R_a>12$，该区域内，风险如果不能予以降低，则判断为是不容许的。

表 2-15　风险评价准则描述

概率	严重度				
	C_1	C_2	C_3	C_4	C_5
$P5$	ALARP(可容忍)区	ALARP(可容忍)区	不可接受区	不可接受区	不可接受区
$P4$	广泛可接受区	ALARP(可容忍)区	ALARP(可容忍)区	不可接受区	不可接受区
$P3$	广泛可接受区	ALARP(可容忍)区	ALARP(可容忍)区	ALARP(可容忍)区	不可接受区
$P2$	广泛可接受区	广泛可接受区	ALARP(可容忍)区	ALARP(可容忍)区	ALARP(可容忍)区
$P1$	广泛可接受区	广泛可接受区	广泛可接受区	广泛可接受区	ALARP(可容忍)区

（2）风险矩阵中定量风险接受标准的建立　使用风险矩阵方法也可以实现定量的有关风险分析。

① 风险等级“等位线”。风险等级“等位线”是风险矩阵中的一条曲线，该曲线上的所有点具有相同的风险等级数值。

确定“风险等级等位数”的方法：确定表示风险等级中“后果”与“可能性”的结合方式，$R=R(C, P)$；指定风险等级的数值 R_0，从以上关系中解出 $C=C(R_0, P)$，使 P 取不同的数值，由此式可以得到不同的 C 值；将一组（P，C）值代入风险矩阵中，连接这些点，形成“风险等级等位线”；清晰阐述等位线的意义（通常取决于所使用的“C”准则）。

例如，做出 $R_0=4$ 的风险等级等位线。

风险等级 $R=P\times C$；由 $C=R_0/P$，变化 P 值，得到对应的 C 值；做出风险等级等位线图（见图 2-7）。

风险等级等位线的性质：等位线上的所有风险具有相同的风险等级数值 R_0；等位线以

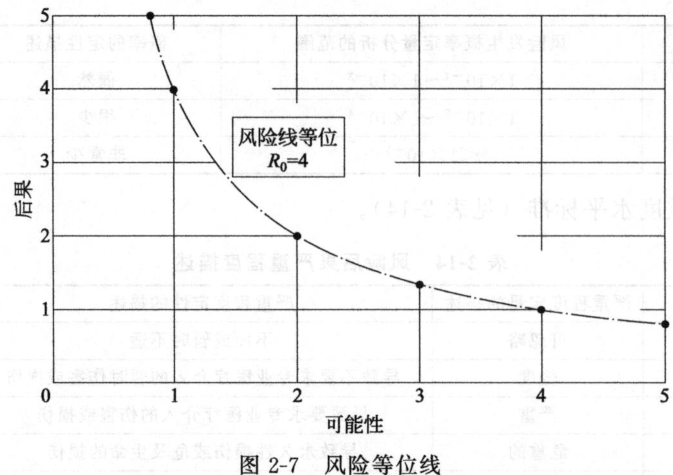

图 2-7 风险等位线

上的区域中任一风险的风险等级数值均大于 R_0；等位线以下的区域中任一风险的风险等级数值均小于 R_0。

② 建立风险带。在风险矩阵中做出不同风险等级数值的等位线，等位线将风险矩阵分为几个区域，这些区域就称为“风险带”——以不同的风险等级等位线作为分界；风险带的数量等于不同风险等级等位线的数量加一；最后应清晰阐述不同等位线的意义，从而阐述风险带的数量、意义。

如在风险矩阵中做出 $R_0=2$、$R_0=7$ 两条风险等级等位线，建立三个风险带（见图 2-8）。

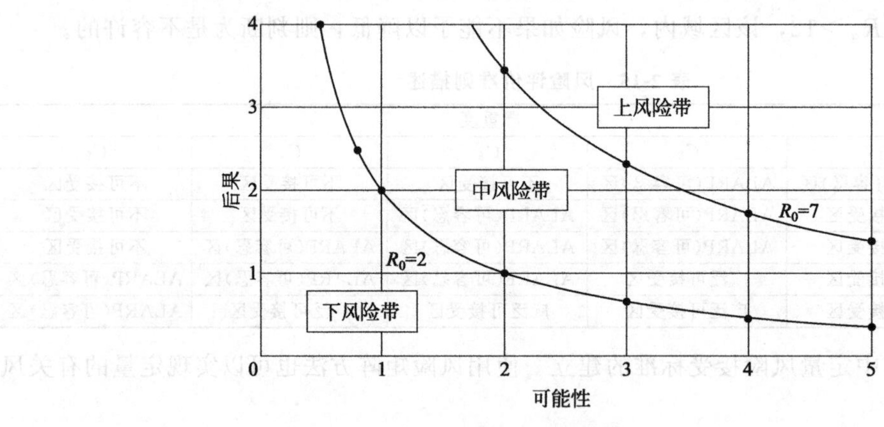

图 2-8 风险带

③ 在风险带的基础上形成风险图谱。

风险带属于风险准则。先有风险带，然后将所识别的风险标入具有风险带的风险矩阵中，形成风险带下的风险图谱。

如图 2-9 所示：不同的风险（不同的 P、C 值）落入不同的风险带中。

注：图 2-9 中的两个风险等级等位线是 $R_0=10$、$R_0=6.7$。

④ 根据风险带，对风险进行排序。

表 2-16 是图 2-9 中“上风险带”中的“高风险”清单（以风险等级分排序，共 16 个风险，$R\geqslant 10$）。

⑤ 关注风险重要性（风险带）与风险对应的关系。

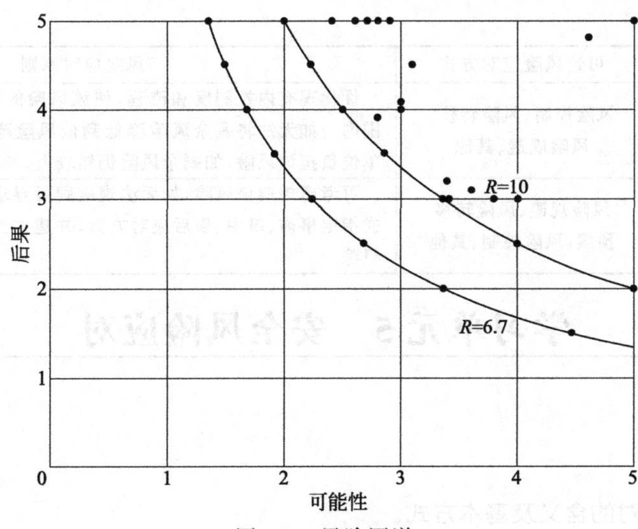

图 2-9 风险图谱

表 2-16 高风险清单

风险源	可能性	后果	风险等级
风险一	5	5	25
风险二	4.6	4.8	22.08
风险三	2.9	5	14.5
风险四	3.1	4.5	13.95
风险五	2.8	5	14
风险六	2.7	5	13.5
风险七	2.6	5	13
风险八	3	4.1	12.3
风险九	2.4	5	12
风险十	4	3	12
风险十一	3	4	12
风险十二	3.8	3	11.4
风险十三	3.4	3.2	10.88
风险十四	3.6	3.1	11.16
风险十五	2.8	3.9	10.92
风险十六	3.4	3	10.2

风险带提供了风险的重要性排序，为风险应对提供信息。

如表 2-17 中针对三个风险带，提出了可选的风险应对方式和风险应对原则（其中每一风险带中的风险又可分为“可控”和“不可控”两个类别）。

表 2-17 各风险带的应对方式与原则

<table>
<tr><th colspan="2">风险带</th><th>可选风险应对方式</th><th>风险应对原则</th></tr>
<tr><td colspan="2">下带(低风险)</td><td rowspan="3">风险接受</td><td rowspan="2">保持现有内控力度不放松，或相关内控措施的贯彻执行</td></tr>
<tr><td rowspan="2">需关注的低风险</td><td>可控</td></tr>
<tr><td>不可控</td><td>制定风险事后应对方案</td></tr>
<tr><td rowspan="2">中带
(中等风险)</td><td>可控</td><td>风险控制</td><td>优化现有内控制度和业务流程，将风险负面后果及概率最小化，正面后果及概率最大化，使该风险的剩余风险落入低风险范围内</td></tr>
<tr><td>不可控</td><td>风险转移预案、风险控制</td><td>制订应急预案和预警指标，保持每月跟踪，推迟或避免风险的发生，或降低风险影响程度</td></tr>
</table>

续表

风险带		可选风险应对方式	风险应对原则
上带（高风险）	可控	风险控制、风险转移、风险规避、其他	优化现有内控制度和流程，使该风险的剩余风险落入低风险范围内。如无法将剩余风险降低到低风险范围内，可考虑寻求外部单位负担该风险，如剩余风险仍然较大，考虑规避该风险
	不可控	风险规避、风险转移预案、风险控制、其他	可考虑规避该风险，如无法规避则可寻求外部单位分担该风险，或指定事前、事中、事后应对方案，并建立预警指标体系，保持每月跟踪

学习单元5　安全风险应对

学习目标

了解安全风险应对的含义及基本方式。

知识要求

一、风险应对的含义

承接风险评价结果，对需要进行风险应对的风险按照优先次序实施分析应对。风险应对是对已经识别的风险进行定量，定性分析和风险排序，根据风险性质和决策主体对风险的承受能力而制定的规避、消除、分担、降低风险等相应防范计划。风险应对是风险评估的目的之一，可以说风险评估是为了风险应对，它为风险应对提供了基本信息。

风险应对的工作内容包括两个方面：其一是选择风险应对方式，其二是实施风险应对方式。

风险应对是对一个或一类特定风险而言的，是个性化的。在风险评估完成后，会对其做出是否需要应对的决定，该决定是风险应对的执行命令。如果某风险被评估后，其风险等级在可接受范围之内，那么就不用启动风险应对，否则，就应设计、选择、实施风险应对。

二、风险应对方式

风险应对方式（应对措施）不必互相排斥或适宜所有情况。应对方式可以包括以下内容：①通过决定不开展或停止产生风险的活动，来规避风险；②为寻求机会，接受风险；③消除风险源；④改变可能性；⑤改变后果；⑥与另一方或多方共担风险（包括合约和风险融资）；⑦通过有事实依据的决策，保留风险。具体而言：

1. 规避风险

该方式通过不参与或不继续导致风险的活动来实现。该方式适合规避那些对组织目标达成有特别重大影响的负面风险。

2. 消除风险源

该方式适用于负面风险，是一种彻底的治本方式，在安全管理中经常采用该方式。

3. 改变可能性和改变后果

根据风险定义，这两种方式直接改变风险的大小。

4. 分担风险

这种方式不改变风险自身的大小和性质，只是通过改变风险的承受主体来实现对风险的分担。

5. 保留风险

这种方式适合应对那些经风险评估后组织认为可接受的风险，也适合目前尚无资源和能力应对的风险。对后者而言，相当于赌博，对应风险偏好强的决策。

风险应对方式选择的基本原则，一是要平衡收益与应对成本的关系，二是要考虑法律法规及其他要求，三是主要在选择风险应对方式时，并不总是只考虑经济因素，有时，出于社会责任和自然环境保护等缘由，可能要将经济利益放后。

第三节 安全风险评估方法综合应用

学习单元1 风险识别——头脑风暴法

学习目标

掌握头脑风暴法的实施程序及应用原则；

能够运用头脑风暴法进行风险识别。

知识要求

一、头脑风暴法简介

头脑风暴法是利用不同人头脑的智慧，短时间内突然产生出多种多样想法的方法。在风险评估过程中，它是一种常用的风险识别方法，通过项目评估小组的头脑风暴和充分讨论，能够识别和确定项目的各种可能的风险事件，获得一份全面而完整的风险清单，从而为将来风险定性和定量分析提供对象，也为制定风险应对措施提供依据。这种方法需要项目团队共同参与，在一位协调员的引导下，每个成员根据他们工作的经验或者体会、甚至直觉，随意产生对风险事件的想法，由协调员或专门的记录员把这些想法记录下来，让大家一起参与讨论和检查，然后根据风险事件的类型进行风险分类，从而得到风险清单。

由于头脑风暴法是在广泛而开放的环境中进行的，不同背景、不同角色的人员参与讨论，每个人都能畅所欲言地发表自己的见解，没有权威的影响，也无所谓对与错，集思广益，因而这种风险识别的方法通常比较准确、客观和全面。

二、头脑风暴法实施步骤及应用原则

（一）头脑风暴法实施步骤

① 召集项目团队，向大家介绍评估项目的基本情况，让参与头脑风暴的人员对评估任务有比较全面和清楚的认识，同时明确团队的任务是识别该项目可能存在的所有风险。

② 指定活动主持人和现场记录员，明确头脑风暴法的规则与要求，鼓励大家畅所欲言地发表观点，提倡创造性思维、超越性思维、逆向思维，从而产生新思想、新主意、新想法，尽可能全面、客观、准确地识别所有风险。

③ 每个人按顺序或随意提出自己认为的、属于该项目风险的观点，由记录员把每个人的想法记录在黑板或表格中，暂且不管这些想法正确与否。特别值得注意的是，主持人或其他人千万不要否定、嘲笑甚至打击那些看似愚蠢的想法，否则一方面可能会打击参与者的积极性，另一方面可能会使团队成员在陈述自己的观点时有所顾忌，不敢说出他们真实、直接的想法，从而扼杀那些独到的、特别的想法和主意。

④ 每个人都提出自己的意见后，主持人将记录下来的结果让大家再次逐条对照和探讨，看看有没有遗漏、缺失、表达不够准确的风险，确保风险识别结果全面、客观、准确和彻底。

⑤ 采用举手表决或无记名投票的方式，让团队成员对已经产生的每种风险进行讨论与分析，判断该风险是否成立，剔除那些被否决的风险，增加那些遗漏的风险，改进那些描述不够准确的风险。如有必要，第③、第④和第⑤步重复进行，直至风险识别活动圆满、有效。

⑥ 整理汇总，得到项目的风险清单。

⑦ 项目风险识别并非一蹴而就的事，随着项目的进展，原来可能是风险的事件已经时过境迁，不再为风险，而原来不见得是风险的事件可能会变成项目风险，因此在项目阶段性评审时应再次召集团队成员，重新识别项目的风险事件，剔除那些不再是风险的事件，使用头脑风暴得出的在新的阶段或新的情况下可能出现的新的风险事件，从而确保项目风险始终处于动态管理过程中。

（二）头脑风暴法应用的原则

一是自由思考。要求与会者尽可能解放思想，无拘无束地思考问题并畅所欲言，不必顾虑自己的想法或说法是否“离经叛道”或“荒唐可笑”；欢迎自由奔放、异想天开的意见，必须毫无拘束，广泛地想，观念越奇越好；也不允许自谦。

二是延迟评判。禁止与会者在会上对他人的设想评头论足，排除评论性的判断。至于对设想的评判，留在会后进行。

三是以量求质。鼓励与会者尽可能多地提出风险设想，以大量的设想来保证质量较高的风险的存在，设想多多益善，不必顾虑构思内容的好坏。

四是结合改善。鼓励盗用别人的构思，借题发挥，根据别人的构思联想另一个构思，即利用一个灵感引发另外一个灵感，或者把别人的构思加以修改。

例如：

航空承运人运行控制风险管控系统——建立运行控制危险源库

风险管控专家团队在进行危险源识别时，应充分考虑运控工作涉及的硬件、软件、人员、环境等相互间的影响，可借助运营人的手册、检查单、组织结构图和人员岗位说明等，在公司原有危险源数据库的基础上，详细识别可能涉及的危险源，并进行风险分析；目前管理者、检查人员和一线员工共同参与的头脑风暴会议通常是较为有效的方法。危险源库建立后应持续更新和补充，以防范因运行规模、机型、机场、航线等运行条件的变化带来的风险。

资料来源：中国民航局飞行标准司《航空承运人运行控制风险管控系统实施指南》。

中航油湖北开展年度风险评估 头脑风暴话安全

2017 年 8 月 11 日，中国航油湖北分公司武汉航空加油站开展了 2017 年度安全风险评估，全站员工齐聚一堂，在往届风险评估基础上，结合各自工作中对安全风险的认识，针对涉及的所有作业现场和流程，大家踊跃发言，分享了很多生动的风险案例，经过头脑风暴，评估形成了一套清晰的航空加油站风险管控体系。中国航油湖北分公司安全副总经理黄汉民全程参与了此次风险评估活动。风险评估由武汉航空加油站工程师主持。

为了保证年度风险评估的质量，六月安全生产月站里就组织了一次海选性质的评估，由每个班组提交各自识别的风险。八月初，管理人员例会进行了预评估，重点针对目前的两站运行模式，以及即将投入使用的T3机坪，提出一些新的风险点。在此次全站大会的年度风险评估上，大家集思广益，最后一共识别出风险源31项，总数较去年增加3项，其中高风险3项，中度风险10项，低风险18项，风险的控制率100%。

资料来源：中国民航网。

学习单元2 风险分析和风险评价——德尔菲法

学习目标

掌握德尔菲法的实施程序；
能够运用德尔菲法进行安全风险评估。

知识要求

一、德尔菲法简介

德尔菲（Delphi）是一处古希腊的遗址，是传说中可预卜未来的阿波罗神殿所在地。美国兰德公司（Rand Corporation）在20世纪50年代与道格拉斯协作时，研究如何通过有控制的反馈以更好地收集和改进专家意见的方法时，曾以“德尔菲”为代号，德尔菲方法便由此得名，以后该方法被广泛使用。

德尔菲方法是一种专家咨询法，是就一定的问题咨询有关领域的专家，由专家提出意见，将专家的意见加以科学地综合、整理、归纳，经过多轮反复，得到一种比较一致、可靠性高的结论。

Murry及Hammons（1995）认为德尔菲法是基于以下两种假设所发展出的研究方法❶：

① 由群体成员一起讨论、集思广益后所产生的决策，应该会比单独个人独自想出来的办法更为周全、有效；尤其当成员都是精通该领域的专家时，决策品质理当更佳。

② 集体决策在理想上虽较个人决定有效，但当群体成员面对面沟通时，却很容易因为众多干扰因素，如团体极化（group polarization）、集一思考（group think）等，而影响原本应有的集体决策效果。

---

❶ Jr J W M，Hammons J O. Delphi：A Versatile Methodology for Conducting Qualitative Research［J］. Review of Higher Education，1995，18（4）：423-436.

基于上述两项假设，德尔菲法一方面希望保有专家团体决策的优点，另一方面也力求避免成员面对面时的沟通干扰，因此德尔菲法采取的是匿名式（anonymous）的专家集体决策技术，也就是以专家为施测对象，针对某一问题或未来事件，加以个别调查、小组成员间彼此采匿名的方式；此外，德尔菲法与一般具名式的集体决策技术（Nominal Group Technique）的不同之处在于：试图在无干扰的环境之下，结合该领域中众专家的知识、意见与推测能力，实施多回合和反复的步骤，再由研究者负责集体意见响应的统计与回馈；统计各专家意见的分布情形以求出中位数及“中间50%”“意见所在，并以统计方式呈现，使集体意见最后达成专家间一致且稳定的共识，借以推断可能发生的事件、有效预测未来趋势（Murry & Hammons，1995）。

在缺乏历史数据的情况下，德尔菲法几乎成了最主要的方法，应用于各个领域，普遍用于各个评价指标体系的建立、确定过程。ISO 31010—2009《风险管理　风险评估技术》中列举的15种常用风险评估方法中，德尔菲法就是其中一种，德尔菲法对“风险识别”过程是“SA”，对“风险评价”“风险分析”都是“A”。[1]

二、德尔菲法的特点

德尔菲法本质上是一种“群决策”的方法。德尔菲法认为满足一致性条件的专家小组集体意见的统计结果对决策具有协助作用。德尔菲法的特点包括：

（一）匿名性

专家小组的成员彼此不认识。小组成员的相互交往完全是通过匿名的调查表形式进行的，专家的意见可以不公开。充分发挥各位专家的独立思考作用。

（二）重复性

不断重复的、受控的信息反馈。德尔菲法一般要经过多轮的反复，每一轮都要把收集到的意见经统一处理后反馈给专家小组中的成员。经过这种受控的信息反馈，使成员的意见渐趋集中。专家从第二轮开始，可以了解到其他专家的意见。

（三）统计性

对专家的集体意见进行统计。使用统计方法对专家集体的意见进行分析、处理，主要是“中位数”“上、下四分点”。

（四）可控性

德尔菲法中的人员、信息、时间等都应是受控的。

（五）收敛性

德尔菲法有较强的收敛性，这是因为信息资料的反馈、传递以及小组成员之间的相互了解、影响而形成的。

三、德尔菲法的构成要素

德尔菲法由三个要素构成：协调人、专家小组、一套特制的征询调查表。

（一）协调人的作用

① 确定所要征询的问题。

[1] ISO/IEC 31010—2009标准中，SA表示非常适用，A表示适用，NA表示不适用。

② 挑选专家。专家人数一般为10～50人，重要问题可增至100人左右；专家的挑选要考虑问题的覆盖程度，以及不同的领域。

③ 发出征询调查表。向专家发出所编制的征询意见调查表，并向有关专家说明德尔菲法的程序，以及保密措施等。

④ 收集、归纳、综合、整理、分析。在每一轮征询意见后，都要进行意见的收集、归纳、综合、整理、分析，形成简明的文字和反馈所征询的意见。

⑤ 反复以上第三步、第四步多轮。

⑥ 完成最终的征询意见报告，提出决策建议。

（二）专家小组的选择

① 根据问题，专家具有广泛的代表性，一般“三三制”，企业专家、行业专家、社会专家各占1/3。

② 熟悉业务、经验丰富、知识深厚、富于独立思考。

③ 有兴趣、有时间保障。

④ 专家数量适当。

（三）调查表的设计要求

① 填写调查表的说明：本次调查的目的、意义、如何填写调查表。

② 简介德尔菲法（与本次调查有关的）。

③ 问题明确、集中、数量适宜（尽量避免交叉、含糊、组合）。

④ 提供组织内部、外部就习惯问题的背景资料、信息、数据等。

⑤ 为专家提供方便（设计的合理、便捷）。

⑥ 用语要准确（可附以必要的术语、解释）。

⑦ 要留有专家写出自己意见的地方。

⑧ 不显露领导者的个人意见。

四、德尔菲法的实施程序

（一）总体程序

形成专家意见—统计反馈—意见整理多轮反复的循环过程，使分散的意见逐次收敛在协调一致的意见上；强调信息反馈、信息控制的作用。

（二）具体步骤

① 确定征询意见的事项、问题（简单、明了、集中）。

② 成立实施德尔菲法的团队［这里指“协调人”在企业内部有两部分人参加：决策者——提供决策的目标和要求，希望达到的分析结果；具体实施人员——控制方法的实施过程、进行统计分析、对有关事项（如时间、进度）等做出安排］。

③ 编制第一轮征询意见调查表。

④ 选择一组专家、发放调查表。

⑤ 对第一轮的调查进行汇总、整理、分析，写出第一轮调查的总结报告。

⑥ 向专家发放第一轮的调查表，反馈第一轮的调查意见。

⑦ 专家根据第一轮的调查意见，了解意见的分歧和各种意见的理由，比较自己与其他专家意见的不同，调整、修改、补充自己的意见。

⑧ 根据问题的主要程度、复杂性、专家意见的一致性，确定需要几轮调查（一般需要3～4轮）。

⑨ 结束征询意见的阶段，进行最后的整理、分析，形成调查结论，完成最终的调查报告。

五、统计分析方法

（一）中位数

当专家的意见是一系列可以比较大小的数据时，将专家评估的数值按大小顺序进行排列，选择属于中间位置的那个数值作为数据集中的一种特征数。

中位数代表专家意见的平均值，一般以它作为调查的结果。专家的意见越集中，用中位数代表结果的可信程度越高。

方法：

将专家的意见按从小到大的顺序排列。n 个专家，就有 n 个数据排列（包括重复的数据），$x_1 \leqslant x_2 \leqslant \cdots \leqslant x_n$。以 $X_{中}$ 表示中位数，$X_{中}$ 由下式计算：

$$X_{中}=x_{(n+1)/2} \qquad n\ 为奇数$$

$$X_{中}=\frac{x_n+x_{n+1}}{2} \qquad n\ 为偶数$$

（二）上、下四分位数

中位数是从中间点将全部数据等分为两部分。与中位数相类似的还有四分位数。四分位数也称四分位点，它通过3个点将全部数据等分为4部分，其中每部分包含25%的数据。很显然，中间的四分位数就是中位数。因此，通常所说的四分位数是指处在25%位置上的数值（称为下分位数）和处在75%位置上的数值（称为上分位数）。计算四分位数时，首先也对数据进行排序，然后确定四分位数的位置。

数列上、下四分点代表了数值的置信区间，是专家意见集中程度的反映。落在上、下四分点之内的数值，表示该专家的意见与多数专家的意见基本一致，落在以外的数值，表示该专家的意见与多数专家的意见有较大的分歧。

下分位数的位置为 $n/4$；上分位数的位置为 $3n/4$。如果位置为整数，四分位数就是该位置对应的数值，如果是在0.5的位置上，则取该位置两侧值的平均数；如果是在0.25或0.75的位置上，则四分位数等于该位置的下侧值假设按比例分摊位置两侧数值的差值。

例如：

9个专家打分的数据：

原始数据：	150	75	78	108	85	96	200	125	163
排序：	75	78	85	96	108	125	150	163	200
位置：	1	2	3	4	5	6	7	8	9

下分位点的位置＝(9＋1)/4＝2.5，上分位点的位置＝3×(9＋1)/4＝7.5，

下分位数＝(78＋85)/2＝81.5，上分位数＝(150＋163)/2＝156.5

10个专家打分的数据：

排序：	66	75	78	85	96	108	125	150	163	200
位置：	1	2	3	4	5	6	7	8	9	10

下分位点的位置＝(10＋1)/4＝2.75，上分位点的位置＝3×(10＋1)/4＝8.25，

下分位数＝75＋0.75×(78－75)/2＝76.125，上分位数＝150＋0.25×(163－150)/2＝151.625

（三）总分法

① 专家对风险的重要性进行排序。

确定风险总数，规定排在第 k 位的得分为 B_k（如对 n 个风险排序：排在第一位 n 分，第二位 $n-1$ 分，…，排在第 n 位 1 分）。

② 对某一风险 j 计算其得分：

$$S_j=\sum_{k=1}^{N}B_kN_{jk}$$

其中 N_{jk} 是选择第 j 个风险位列第 k 位的专家数量。

③ 根据各风险的分值高低进行排序。

六、典型案例

（一）德尔菲法中统计方法运用

1. 中位数，上、下四分位数，四分位数偏度

采用德尔菲法对某一风险发生的概率进行调查，16 位专家最后一轮的预测值按从小到大排列的顺序为：

0.38、0.40、0.40、0.42、0.45、0.47、0.50、0.51、0.51、0.52、0.53、0.53、0.55、0.60、0.60、0.65

在 EXCLE 表的 A1～A16 中输入以上数据，数据序列编号见图 2-10，计算结果见表 2-18。

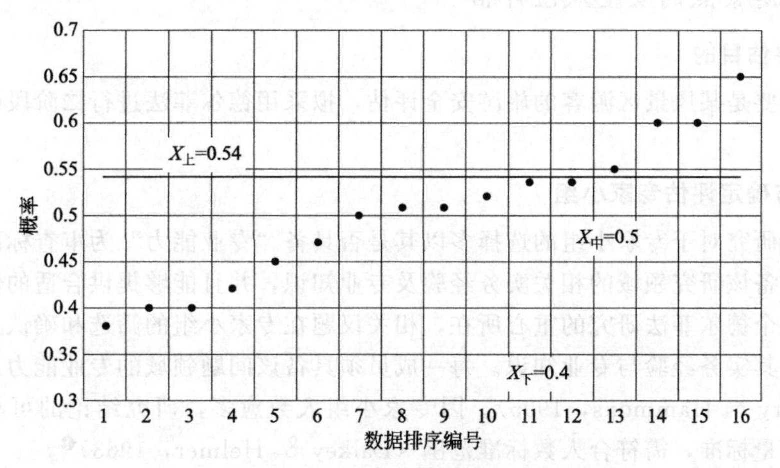

图 2-10　数据序列编号

表 2-18　中位数和四分位数计算结果

项目	在 EXCLE 表中输入	结果
中位数	=QUARTILE(A1:A16,2)	0.5
下四分位数	=QUARTILE(A1:A16,1)	0.4
上四分位数	=QUARTILE(A1:A16,3)	0.54
中位数	=MEDIAN(A1:A16)	0.5

2. 风险重要性排序

某企业采用德尔菲法进行调查，在下列 6 种风险中选择 3 种，并按重要性排序。专家人数为 $n=93$ 人。

6 种风险依次是：

①外部环境风险；②技术风险；③产品质量风险；④市场风险；⑤法律风险；⑥分包风险。

对排位次序规定分数：$B_1=3$ 分；$B_2=2$ 分；$B_3=1$ 分；不选的为 0 分。

计算第 1 种风险（外部环境风险，$j=1$）的得分：

选择第 1 种风险排在第一位的有 71 人，第二位的有 15 人，第三位的有 2 人。即：$N_{11}=71$，$N_{12}=15$，$N_{13}=2$。

代入 $S_j=\sum_{k=1}^{N}B_kN_{jk}$ 公式中，得到第一个风险的得分：

$$S_j=\sum_{k=1}^{N}B_kN_{jk}=3\times71+2\times15+1\times2=245$$

对于第 2 至第 6 种风险，按以上方法也可以得到：

$S_2=36$、$S_3=65$、$S_4=5$、$S_5=31$、$S_6=165$。

风险排序：

以上分数的前三名是：

245 分：第 1 种风险（外部环境风险）。

165 分：第 6 种风险（分包风险）。

65 分：第 3 种风险（产品质量风险）。

（二）旅游景点的安全风险评估

1. 确定评估目的

本项目主要是某风景区游客的旅游安全评估，拟采用德尔菲法进行二阶段的专家问卷调查法。

2. 选取与确定评估专家小组

德尔菲法研究对于专家小组的选择多以其是否具备“专业能力”为审查标准，专家小组中的成员须具备该研究领域的相关实务经验及专业知识，并且能够提供合适的信息。专家小组的参与是整个德尔菲法研究的重心所在，相关议题在专家小组的筛选和确认上，须特别谨慎，需要衡量其实务经验与专业知识。每一成员须具备该问题领域的专业能力，提供最适当的信息（Murry & Hammons，1995）。因专家小组人数愈多，研究结论的可靠度愈高，所提出的受访数量标准，需符合人数标准范围（Dalkey & Helmer，1963）[1]。

专家小组的选择：以深度认识该风景区的经营者，且长期钻研于旅游领域具有丰富实务经验的专家，包含相关安全管理专家、旅游局等管理单位及旅游业者，访谈对象为相关接待的负责人或高级管理人员。专家小组成员皆是该领域中兼具深厚理论基础与多年实务经验者，对于该风险评估项目相当了解且能确实提供完整的意见。邀请受访的专家小组包括：学者专家、旅游业者及管理单位专家等三大部分，共 21 人专家团队（见表 2-19）。

3. 评估过程

在确定评估专家小组之后，首先构建风景区旅游安全指标并说明；然后进行第一回合调

---

[1] Dalkey N，Helmer O. An Experimental Application of the DELPHI Method to the Use of Experts［J］. Management Science，1963，9（3）：458-467.

表 2-19 德尔菲法专家小组名单

专家领域	编号	单位
学术	1	×××旅游管理研究所所长
学术	2	×××安全管理教授
学术	3	
学术	4	
学术	5	
学术	6	
学术	7	
业界	8	
业界	9	
业界	10	
……	……	

查及结果统计分析；随后进行第二回合问卷调查及结果分析说明，并说明汇总第一轮征询与第二轮征询的结果分析。

(1) 第一轮征询问卷及分析（见表 2-20）。

表 2-20 旅游安全风险及说明

安全风险	项目	简要说明
风景区环境安全	水土保持安全 旅游环境卫生 休闲娱乐安全	水土保持状况是否良好安全 旅游环境卫生，如街道卫生清洁等 游乐的软、硬件安全维护
餐旅服务安全	食品安全管理 饭店安全性 购物安全保障 服务人员安全素养	风味餐食是否符合卫生安全 住宿饭店的消防卫生安全管理 购物商品符合法律及质量管理 服务人员安全管理训练
旅游安全法律法规执行	景区安全法规执行 景区游客平安险 紧急医疗救护 餐旅服务业管理	景区安全管理是否依照法律法规执行 风景区游客的意外险投保 医疗救护应急管理 餐旅服务业管理法律执行
交通安全管理	景区交通工具安全 道路安全信息提供 交通安全监控系统 景区内道路安全	交通工具的定期性能检查及合法性 提供实时安全信息与道路设施状况 通行路线的安全管理监控及信息提供 景区路面、步道、索道等定时维护管理
景区治安管理	风景区治安维护 景区安全教育 安全信息提供 安全应急预案	游客人身及财产的安全是否良好 景区安全教育、宣传、落实与执行 安全注意事项告示牌设置 安全应急预案的编制

第一轮征询问卷构建 5 个方面的安全风险因素：①风景区环境安全；②餐旅服务安全；③旅游安全法律法规执行；④交通安全管理；⑤景区治安管理。第一轮征询专家问卷发放为 21 份，有效回收问卷为 19 份。具体问卷见表 2-21。

请问您所认为的景区各类安全风险程度？【请于对应处打√】

本部分专家建议指标名称修订如下：①“景区环境安全”修订为“环境管理安全”；②“餐旅服务安全”修订为“餐旅安全”；③“旅游安全法律法规执行”修订为“法规安全管理”；④“景区治安管理”修订为“游客安全管理”（见表 2-22）。

表 2-21 第一轮征询问卷

安全风险	序号	项目	简要说明	风险高低				
				高	较高	中	较低	低
风景区环境安全	1	水土保持安全	水土保持状况是否良好安全					
	2	旅游环境卫生	旅游环境卫生，如街道卫生清洁等					
	3	休闲娱乐安全	游乐的软、硬件安全维护					
	专家修改：							
餐旅服务安全	1	食品安全管理	风味餐食是否符合卫生安全					
	2	饭店安全性	住宿饭店的消防卫生安全管理					
	3	购物安全保障	购物商品符合法律及质量管理					
	4	服务人员安全素质	服务人员安全管理训练					
	专家修改：							
旅游安全法律法规执行	1	景区安全法规执行	景区安全管理是否依照法律法规执行					
	2	景区游客平安险	风景区游客的意外险投保					
	3	紧急医疗救护	医疗救护应急管理					
	4	餐旅服务业管理	餐旅服务业管理法律执行					
	专家修改：							
交通安全管理	1	景区交通工具安全	交通工具的定期性能检查及合法性					
	2	道路安全信息提供	提供实时安全信息与道路设施状况					
	3	交通安全监控系统	通行路线的安全管理监控及信息提供					
	4	景区内道路安全	景区路面、步道、索道等定时维护管理					
	专家修改：							
景区治安管理	1	风景区治安维护	游客人身及财产的安全是否良好					
	2	景区安全教育	景区安全教育、宣传、落实与执行					
	3	安全信息提供	安全注意事项告示牌设置					
	4	安全应急预案	安全应急预案的编制					
	专家修改：							

表 2-22 第一轮征询总体分析结果

安全风险	分析结果		专家修改建议	
	平均数	标准差	修改	无修改
景区环境安全	4.578	0.507	■	
餐旅服务安全	4.368	0.597	■	
旅游安全法律法规执行	4.157	0.958	■	
交通安全管理	4.473	0.772		■
景区治安管理	4.315	0.582	■	

本部分专家建议指标名称修订：①“水土保持安全”修订为“地质及水土保持安全”；②“休闲娱乐安全”修订为“休闲娱乐资源安全”。旅游环境卫生得到专家一致认同，无须修改。专家建议新增指标项为：“气象监测安全”“警示牌设置”两项安全风险指标项，补充此方面的不足（见表 2-23）。

表 2-23 第一轮征询景区环境安全风险分析结果

景区环境安全风险	分析结果		专家修改建议	
	平均数	标准差	修改	无修改
水土保持安全	4.315	0.749	■	
旅游环境卫生	4.421	0.606		■
休闲娱乐安全	4.421	0.768	■	

本部分专家建议指标名称修订：①“食品安全管理”修订为“餐饮安全管理”；②“饭店安全性”修订为“住宿环境安全”；③“服务人员安全素质”修订为“保安服务人员素养”。“购物安全保障”，此指标项专家一致认同无须修改（见表 2-24）。

表 2-24 第一轮征询餐旅服务安全分析结果

餐旅服务安全	分析结果		专家修改建议	
	平均数	标准差	修改	无修改
食品安全管理	4.368	0.597	■	
饭店安全性	4.421	0.507	■	
购物安全保障	4.263	0.805		■
服务人员安全素质	4.368	0.76	■	

本部分专家建议指标名称修订：①“景区安全法规执行”修订为“安全管理法规完整性”；②“景区游客平安险”修订为“具备风景区意外保险”。指标项选取：“紧急医疗救护”“餐旅服务业管理”两项指标项专家一致认同，无须修改（见表 2-25）。

表 2-25 第一轮征询旅游安全法律法规执行分析结果

旅游安全法律法规执行	分析结果		专家修改建议	
	平均数	标准差	修改	无修改
景区安全法规执行	4.21	0.787	■	
景区游客平安险	4.21	0.787	■	
紧急医疗救护	4.473	0.696		■
餐旅服务业管理	4.368	0.597		■

本部分专家建议指标名称修订：“道路安全信息提供”与“交通安全监控系统”合并为“道路交通监测安全信息提供”。新增指标项为“驾驶员合法性”，此项指标专家一致认为在交通安全管理上，驾驶员为非常重要的安全因素，故此增加此项安全风险（见表 2-26）。

表 2-26 第一轮征询交通安全管理分析结果

交通安全管理	分析结果		专家修改建议	
	平均数	标准差	修改	无修改
景区交通工具安全	4.21	0.787	■	
道路安全信息提供	4.21/4.368	0.787/0.760	■	
交通安全监控系统	4.473	0.696	■	
景区内道路安全	4.368	0.597	■	

本部分专家建议于第二轮征询指标名称可修订：“风景区治安维护”修订为“治安安全维护”。指标项选取有：“景区安全教育”“安全信息提供”，此两项指标专家一致认同，但专家建议：“景区安全教育”与“安全信息提供”此两项指标可合并为“安全教育宣导”，因宣导即代表信息流通（见表 2-27）。

表 2-27 第一轮征询景区治安管理分析结果

景区治安管理	分析结果		专家修改建议	
	平均数	标准差	修改	无修改
风景区治安维护	4.421	0.692	■	
景区安全教育	4.368	0.597		■
安全信息提供	4.368	0.495		■
安全应急预案	4.315	0.945	■	

(2) 第二轮征询及分析（见表 2-28）。

第二回合问卷总计发放 21 份，回收有效问卷 18 份，回收率 85%；其中学者专家 7 位，旅游相关产业业者 7 位，风景区管理单位 4 位专家回复。

根据第一轮专家问卷调查的结果，汇总分析专家意见，形成如下指标：

请专家对各个风险进行评价【请于对应处打√】，如果您对于问卷中所列风险有任何增列意见，请不吝于“意见修正”栏中填写（见表 2-29～表 2-31）。

表 2-28 第二轮征询样本结果及分析

指标		样本数(n)=18		回收率(Response Rate)=85%
		平均数	标准偏差	是否一致
环境管理安全	地质及水土保持安全	4.529	0.799	高度一致
	旅游环境卫生	4.588	0.507	高度一致
	休闲娱乐资源安全	4.421	0.606	高度一致
	气象监测安全(新)	4.235	0.562	高度一致
餐旅安全	警示牌设置(新)	4.529	0.514	高度一致
	餐饮安全管理	4.235	0.664	高度一致
	住宿环境安全	4.411	0.618	高度一致
	购物安全保障	4.263	0.805	高度一致
	保安服务人员素养	4.117	0.781	高度一致
法规安全管理	安全管理法规完整性	4.176	0.392	高度一致
	餐旅服务业管理	4.368	0.597	高度一致
	具备风景区意外保险	4.411	0.507	高度一致
	紧急医疗救护	4.529	0.717	高度一致
交通安全管理	景区交通工具安全	4.529	0.799	高度一致
	驾驶员合法性(新)	4.47	0.624	高度一致
	道路交通监测安全信息提供(合)	4.411	0.507	高度一致
游客安全管理	治安安全维护	4.352	0.785	高度一致
	安全教育宣导(合)	4.368	0.597	高度一致
	安全应急预案	4.368	0.495	高度一致

表 2-29 第二轮征询中对各项风险因素打分

安全风险	第一轮征询统计结果		风险高低					意见修正
	平均数	标准差	高	较高	中	较低	低	
风景区环境安全(修订为:环境管理安全)	4.578	0.507						
餐旅服务安全(修订为:餐旅安全)	4.368	0.597						
旅游安全法律法规执行(修订为:法规安全管理)	4.157	0.958						
交通安全管理(选取)	4.473	0.772						
景区治安管理(修订为:游客安全管理)	4.315	0.582						

表 2-30 第二轮征询中对各风险因素子项目打分

安全风险	序号	项目	第一轮征询统计结果		风险高低				
			平均数	标准差	高	较高	中	较低	低
环境管理安全	1	地质及水土保持安全	4.315	0.749					
	2	旅游环境卫生	4.421	0.606					
	3	休闲娱乐资源安全	4.421	0.768					
	4	气象监测安全(新)							
	5	警示牌设置(新)							
	专家修改:								
餐旅安全	1	餐馆安全管理	4.368	0.597					
	2	住宿环境安全	4.421	0.507					
	3	购物安全保障	4.263	0.805					
	4	保安服务人员素养	4.368	0.76					
	专家修改:								
法规安全管理	1	安全管理法规完整性	4.21	0.787					
	2	餐旅服务业管理	4.368	0.597					
	3	具备风景区意外保险	4.21	0.787					
	4	紧急医疗救护	4.473	0.696					
	专家修改:								

续表

安全风险	序号	项目	第一轮征询统计结果		风险高低				
			平均数	标准差	高	较高	中	较低	低
交通安全管理	1	景区交通工具安全	4.421	0.837					
	2	道路交通监测安全信息提供(合)	4.421/4.368	0.837/0.760					
	3	驾驶员合法性(新)							
	专家修改：								
游客安全管理	1	治安安全维护	4.421	0.692					
	2	安全教育宣导(合)	4.368/4.368	0.597/0.495					
	3								
	4	安全应急预案	4.315	0.945					
	专家修改：								

表 2-31　各风险指标及项目重要程度排序

风险	指标项目	平均数	排名
环境管理安全	旅游环境卫生	4.588	1
	地质及水土保持安全	4.529	2
	警示牌设置	4.529	2
	休闲娱乐资源安全	4.421	3
	气象监测安全	4.235	4
餐旅安全	住宿环境安全	4.411	1
	购物安全保障	4.263	2
	餐饮安全管理	4.235	3
	保安服务人员素养	4.117	4
法规安全管理	紧急医疗救援	4.529	1
	具备风景区意外保险	4.411	2
	餐旅服务业管理	4.368	3
	安全管理法规完整性	4.176	4
交通安全管理	景区交通工具安全	4.529	1
	驾驶员合法性	4.47	2
	道路交通监测安全信息提供	4.411	3
游客安全管理	应急救援预案	4.411	1
	安全教育宣导	4.368	2
	治安安全维护	4.352	3

学习单元 3　风险分析和风险评价——风险矩阵法

学习目标

掌握风险矩阵法的实施程序；

能够运用风险矩阵法进行安全风险评估。

知识要求

一、风险矩阵结构

风险矩阵法是根据风险发生的可能性和风险发生后果的严重程度综合评估风险大小的风险评估方法。风险矩阵法通常用一个二维的表格，对风险进行可视化的分析，具体结构见表 2-32。

表 2-32 风险矩阵结构

风险矩阵		后果等级					
		1	2	3	4	5	6
可能性等级	E	Ⅳ	Ⅲ	Ⅱ	Ⅰ	Ⅰ	Ⅰ
	D	Ⅳ	Ⅲ	Ⅲ	Ⅱ	Ⅰ	Ⅰ
	C	Ⅴ	Ⅳ	Ⅲ	Ⅱ	Ⅱ	Ⅰ
	B	Ⅴ	Ⅳ	Ⅲ	Ⅲ	Ⅱ	Ⅰ
	A	Ⅴ	Ⅴ	Ⅳ	Ⅲ	Ⅱ	Ⅱ

二、后果准则（C 准则）

风险矩阵法中，确定风险后果准则（C 准则）和风险发生可能性准则（P 准则）是使用该方法的基础。

C 准则用来判定所识别风险的后果严重程度。风险后果的不同程度称为“后果水平”或“程度”，应当注意的是：第一，后果的范围应该从最轻微的后果到最严重的后果；第二，确定风险后果准则应该是一种后果程度的标度——定量的、半定量的，必须清晰阐述后果严重程度的意义、单位。如表 2-33～表 2-37 所示。

表 2-33 战略风险的后果程度（半定量）

项目	不重要(极低)	较小(低)	中等(中)	较大(高)	重大(极高)
分数	1	2	3	4	5
战略	对战略实施没有影响	对战略实施有轻微影响	对战略实施有一定程度影响	对战略实施有重大影响	导致战略实施失败

表 2-34 年度公司经营指标（定量，与时间有关：一年）

影响程度	轻微的	较小的	中等的	重大的	灾难性的
评分	1	2	3	4	5
利润总额 4400 万元	影响 44 万元以下	影响 44 万～220 万元	影响 220 万～440 万元	影响 440 万～660 万元	影响 660 万元及以上
营业收入 44300 万元	影响 443 万元以下	影响 443 万～2215 万元	影响 2215 万～4430 万元	影响 4430 万～6645 万元	影响 6645 万元及以上
管理费用 860 万元	影响 8.6 万元以下	影响 8.6 万～43 万元	影响 43 万～86 万元	影响 86 万～129 万元	影响 129 万元及以上
经济增加值 2000 万元	影响 20 万元以下	影响 20 万～100 万元	影响 100 万～200 万元	影响 200 万～300 万元	影响 300 万元及以上
超出预算	超出预算 3%以下	超出预算 3%～8%以下	超出预算 8%～15%以下	超出预算 15%～20%以下	超出预算 20%～25%

表 2-35 其他（定量、半定量）

影响程度	轻微的	较小的	中等的	重大的	灾难性的
评分	1	2	3	4	5
影响工程进度	影响进度 3%以下	影响进度 3%～10%	影响进度 10%～20%	影响进度 20%～30%	影响进度 30%及以上
财务指标	影响年考核指标 1%以下	影响年考核指标 1%～5%	影响年考核指标 5%～10%	影响年考核指标 10%～15%	影响年考核指标 15%及以上
声誉	无	房产在本地有小道消息流传	房产在本地口碑不佳	房产在本地口碑恶劣	媒体公开房产丑闻

表 2-36 欧洲航空局（ESA）对航天项目风险造成损失程度的划分（半定量）

第一类	灾难性后果，以下后果之一： ▲生命损失； ▲生命危险或终身残废； ▲职业病
第二类	致命性后果，以下后果之一： ▲暂时残废，但没有生命威胁； ▲暂时的职业病； ▲对飞行系统、主要飞行系统的部件、或地面装置的重大破坏或损失； ▲对公众或个人财产重大破坏或损失； ▲长期有害的环境影响
第三类	严重后果，以下后果之一： ▲轻微伤残或职业病； ▲对其他装备的轻微破坏； ▲对公众或个人财产轻微破坏； ▲暂时有害的环境影响
第四类	可忽略的后果，指不能导致上述任何后果的后果

表 2-37 美国国防部的军事标准（MIL-STD）882（空军）（半定量）

程度	A	B	C	D	E
描述	丧失生命/财产 （灾难性事件）	任务失败	丧失很多对任务有影响的能力	丧失部分对任务有影响的能力	较小的或无影响

三、发生可能性准则（*P* 准则）

P 准则用来判定所识别风险的可能发生的概率。风险发生可能性的程度称为“可能性水平”或“可能性程度”（不称为可能性“等级”）。应当注意的是：第一，应该先确定 *C* 准则后建立 *P* 准则；第二，可能性程度的范围从最低的可能性到最高的可能性；第三，风险可能性准则应是一种可能性程度的标度——定量的、半定量的（如“概率”表），必须清晰阐述可能性标度的意义、单位。示例见表 2-38～表 2-41。

表 2-38 风险事件发生可能性准则示例

定量方法一	评分	1	2	3	4	5
定量方法二	一定时期发生的概率	10%以下	10%～30%	30%～70%	70%～90%	90%以上
定性方法	文字描述一	极低	低	中等	高	极高
	文字描述二	一般情况下不会发生	极少情况下才发生	某些情况下发生	较多情况下发生	常常会发生
	文字描述三	今后 10 年内发生的可能少于 1 次	今后 5～10 年内可能发生 1 次	今后 2～5 年内可能发生 1 次	今后 1 年内可能发生 1 次	今后 1 年内至少发生 1 次

表 2-39 风险的可能性（半定量）

等级	风险事件发生的可能性	备注
1	极小	风险事件几乎不会发生
2	不太可能	风险事件很少发生
3	可能	风险事件在某些情况下发生
4	很可能	风险事件在较多情况下发生
5	基本确定	风险事件几乎肯定会发生或常常发生

表 2-40 通用（定量、半定量，与事件有关）

可能性	很低	低	中等	高	很高
评分	1	2	3	4	5
概率	年发生概率在6.25%以下	年发生概率在6.25%～12.5%	年发生概率在12.5%～25%	年发生概率在25%～50%	年发生概率在50%及以上
频率	未来5年几乎不会发生	未来3～5年可能发生1次	未来1～2年可能发生1次	可能1年内发生1次	1年内很可能发生

表 2-41 我国航天项目对各种风险发生可能性程度的划分

程度	概率数值	描述
5	0.85～1.00	很可能发生
4	0.65～0.85	较可能发生
3	0.35～0.65	可能发生
2	0.15～0.35	发生的可能性较小
1	0.00～0.15	发生的可能性很小

四、建立风险矩阵的过程

以可能性（P）为横坐标，以后果（C）为纵坐标，建立二维的发现矩阵，分为两种情况：半定量、定量。

（一）半定量矩阵

① P、C 坐标的标度只有整数值：0、1、2、3、4…，在一个“风险结”内的风险具有相同的 P 值、C 值。

② 在进行风险评估时，风险最终的 P 值、C 值要取整数：0、1、2、3…。

（二）定量矩阵

① P、C 坐标的标度是连续的整数。

② 在进行风险分析时，风险最终的 P 值、C 值可以是小数。在最终结果以前，有两种情况：评分时允许取小数（如 3.4），故结果有小数；评分时不允许取小数，计算平均值时可能会出现小数。

（三）形成风险图谱

已识别的风险，依据所建立的 P、C 准则，可得出风险的 P 值、C 值。将 P、C 值代表的风险点坐标（P，C）标入已建立的风险矩阵，便得到风险图谱。

（四）举例

1. 半定量

在半定量时，每个 P 值与每个 C 值相乘，代表一个矩形面积：形成“风险结”，如表 2-42，每个“风险结”中的数值（风险等级）是对应 C、P 值相乘的结果。

表 2-42 风险结

可能性水		后果水平				
		极低	低	中	高	极高
		1	2	3	4	5
基本确定	5	5(5×1)	10(5×2)	15(5×3)	20(5×4)	25(5×5)

续表

可能性水平		后果水平				
		极低	低	中	高	极高
		1	2	3	4	5
很可能	4	4(4×1)	8(4×2)	12(4×3)	16(4×4)	20(4×5)
有可能	3	3(3×1)	6(3×2)	9(3×3)	12(3×4)	15(3×5)
不太可能	2	2(2×1)	4(2×2)	6(2×3)	8(2×4)	10(2×5)
极小	1	1(1×1)	2(1×10)	3(1×3)	4(1×4)	5(1×5)

注：1. 风险结中的数值不同，则对应不同等级的风险。

2. 风险结中的数值相同，则对应的风险等级相同。

3. 相同数值的风险结可以有两个，其风险等级相同，但 C、P 值不同，区分了在相同的风险等级中，是后果占有优势，还是可能性占有优势。

2. 定量

如图 2-11 所示，在定量时，可能性（P）和后果（C）都不仅仅只有 1～5 的五个测量值，可能性和后果都能够精确地测量。可能性即安全风险事故发生的概率为 0～1 之间任何数值，后果即安全事故发生导致的损失也能够取 0 以上的任意值或一定区间的任意值。

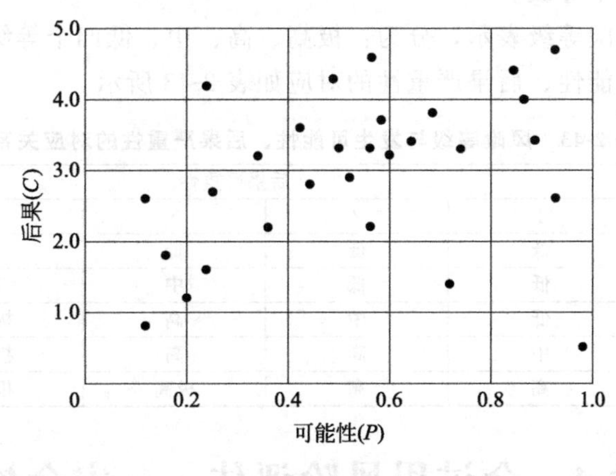

图 2-11　可能性

五、典型案例应用

近年来，我国举办的各类大型活动日益增多，大型活动的举办关系到人民生命财产安全，关系到国家经济发展、社会稳定及和谐社会的构建。在我国现行的标准和规范中，大型活动中安保资源、安保机构、安保人员等的构成及要求均未做出规定。特别是在当前我国大型活动举办规模、举办频次、参与人数、资金投入等快速增长，安全理念不断更新的情况下，制定相关国家标准显得尤为重要。

在公安部治安管理局和科技信息化局的指导下，公安部第一研究所和北京城市系统工程研究中心作为主要起草单位历时 7 年，编制了大型活动安全要求系列标准。标准共分为 5 个部分，其中之一即是《大型活动安全要求　第 1 部分：安全评估》，标准已于 2017 年 4 月 1 日开始实施。

《大型活动安全要求　第 1 部分：安全评估》中，风险识别的方法包括：①基于证据的方法，例如，检查表法以及对历史数据的审查；②基于研讨的方法，例如，一个专家团队通过头脑风暴、提示或问题来系统地辨识；③基于归纳推理的方法，例如，因果链、危险与可操作性分析（HAZOP）等；④综合采用上述各种方法来提高危险、有害因素辨识工作的准确性和完整性。

《大型活动安全要求　第1部分：安全评估》要求，风险可能性分析可单独或组合使用下列方法：①利用相关历史数据来识别那些过去发生的事件或情况，借此推断出它们在未来发生的可能性；②利用故障树和事件树等技术来预测可能性，当历史数据无法获取或不够充分时，有必要通过分析系统、活动、设备或组织及其相关的失效或成功状况来推断事件发生的可能性；③系统化和结构化地利用专家观点来估计可能性。获得专家判断的正式方法众多，现有常用方法包括德尔菲法和层次分析法等。

后果分析可以有从结果的简单描述到制定详细的数量模型等多种形式，包括：①考虑现有的后果控制措施，并关注可能影响后果的相关因素；②分析次生、衍生事件带来的后果；③应从影响活动顺利举行、人员伤害、财产损失、社会舆论、政治影响等多方面综合考虑事件的后果。

风险等级的确定中，发生可能性分为：几乎不可能（A）、很小（B）、偶尔（C）、很可能（D）、经常（E）五个等级。后果严重性分为：很小（1）、小（2）、一般（3）、严重（4）、非常严重（5）五个等级。

安全评估结果用风险等级表示，分为：极高、高、中、低四个等级。

风险等级与发生可能性、后果严重性的对应如表2-43所示。

表2-43　风险等级与发生可能性、后果严重性的对应关系

项目	后果严重性					
可能性	等级	1	2	3	4	5
	A	低	低	低	中	高
	B	低	低	中	高	极高
	C	低	中	高	极高	极高
	D	中	高	高	极高	极高
	E	高	高	极高	极高	极高

学习单元4　全过程风险评估——安全检查表法

学习目标

掌握安全检查表的制作程序；

能够运用安全检查表法进行安全风险评估。

知识要求

一、安全检查表法的概念

风险识别需要通过一系列工具方法，找出人们主观判断出的、影响目标的风险。同时，风险识别涉及历史数据、技术分析、知情人、专家和利益相关者的意见，需要具有相关知识的人员参与风险的识别。

综合测评量化打分法是指针对某个项目或某一类活动，在识别风险的基础上，对各个所

涉及的风险因素进行综合测评和量化打分，最终确定风险等级的方法。综合测评量化打分法整体上是一种定性描述定量化方法，它首先根据评价对象的具体要求识别项目或活动的风险因素，再根据评价项目制定出风险因素评价标准，聘请若干专家凭借自己的经验按此评价标准给出各项目的风险评价分值，然后对其进行汇总分析的方法。综合测评量化打分法中常用的风险识别工具、风险分析和风险评价方法是安全检查表法。

安全检查表法是一种简单易行、应用广泛、系统完整的安全风险评估方法，多用于项目场地、办公及居住营地日常定期检查、不定期检查，对各岗位人员的工作操作流程、管理有效性、环境状况、设备设施等方面的安全检查。

安全检查表法是基于经验的方法。它是一系列危险、风险或控制故障的清单，而这些清单通常是凭经验（要么是根据以前的风险评估结果，要么是因为过去的故障）进行编制的。它由一些有经验的并且对工艺过程、机械设备和工作情况熟悉的人员，事先对检查对象共同进行详细分析、充分讨论、列出检查项目和检查要点并编制成表，以便进行检查或评审。

二、安全检查表法的使用步骤

（1）计划　分析现状，找出分析产生题目的原因。

编制安全检查表，其过程实质是风险识别的过程。

编制合适的检查表时，职能部门组织具备专业知识及实际操作经验的相关人员、管理人员召开项目安全风险管理工作会议，运用头脑风暴法等多种集思广益的科学方法，把可能出现的问题及其产生的所有原因全部找出来。编制时可群策群力根据项目常规安全检查项目、规章制度，并考虑近期安全形势变化情况，逐条地提出要思考的问题。在此基础上，根据以往同类型项目已编制的事故树的分析、评价结果，寻找当下项目的安全管理的重点、薄弱环节，设计编制检查表（见表2-44）。

表2-44　人员密集场所现场安全检查表

编制单位：　　　　　　　检查日期：　　年　　月　　日　　　　　编号：

序号	检查项目	检查内容	检查方案及标准	检查记录	检查结果
一	安全管理制度	1. 机构人员配备	是否有安全管理机构或配备专兼职安全管理人员		合格□　不合格□
		2. 管理制度	查看是否有安全生产责任制，并落实到岗位和人，等等		合格□　不合格□
		3. 应急预案	查看是否有突发事件应急预案，并有演练记录，等等		合格□　不合格□
		4. 例会制度	查看是否建立安全生产例会制度，定期研究本单位安全生产工作，等等		合格□　不合格□
		5. 隐患排查制度	是否建立生产安全事故隐患排查制度，等等		合格□　不合格□
		6. 日常巡查制度	是否每两个小时至少对营业区域进行一次安全巡查。巡查是否做好记录		合格□　不合格□
		7. 安全教育培训	是否对从业人员定期进行安全教育和培训，并经考核培训合格，等等		合格□　不合格□
		……			合格□　不合格□
二	人员疏散安全	1. 疏散通道	主疏散通道是否有直通疏散门或疏散出口，疏散通道是否保持畅通，等等		合格□　不合格□
		2. 安全出口	查看安全出口宽度是否小于1.4米，紧靠门口1.4米内不得设置踏步，安全门是否设置门槛、台阶，等等		合格□　不合格□

续表

序号	检查项目	检查内容	检查方案及标准	检查记录	检查结果
二	人员疏散安全	3. 应急照明	查看各种营业厅、消防控制室、疏散通道，等等		合格□ 不合格□
		4. 疏散图、警示标志	是否在客房内显著位置张贴或者放置中英文对照的应急疏散图，等等		合格□ 不合格□
三	安全标志	1. 紧急出口标志	查看是否有紧急出口，疏散通道处，等等		合格□ 不合格□
		2. 疏散指示标志	查看在远离紧急出口的地方，等等		合格□ 不合格□
		3. 提示标志	查看灭火设备、手动报警器、报警电话等是否设置相应的提示标志，等等		合格□ 不合格□
		4. 禁止标志	查看易燃商品区是否设置"禁止烟火"或"禁止吸烟"的标志，等等		合格□ 不合格□
四	消防安全管理	1. 消防中控室	消防中控室是否有专人24小时值班，是否配备应急包等应急处理设备，等等		合格□ 不合格□
		2. 灭火器材	是否设置火灾自动报警、自动灭火系统、消火栓等消防设施，等等		合格□ 不合格□
		3. 应急广播	是否设置能够覆盖所有营业区域的应急广播系统，等等		合格□ 不合格□
		4. 报警设备	餐饮企业雅间是否按规定设置报警装置，等等		合格□ 不合格□
……					
检查人员签字：			被检查单位意见：		
检查日期：　年　月　日			单位负责人签字：		

安全检查表法的编制具体步骤如下。

① 确定人员。要编制一个符合客观实际，能全面识别系统风险的安全检查表，首先要建立一个编制小组，其成员包括熟悉系统的各方面人员。

② 熟悉系统。包括系统的结构、功能、工艺流程、操作条件、布置和已有的安全设施。

③ 收集资料。收集有关安全法律、法规、规程、标准及本系统过去发生的事故资料，作为编制安全检查表的依据。

④ 判别风险源。按功能或结构将系统划分为子系统或单元，逐个分析潜在的风险因素。

⑤ 列出安全检查表。针对风险因素和有关规章制度、以往的事故教训以及本单位的经验，确定安全检查表的要点和内容，然后按照一定的要求列出表格。

检查表的编制依据包括：有关标准、规程、规范规定；国内外事故案例；系统分析确定的危险部位及防范措施；分析人员的经验和可靠的参考资料；研究成果，同行业检查表等。

（2）执行　即执行安全检查计划。

高效的执行力是组织完成目标的重要一环。通过检查工作负责人对项目安全管理相关的各重点、脆弱流程点的执行人员进行安全检查提问，并以现场观察方式确定检查项目的实际状况。

（3）检查　检查验证、评估效果。即实施检查工作、编制检查分析结果。

检查工作负责人根据现场视察情况及询问问题情况判定项目安全管理现状是否符合安全指标，并填写在对应表格上，从而对系统、工作流程的安全状态进行评价。

三、制定风险等级测评表和风险等级判定准则

在风险识别的基础上，制定合理的风险等级测评表，测评表应该涵盖项目或活动全部的

风险因素和风险控制点，并赋予各风险因素和风险控制点权重分值。例如，在大型活动安全风险评估中，经验表明，不同大型活动的风险因素相对固定，因此，可以制定如下风险等级测评表（见表 2-45）。

表 2-45　风险等级测评表

风险因素	风险评估因素及内容 测评内容
（一）人的因素（15 分）	1. 活动承办者、各主要服务提供商的背景与举办此类大型活动的经验，灾害事故情况下的赔偿能力（0～2 分）
	2. 参加的要人及国内外贵宾的安保措施（0～3 分）
	3. 活动承办者的安全管理组织能力（0～2 分）
	4. 承办者本身具备的直接从事安全工作的能力（0～3 分）
	5. 活动承办者或组织者有无违法犯罪等不良记录，该不良记录对活动安全的影响（0～3 分）
	6. 参加活动的群体性质、年龄比例、文化程度、数量、国籍等（0～2 分）
（二）场地因素（15 分）	1. 场地建筑基本情况（0～1 分）
	2. 活动主要分布区域的容量，场地开放程度、避难与紧急疏散能力（0～2 分）
	3. 内部停车位配备、周边道路交通情况及内部人流、车流控制与管理（0～4 分）
	4. 场地安全保障设施服务能力与运行状态（应急广播、通风、照明），包括场地消检、电检，电梯、主要服务设施情况（0～3 分）
	5. 临时应急或动力电源增容保障情况（0～1 分）
	6. 防爆安检措施（0～2 分）
	7. 周边建筑、商业密度、加油（气）站、危险化学品仓库等状况（0～2 分）
（三）事件因素（30 分）	1. 活动的内容与规模（社会关注度、社会影响力、知名度、热度情况），参与活动各类人群的政治目的性、互动性、刺激性、社会敏感性（0～10 分）
	2. 举办该项活动历史上是否曾经发生过恐怖滋事事件或安全方面的问题，有无不良安全记录（0～7 分）
	3. 台风、暴雨、酷热等气象变化可能对活动带来的影响（0～5 分）
	4. 媒体宣传及舆论导向情况（0～2 分）
	5. 社会重大疫情对活动的影响（0～2 分）
	6. 医疗救护设置情况、餐饮卫生管理情况（0～2 分）
	7. 票务销售渠道与发行情况（0～1 分）
	8. 活动使用的音响、焰火、灯光、大屏幕及主题内容对公共环境的噪声、视觉、交通等环境的影响（0～1 分）
（四）物品因素（10 分）	1. 临建设施情况（0～5 分）
	2. 活动主要配套及相关设备设施的安全保障情况（0～3 分）
	3. 活动所涉及的贵重物品、危险物品情况（0～2 分）
（五）紧急疏散（10 分）	1. 疏散通道与应急出入口状况（0～2 分）
	2. 重要环节和区域的人员流量状态及控制方案（0～2 分）
	3. 活动入场及结束后的人流、车流疏导方案（0～1 分）
	4. 周边建筑环境及交通对紧急疏散的影响（0～2 分）
	5. 停车场所和进出通道实施人车分离情况（0～1 分）
	6. 事故状态下专项疏散方案及其演练情况（0～1 分）
	7. 应急广播系统与通信等相关保障情况（0～1 分）
（六）安全防范及安全管理（10 分）	1. 防爆安检设置及人员资格（0～1 分）
	2. 禁限带物品的管控措施及物品储存方案（0～1 分）
	3. 视频监控状况（0～3 分）
	4. 活动拖延、取消、提前终止的应对方案等突发事件的处置方案预案（0～1 分）
	5. 要人警卫工作方案（0～1 分）
	6. 各项安全方案预案的编制、演练及人员培训情况（0～1 分）
	7. 各项安全方案预案的演练及组织落实情况（0～1 分）
	8. 指挥调度及通信保障方案（0～1 分）

续表

风险因素	风险评估因素及内容 测评内容
（七）事项审核（10分）	1. 政府相关行业主管部门的批准文件（0～1分）
	2. 承办者、活动各服务提供商签署的《大型活动安全管理协议书》（0～1分）
	3. 保安公司资质及合同（0～1分）
	4. 活动场地布置平面图及主要尺寸（0～1分）
	5. 活动策划方案，包括流程、活动细节及预期效果等（0～1分）
	6. 场地租用方应急广播、消防、照明、监控系统保障有关文件（0～1分）
	7. 场地租用方供热、水、电、气系统运行保障有关文件（0～1分）
	8. 场地活动区域安全防范设施、安检系统运行有关保障文件及其他方面涉及的行政许可文件（0～1分）
	9. 主承办者安全工作责任制情况（0～1分）
	10. 各类突发事件处置预案，主要包括：突发恐怖爆炸事件，火灾，临建倒塌，医疗救护，活动因故拖延、停办、提前举办，群体性事件，紧急疏散，抢险自救，应急处置等（0～1分）

综合测评量化打分法的目标是通过测评分值确定风险等级，这就需要制定具体分值所对应风险等级的判定准则。判定准则是根据项目特征、活动特点在当时的环境下审议后建立起来的风险标准（见表2-46）。

表2-46 风险等级判定准则

测评总分值	风险等级	测评总分值	风险等级
85～100分	极高风险	40～54分	一般风险
70～84分	高风险	0～39分	低风险
55～69分	中风险		

聘请若干专家对项目或活动风险因素进行打分，将各风险因素的测评分值相加得到测评总分，按总分来表示评价结果。

公式为：

$$W=\sum_{i=1}^{n}W_i$$

式中 W——评价对象总分值；

W_i——第 i 项风险因素得分值；

n——指标项数。

如果有多位专家，则对总分进行加权平均，将各位专家的测评总分平均值作为评价结果。然后将测评总分或测评总分均值与风险等级判定标准进行比照确定风险等级。

四、典型案例应用

大型群众性活动安全风险评估是指在活动筹备期间，主承办单位自行组织或聘请专业风险评估机构对涉及活动安全的风险因素，通过现场调（勘）查，运用安全风险的评估方法，对活动中现实存在的安全薄弱点和威胁等因素进行识别与分析，确定风险因素和环节，预测可能发生的危害和后果，提出合理、可行的防范建议。

大型活动安全风险评估首先需要识别风险因素，主要可分为人的因素、场地因素、事件因素、物品因素、紧急疏散、安全防范及安全管理和事项审核七个方面。风险识别的依据通常来源于：一是数据资料积累分析，包括业务数据信息积累、以往评估或分析预测结果，文件审核、专家经验、公开信息源信息收集（媒体等）；二是基础调研获取信息情况，包括对场馆及其周边地区现场勘查，与专家及相关从业人员座谈和讨论，对知情人员访谈等；三是有针对性情报搜集工作获取最新情报信息识别威胁和评估威胁。具体的风险分析与评估如下：

（一）人员类风险

1. 人群聚集风险

（1）风险描述 人群密集风险主要表现在三个方面：第一，人群数量方面，活动场所里总人数超过安全容量或者活动场地中局部区域人群密度过大。活动场所总体人员数量过多，超过额定安全容量，可能使原本能够正常运行的设备、设施不能正常运行，如各出入口通道不能顺利通行，出现长时间瓶颈现象，引起人群争抢、推挤，最终导致踩踏事故；人群局部密度过大，可能超过建筑承载能力，破坏原有建筑结构，导致坍塌事故等。第二，人群秩序方面，人群大量聚集，加大对人群秩序管理的困难。如人群数量增大，人群相互之间出现争吵、推挤的可能性提高，更容易影响秩序管理，导致混乱、踩踏。第三，人群构成方面，人数愈多，构成成分也愈复杂。参与人员的年龄、职业、社会层面、性格、健康、疲劳状况、心理素质等都可能给活动增加不同的风险因素，甚至可能出现某些极其不安定的“反社会”危险分子，给活动运行带来极大风险。

（2）现有控制措施有效性评估 ①人群数量及流动情况。预计现场实时活动人员峰值约 N 人，可见活动规模较大，在人群管理上易出现人流拥挤的现象。为此，承办方将观众入口设置在广场的空旷地上，根据承办方在人群方面的预计情况，观众入场的耗时约为 n 分钟。观众的入场缓慢以及场外观众人数的增加，将有可能出现大量的人群聚集的现象。虽承办方设置了治安缓冲区，但仍不能消除此安全隐患。②人群构成方面。本次活动参加人群构成上呈现出观众数量较多、参加人员的国籍、职业、社会层面、性格、健康、疲劳状况、心理素质各不相同的状态，在一定程度上加大了现场对人群秩序管理的困难。③活动现场人群秩序管理措施方面。在人群引导与秩序维护上，承办方成立多个小组，分别相应负责入场安检、查证验票、维持出入口人流秩序以及突发事件发生时的人群引导疏散等秩序维护工作；同时，根据客流实际情况调整检票口，确保让观众以最快速度通过检票口。在出入口管理上，承办方规定前门为出入口，后门为展馆和工作人员出入口，并作为紧急情况下的疏散通道。

2. 人员责任风险

（1）风险描述 人员责任风险是指活动管理不恰当，管理人员受岗位职责特殊性及自身思想道德、外部环境和制度机制等方面因素影响，未能正确履行职责或不作为，以及现场参与人员为履行遵守活动规定的义务而给活动开展带来的风险。如参展商与观众发生口角和肢体冲突，更有甚者，现场斗殴，导致观众和其他参展商人身财产受到威胁，影响活动的顺利举办；外场安保人员未能履行工作职责，阻止流动小摊小贩售卖不安全食品，导致卫生责任事故等。尤其值得注意的是，活动现场参与人员违禁吸烟，出现随意乱扔烟蒂、无意落下烟灰、忘记熄灭烟蒂等不良吸烟行为，或者餐饮服务区液化气、煤气等气体燃料使用不慎或管理不慎，都可能导致火灾事故。另外，若活动举办期间出现社会内部矛盾激化或敌对势力蓄意破坏等情况，而活动安检及现场安保人员未能履行严格控制和管理火种及易燃易爆危险物品的义务，则可能导致人为纵火的发生，影响活动顺利举办，甚至导致大量人员伤亡。

（2）现有控制措施有效性评估 ①安全工作责任制方面；②人员岗位及工作职责设置方面；③相关工作人员的经验、培训方面……

（二）场地类风险

结合现场勘查和上述分析，得到大型活动安全风险等级测评表（见表2-47）。

表 2-47　大型活动安全风险等级测评表

风险因素	风险评估因素及内容	风险评估机构测评情况			
	测评内容	风险控制点	采取措施前分值	控制措施	采取措施后分值
(一)人的因素(15分)	1. 活动承办者、各主要服务提供商的背景与举办此类活动的经验，灾害事故情况下的赔偿能力(0～2分)	经验、赔偿能力	1	举办过多次同类型展会；已购买公众责任险	0.5
	2. 参加的要人及国内外贵宾的安保措施(0～3分)	国内外贵宾安保措施	2	无提供要人信息，但将邀请来自国内外 2000 多家展商；设有安保措施	1
	3. 活动承办者的安全管理组织能力(0～2分)	安全管理组织能力	1	有编制安全工作方案，方案框架内容较为完整；在安保力量部署上，成立总指挥和7个工作职能小组，但部分小组具体安保力量配置情况不明	0.5
	4. 承办者本身具备的直接从事安全工作的能力(0～3分)	工作能力	2	聘请3家专业的保安服务公司，分区域分时段配备一定数量的安保人员	0.5
	5. 活动承办者或组织者有无违法犯罪等不良记录，该不良记录对活动安全的影响(0～3分)	不良记录	0	无违法犯罪记录	0
	6. 参加活动的群体性质、年龄比例、文化程度、数量、国籍等(0～2分)	年龄比例、文化程度、数量	1	观众主要为石材客商，涉及外国展商，且预计每天约 20000 人入场参观，参加人群较复杂	1
(二)场地因素(15分)	1. 场地建筑基本情况(0～1分)	建筑情况	1	场地开阔，空间大，且已通过消防验收	0
	2. 活动主要分布区域的容量，场地开放程度、避难与紧急疏散能力(0～2分)	容量、开放程度、疏散程度	1	活动场地区域大，场地较开阔，可通过各个疏散口，由现场负责人员引导人流疏散	0.5
	3. 内部停车位配备、周边道路交通情况及内部人流、车流控制与管理(0～4分)	人、车流控制与管理	3	停车位 2540 个；制定交通组织方案，成立交通安全小组，保安进行车辆引导	0.5
	4. 场地安全保障设施服务能力与运行状态(应急广播、通风、照明)，包括场地消检、电检、电梯、主要服务设施情况(0～3分)	消防设施设备、应急照明、广播和电气设施	2	该场地已通过消防验收，活动前承办方需对各项设施进行排查	0.5
	5. 临时应急或动力电源增容保障情况(0～1分)	应急电源	1	应具备应急电力保障设备，承办方需做好停电应急措施	0.5
	6. 防爆安检措施(0～2分)	防爆安检	2	活动设置安检门，并设定相应的岗位职责	0.5
	7. 周边建筑、商业密度、加油(气)站、危险化学品仓库等状况(0～2分)	加油(气)站、危险化学品仓库等	1	附近有加油(气)站，商业密度一般	0.5

续表

风险因素	风险评估因素及内容	风险评估机构测评情况			
	测评内容	风险控制点	采取措施前分值	控制措施	采取措施后分值
(三)事件因素(30分)	……				
(四)物品因素(10分)	……				
(五)紧急疏散(10分)	……				
(六)安全防范及安全管理(10分)	……				
(七)事项审核(10分)	……				
总分值			64		29.5
风险评估等级	一般风险				

再根据得分情况确定风险级别，如极高风险活动、高风险活动、中风险活动和一般风险活动（见表2-48），并根据风险等级确定安全监管力量和安保力量的勤务部署标准。

表2-48　大型活动风险量化分级测评依据

测评分值	风险等级	测评分值	风险等级
总分值81～100分	极高风险活动	总分值41～60分	中风险活动
总分值61～80分	高风险活动	总分值21～40分	一般风险活动

第四节　安全风险评估报告编制

学习目标

了解安全风险评估报告的基本要求和编制框架；

能够正确、熟练地编制安全风险评估报告。

知识要求

一、安全风险评估报告基本要求

安全风险评估报告是安全风险评估过程中的具体体现和总结。安全风险评估报告是被评估对象采取有效对策措施的指导文件，应为第三方出具的技术性咨询文件。如果安全风险评估想要成为决策的依据，决策制定者就必须要能够理解风险评估小组的结论和给出的建议。因此，必须以评估报告的形式，尽可能清楚简洁地展示出风险评估所得到的结论信息。报告是风险评估的一项重要内容，在评估过程中应该尽早开始相关工作。

安全风险评估报告的细致程度应该与风险水平相匹配，如果项目的风险水平低，通常就不需要像高风险那样制定一份非常详尽的报告。安全风险评估报告的撰写和细致的程度还需要取决于评估的目标及报告的对象。

二、风险评估报告的内容

（一）风险评估概要

风险评估概要列出评估的主要结果，并给出风险评估降低措施和进一步行动的建议，包括介绍为什么要进行风险评估，风险评估的目标和范围，风险评估方法，主要的结论和建议。

（二）风险评估方法

这部分应该全面介绍使用的方法，比如头脑风暴法、风险矩阵法等，还应该列出选择这些方法所进行的讨论。

（三）风险接受准则

风险接受准则对于评价风险非常重要，因此也应该列在报告当中，比如，若使用风险矩阵法，就应该定义频率和严重程度的划分方式。

（四）风险和风险事件

这部分包括识别出的风险和风险事件，如可以采用表格的形式列出，同时，还可以根据需要对最为重要的风险事件进行更加详细的描述。

（五）风险评估的数据和信息源

列出并描述评估中使用的信息非常重要，因为只有这样做第三方才能对风险评估进行验收，尽可能对所使用的数据建档。

（六）风险事件发生概率和后果

介绍每一个风险事件发生的概率及导致的后果，它们可以合成一幅风险图，根据选用的分析方法，通常可以在表格中列出结果。

（七）风险降低措施的识别和评估

根据风险评估的结果，考虑是否需要实施一些降低风险的措施，同时还可以描述在评估中发现的可以使用的防护方法。

（八）结论和建议

最后，应该列出风险评估中得到的所有结论，以及关于未来工作的可能方案。同时可以对风险评估的结果进行讨论，检查这些结果是否与评估目标匹配，是否已经回答了所有需要回答的问题。

例如，GB/T 33170.1—2016《大型活动安全要求　第1部分：安全评估》中指出不同类型的大型活动安全评估报告在评估内容上有不同的侧重点，但大型活动安全风险评估报告应包括如下内容。

(1) 编制依据：相关标准、法规。

(2) 目的和适用范围：对被评估对象的概况进行描述，明确评估的边界。

(3) 评估程序和方法：对评估的过程和采用的方法进行描述。

(4) 危险有害因素辨识：可逐条列举，尽量地描述各因素的基本情况、部位或环节、诱发因素、后果形式及影响范围、现有的控制措施。

（5）风险等级分析：描述必要的分析过程，得到明确的可能性、后果严重性以及风险等级。

（6）评估结论。

（7）对策措施及建议：对于需要采取措施的问题逐一列出，明确措施的主体和期望达到的效果。

（8）附件：①活动方案，包括举办方案、应急预案、现场处置方案等；②场地平面图，包括地质水文、周边环境、建筑结构、功能分区、设备设施布置等；③评估方法的确定过程和评估方法介绍；④有关的历史资料和经济社会状况资料；⑤安全评估过程中产生的数据表格、模拟计算图；⑥评估过程中专家意见、会议记录；⑦评估方负责人、执笔人等信息；⑧其他必要说明。

三、典型案例应用

火车站安全风险评估报告编制（框架）

1. 概述

火车站属特殊公共场所，此类评估报告必须根据国家相关法律法规，并结合车站管委会相关要求，严格按照安全风险评估专业通行的实施标准，结合现场实地勘查、沟通、分析、评估等多种方式，依据安全风险评估流程，对评估对象及其相关系统进行风险因素、脆弱性、现有控制措施有效性的全面分析，并确定风险等级，针对极高、高等、中等、低等级别的风险因素分别提出针对性、合理性、可行性的处置建议和风险应对措施，从而达到规避风险、降低损失的目的。

2. 火车站安全风险评估计划

安全风险评估的准备是整个风险评估过程有效性的保证。组织实施风险评估是一种战略性的考虑，其结果将受到组织业务战略、业务流程、安全需求、系统规模和结构等方面的影响。因此，在风险评估实施前，我们做了如下几个方面的准备：确定风险评估的目标—确定风险评估的范围—组建适当的评估管理与实施团队—进行系统调研—确定评估依据和方法—获得最高管理者对风险评估工作的支持。

3. 火车站安全风险评估范围

风险评估的范围是介绍评估对象的具体位置及相关基本情况，一般应包含如下内容：车站名称、车站类型、车站地址、邮政编码、竣工时间、隶属单位、车站等级、车站性质、区段站、客运业务、货运业务、车站站台数目等。同时还应将发现的不足及缺陷一一指出，必要时要配以相关图片并加以注释。

4. 火车站安全风险评估方法

安全风险评估的分类方法很多，常用的有按评价结果的量化程度分类法、按评价的推理过程分类法、按针对的系统性质分类法、按安全评价要达到的目的分类法等。针对上述火车站特征，我们采用了以定性分析法为主、定量分析法为辅的方法，对整个案例进行了相对合理和科学的剖析和评估，使得上述评估报告更具针对性、合理性和指导性。

5. 火车站风险评估所需数据资料

安全风险评估报告中所需要的文件资料和图片资料需得到评估对象管理方的确认和提供。

（1）评估对象管理方有必要向安全风险评估机构提供所需的原始书面材料（含电子版

本）、副本材料及其复印材料或证明等。

（2）评估对象管理方提供给安全风险评估机构的文件和材料必须是真实、准确、完整和有效的，并无任何隐瞒、遗漏、虚假或误导之处。

（3）保证当其风险状况发生变化，且足以影响到评估报告结论的准确性时，能够及时通知评估机构对评估报告进行修订和增补。任何情况下，不得私自做出人为加大风险的行为。

（4）如果评估对象管理方提供的材料不够全面、具体，评估机构可在评估报告中做出特殊说明。可以按以下方式进行说明：在对某环节进行评估时，需要评估对象管理方提供某类材料，评估对象管理方因某原因未予提供；为了保证评估的全面性，某部分是根据以往经验所做的必要分析和判断。

6. 火车站风险评估过程

以××车站为例，其安全风险评估过程一览表模板如表 2-49 所示。

表 2-49　××车站安全风险评估过程一览表

风险因素	评估流程					
	脆弱性分析（安全隐患）	现有控制措施有效性分析	风险概率（可能性）	风险后果（严重性）	风险等级	风险应对建议（可操作性）
恐怖袭击						
消防安全						
高空坠落						
恶劣天气						
旅客滞留						
交通拥堵						
……						
总体风险等级						

① 安全风险等级划定依据：

风险等级计算公式：

风险等级＝可能性＋后果＋现有控制措施有效性

② 风险等级划分标准：

极高：分值在 13～15 分之间；

高：分值在 10～12 分之间；

中：分值在 6～9 分之间；

低：分值在 3～5 分之间；

极低：分值在 1～2 分之间。

风险发生的可能性对应分值分别为：

5＝几乎肯定，4＝很可能，3＝有可能，2＝不太可能，1＝基本不可能。

风险后果对应分值分别为：

5＝灾难性，4＝严重，3＝较严重，2＝轻微，1＝可忽略。

现有控制措施有效性对应分值：

1＝非常有效，2＝有效，3＝较有效，4＝基本无效，5＝无效。

需要补充说明的是，风险等级计算公式有很多种，但基本要素都大同小异（风险概率或风险发生的可能性、后果是其中最重要的参考值），评估机构在对项目进行风险评估及后续动态评估时，只要按照同一种计算公式，得出的结论就会相对准确、客观。

安全风险评估需挖掘和罗列所有可能的风险因素，具体内容将根据评估对象现实情况而定，风险因素少则几项，多则几十项。每项风险因素均需按几大要素进行阐述和分析。

7. 评估结论

8. 对策及建议

第三章

保安项目管理

第一节　保安项目管理概述

学习单元1　项目及项目管理概述

学习目标

了解项目的定义及特征；
了解项目管理的定义及特征。

知识要求

一、项目及其特征

（一）项目定义

在人们的生活和工作中，小到一个生日聚会、一次植树活动，大到一场文艺演出、一项建筑工程、一次教育活动、一个节日庆典，都属于项目。项目随处可见。

项目无论简单还是复杂都有一些共性。如：都有明确的起止时间，都有一些预定目标，都要受到经费和人力的限制，都要消耗资源，都要为达到目标付出努力。从根本上说，项目是一系列工作的总和。

项目（project）是人类临时性、一次性的活动。从广义上讲，项目就是在既定资源、技术经济要求和时间的约束下，以一套独特而相互联系的任务为前提，有效利用资源，为实现一系列特定目标所做的努力。

上述定义说明，项目是一个有待完成的任务，有特定的环境和目标；在一定的组织、有限的资源和规定的时间内完成；满足一定的性能、质量、数量、技术经济指标等要求。

（二）项目的特征

1. 目的性

项目的目的性是指任何一个项目都是为实现特定的组织目标服务的。因此，任何一个项目都必须根据组织目标确定出项目目标。

2. 独特性

项目的独特性是指项目所生产的产品或服务有一定的独特之处。项目所生产的产品或服务，有某些方面是以前所没有做过的、独特的。

3. 一次性

项目的一次性是指每一个项目都有自己明确的项目开始和完成或中止的时间，不是不断重复的。项目的一次性与项目持续时间的长短无关，不管项目持续多长时间，一个项目都是有始有终的。

4. 制约性

项目的制约性是指每个项目都在一定程度上受客观条件和资源的制约。项目的资源包括人力资源、财力资源、物力资源、时间资源、技术资源、信息资源等。由于任何一个项目都有时间限制和预算限制，而且一个项目的人员、技术、信息、设备条件等也都是有限的，这些限制条件和项目所处环境的一些制约因素构成了项目的制约性。

5. 过程性

项目是由一系列项目阶段、项目工作包和项目活动所构成的完整过程，在项目过程中人们可以通过不断地计划、组织、实施、控制和决策而最终生成项目的产出物并实现项目目标。由于项目具有过程性，在项目管理中需先将项目划分为阶段，进而分解成工作包和活动，然后根据这种过程性管理一个项目全过程的每一项活动。

6. 不确定性

任何项目都包含一定程度的不确定性，即在项目的具体实施过程中，由于环境（内部环境和外部环境）时刻都在发展变化，因而项目的具体实施必然与实施前的项目计划有所不同。因此，在项目实施前充分地分析影响项目的内部因素和外部环境是非常必要的。在项目的实施过程中，要进行有效的管理和控制，以防止项目目标出现过大的偏差。

7. 项目组织的临时性和开放性

项目组织在项目的全过程中，其人数、成员、职责是不断变化的。某些项目班子的成员是借调过来的，项目结束时要解散，人员要转移。参与项目的组织往往有多个，这些组织相互之间或同其他的社会关系组织通过协议或合同组合到一起，在项目的不同阶段，不同程度地介入项目活动。可以说，项目组织没有严格的边界，具有临时性和开放性，这一点与一般企事业单位和政府机构组织很不一样。

二、项目管理的定义及特征

阅读材料：

建塔游戏

你正在参加一次管理技能的培训，学员被分成几个由五人组成的小组，老师发给每个小组1把剪刀、1卷透明胶带、10张A4打印纸，要求每个小组在15分钟内，利用给定的工具和材料，制作出一种塔。要求把塔固定在桌面上，站在一尺以外吹不倒，看看哪个小组搭的塔最高。你如何与你的小组成员一起成为所有小组中的赢家？

在建塔游戏中，各小组需要开展项目管理。第一，完成任务有严格的时间、质量性能的要求，每个小组必须在15分钟内搭出一座吹不倒的塔，因而需要规划时间，如用多长时间确定方案、多长时间建塔、多长时间检查，即需要计划、执行和控制；第二，在这个游戏中，如何利用这些有限的资源去构筑比其他小组更高的塔，这就需要开展项目管理，合理、有效地配置和利用资源；第三，建塔需要团队协作才能完成，如何对小组的五个人分工，如何调动每个人的积极性，怎样才能保证比其他小组更快、更高地建好塔，这需要分工与合作、沟通与协调，需要统一指挥和领导。

事实上，任何项目要取得预期成果和成功，都需要进行必要的管理。

(一) 项目管理的定义

项目管理是伴随着技术进步和项目的复杂化和大型化而逐渐形成的一门管理学科，项目管理的理念在人们生产实践中起到越来越重要的作用，应用项目管理理论在实践中取得成功的例子使得人们越来越重视项目管理理论，它对提高项目管理效率起到了重要作用。随着项目及其管理实践的发展，项目管理的内涵得到了较大的充实和发展，项目管理已成为一种新的管理方式。项目管理是一种有意识地按照项目的特点和规律，对项目进行组织管理的活动。

现代项目管理认为：项目管理是综合运用各种知识、技能、工具和方法，对项目进行有效的计划、组织、协调和控制，以实现项目目标的活动。

项目管理是综合应用理论和经验知识，在各种资源约束条件下寻找实现预定目标最佳的组织安排和管理方法。

为了完成那些复杂而独特的项目任务，往往需要临时组建一个团队，再由这个团队借助专门的工具和技术，按照规范化的流程去实现预定的项目目标。项目团队、运用的技术和工具以及遵循的工作流程，这三方面构成了项目管理系统（图3-1）。

在实际工作中，项目管理的核心就是通过项目使业主或客户满意，因此，客户满意度是项目管理的一个核心。项目管理涉及以下六个要素：工作范围（scope）、时间（time）、成本（cost）、质量（quality）、组织（organization）、客户满意度（customer）（图3-2）。

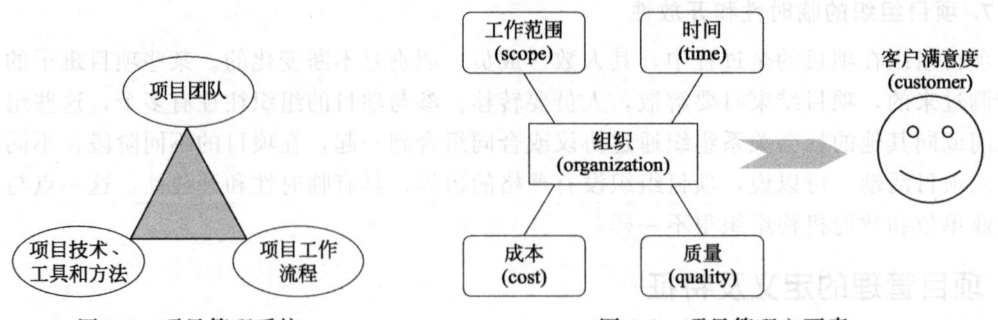

图3-1 项目管理系统　　图3-2 项目管理六要素

为了提高客户满意度水平，在项目计划过程中首先需要对客户的需求进行分析，以便准确地陈述项目。需求分析就是明确市场对项目的需求和业主对项目的要求。项目的需求是多种多样的，基本需求包括项目的进度、质量、成本、范围以及必须满足的法规要求等。项目管理的目标就是在任务一定的情况下，谋求多、快、好、省的有机统一。

（二）项目管理的特征

由于每个项目都被作为一个特定的任务来进行计划、预算、安排进度和控制，因此，项目管理与一般管理的区别很大，其最大的特点是注重综合管理，并且项目管理工作有严格的时间期限。项目管理必须通过事先不能完全确定的过程，在确定的期限内生产出事先不能完全确定的产品，日程安排和进度经常给项目管理造成很大的压力。项目管理的特性主要有以下几方面：

1. 普遍性

项目管理作为一种组织创新活动普遍存在于人类的社会生活中，人们现有的各种物质文化成果最初都是通过“项目”的方式实现的，现有的各种经济活动、组织活动都是各种项目活动的延续和发展，人的各种创新的思想、建议和方案迟早都要转化为项目，并通过项目的方式得到实践证明。由于项目的这种普遍性，使得项目管理具有了普遍意义。不论企业、政府、集团或个人的项目，都需要实行有效的项目管理。

2. 目的性

项目管理的另一个重要特性是它的目的性。一切项目管理活动都是为实现“满足或超越项目有关各方对项目的要求与期望”这一目的服务的。项目管理的目的性不但表现在要通过项目管理活动保证满足或超越哪些项目有关各方已经明确提出并清楚规定的项目目标，而且要通过项目管理识别、满足和超越那些尚未识别和明确的潜在需要。

3. 独特性

项目管理的独特性是指项目管理既不同于一般的生产服务运营管理，又不同于常规的行政管理，它有自己独特的管理对象——项目，有自己独特的管理活动，有自己独特的管理方法和工具，是一种全新的管理活动。虽然项目管理也会使用一般管理的一些原理和方法，但是项目管理活动有自己独特的规律和方法。

4. 创新性

项目管理的创新性，一方面是指项目管理是对于创新的管理；另一方面是指任何一个项目的管理都没有一成不变的模式和方法可以采用，必须通过创新管理方式去实现具体项目的有效管理。

5. 集成性

项目管理的集成性是相对于一般运营管理的专门性而言的，指在项目的管理中必须根据具体项目各要素或各专业之间的配置关系做好集成性的管理，而不能孤立地开展项目各个专项或专门的独立管理。主要体现在以下几个方面：项目管理中的不同知识和领域的活动项目关联和集成；项目工作和组织的日常工作相互关联和集成；项目管理活动和项目具体活动相互关联和集成；项目范围、时间、成本、质量、风险等各个专项管理的关联和集成等。

（三）项目管理的过去与现在

1. 传统项目管理

- 进度，成本
- 强调执行
- 提高生产率

- 重视组织和控制
- 利用职权来完成工作

2. 现代项目管理

- 复杂，高风险，多变化
- 信息时代的特点
- 独特的、暂时的工作
- 强调质量、风险
- 对公司使命至关重要的工作
- “突破和商业生存”
- 跨组织，多元文化
- 在正式权力很少的情况下，必须善于鼓舞和激励员工
- 社会、经济及可持续性
- 法律约束

学习单元 2 项目管理过程及内容

学习目标

了解项目管理过程；
了解项目管理内容；
了解项目管理成败的关键因素。

知识要求

一、项目管理过程

项目管理是由多个过程组成的大过程。如果把这些过程按时间顺序分组，则项目管理过程可分为 5 个过程，即项目启动、项目计划、项目实施、项目控制和项目收尾。

（一）项目启动

该过程是批准一个项目或阶段，并且有意往下进行的过程。具体工作内容如图 3-3 所示。

（二）项目计划

该过程是界定并改进项目目标，从各种备选方案中选择最好的方案，以实现所承担项目的目标的过程。具体工作内容如图 3-4 所示。

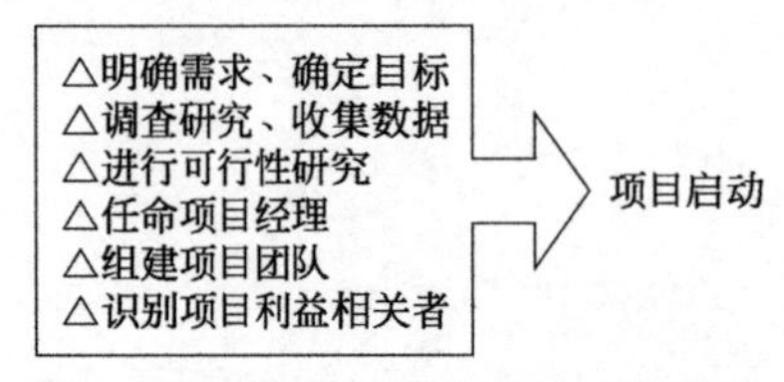

图 3-3 项目启动过程中的工作内容

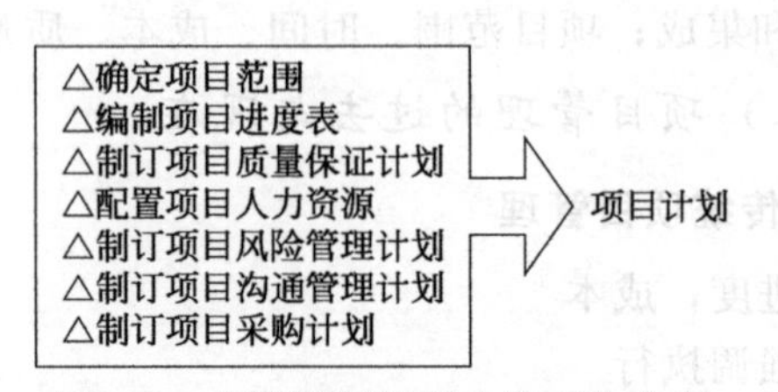

图 3-4 项目计划过程中的工作内容

（三）项目实施

该过程是协调人员和其他资源以执行计划的过程。具体工作内容如图 3-5 所示。

（四）项目控制

该过程是通过定期监控和测量进展，确定实际状况与计划存在的偏差，以便在必要时采取纠正措施，从而确保项目目标的实现的过程。具体工作内容如图 3-6 所示。

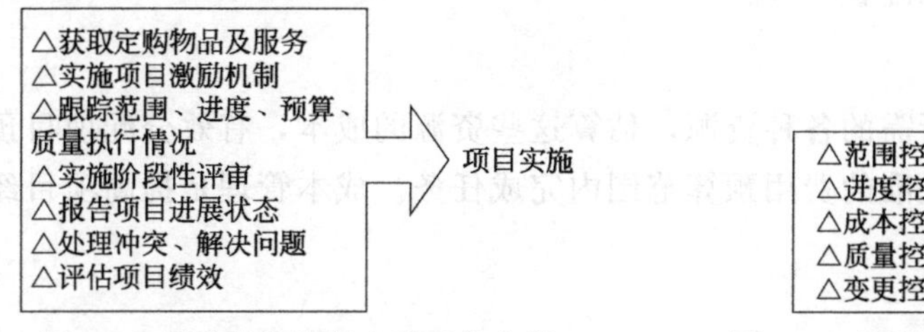

图 3-5 项目实施过程中的工作内容

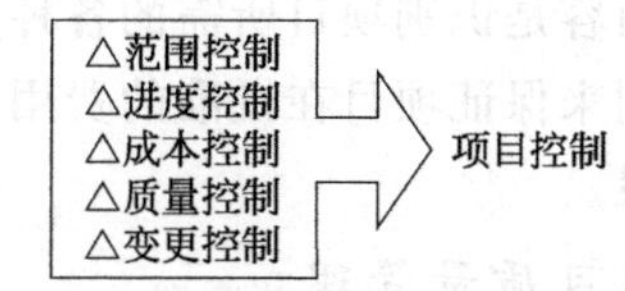

图 3-6 项目控制过程中的工作内容

（五）项目收尾

该过程是对项目或阶段的正式接收，进而使项目达到有序的结束的过程。具体工作内容如图 3-7 所示。

项目管理过程的这五个分组彼此界限并不分明，它们是交叠的、全过程的动态管理，是在项目的生命周期内，不断进行资源的配置和协调、不断做出科学决策，从而使项目执行的全过程处于最佳的运动状态，产生最佳的效果（图 3-8）。

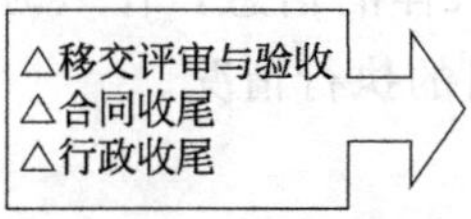

△移交评审与验收
△合同收尾
△行政收尾
项目收尾

图 3-7 项目收尾过程中的工作内容

图 3-8 项目管理五大过程组之间的关系

二、项目管理内容

项目管理经历了从零散到系统，从凭个别人的经验、直觉、智慧和天赋的低级阶段，到凭借现代科学技术和管理工具的高级阶段的发展过程。现代项目管理已经形成了比较成熟的标准化流程和比较完善的知识体系。现代项目管理的内容概括起来包括以下九个方面：

（一）项目范围管理

其主要内容是明确实施项目的业务目的，确定项目目标，分解出项目的主要交付结果，编写项目范围说明书，为项目的实施界定出一个边界，明确哪些是项目小组的工作，哪些是例外。范围管理是项目管理所有内容中最重要的一个方面，只有范围界定清楚了，项目所需要的时间、成本、人员及其他资源才能确定下来。

（二）项目进度管理

其主要内容是根据项目活动之间的逻辑关系，决定这些活动的实施顺序，估计实施活动所需的时间，明确项目的里程碑，并通过进度控制来使项目在规定的时间内完成。进度管理是项目管理中另一个关键职能，在范围管理的基础上，通过确定、调整任务的工序和工期，可以提高工作效率，优化资源配置。

（三）项目成本管理

其主要内容是识别项目所需的各种资源，估算这些资源的成本，有效分配项目预算，并通过成本控制来保证项目在批准的费用预算范围内完成任务。成本管理是提高项目经济性的重要指标手段。

（四）项目质量管理

其主要内容是明确项目的质量要求及其测量标准，制订项目质量方针、质量保证与控制计划，确保项目交付结果满足或超越客户的期望，使客户能满意地接受项目的最终结果。质量管理是确保项目的交付结果得到最终接受的根本保证。

（五）项目人力资源管理

其主要内容是根据项目的性质与特点，识别项目需要什么样的人力资源，需要多少，何时需要；明确项目团队成员的角色与职责，通过项目计划过程、团队建设实践与激励措施，使项目小组成员达成共识，有效实施项目的各种活动；在项目实施过程中挖掘与开发项目经理及小组成员的潜力，为组织培养管理型人才。

（六）项目风险管理

其主要内容是在实施项目之前，分析项目可能的不确定因素，做到规避风险、利用机会。项目风险管理是一种主动管理，包括识别、评估与应对项目实施过程中的各种风险，以便化险为夷，减少由于风险而带来的损失。

（七）项目沟通管理

其内容是识别项目利益相关者在项目管理生命期内需要什么样的信息，什么时间需要，以什么方式需要，由谁发送，并及时与项目利益相关者沟通项目的执行情况。

（八）项目采购及合同管理

其主要内容是通过制订项目采购计划，来获取实施项目所需的、从组织以外获取的产品或服务。项目的采购活动通常是用合同的方式来完成的。

（九）项目总体管理

综合管理，包括安全计划、安全控制、生产要素管理、现场管理与环境保护、项目经理、项目监理、行政监督、法律法规等。

现代项目管理的以上九个方面按照管理目标和管理内容概括，如表 3-1 所示。

表 3-1 项目管理九大模块

知识领域	管理目标	管理内容
项目总体管理	保证项目良好地进行整体计划、执行和控制	进行整体规划、执行和控制
项目范围管理	保证项目完整地做且只做项目该做的事情	明确定义项目该干哪些事情，并进行控制

续表

知识领域	管理目标	管理内容
项目进度管理	保证项目按进度计划完成	定义项目详细进度计划，并进行控制
项目成本管理	保证项目按预算完成	估算项目费用预算，并进行控制
项目质量管理	保证项目工作成果的质量	确定项目的质量标准、执行标准，检验工作
项目人力资源管理	保证项目人员最有效地被利用	规划项目的组织结构和人员，组成团队，并进行团队建设
项目沟通管理	保证项目有良好的信息沟通	规划并进行项目信息的收集、发布，评估项目
项目风险管理	保证项目受到的风险损失最小	识别、分析风险，制定应对措施，监控风险
项目采购及合同管理	保证项目能以合理的价格取得质量合格的产品或服务	规范化采购的全过程：采购计划、询价准备、询价、供应商选择、合同管理

以上九个方面的内容，再加上项目启动、项目计划、项目实施、项目控制以及项目收尾五个过程，就构成了现代项目管理的知识体系，是项目管理的理论框架。只有深刻理解这五个过程的工作内容，明确九个方面的要求，才能在项目管理的实践中有所突破（表 3-2）。

表 3-2 项目管理的二维构成

管理领域	过程				
	启动	计划	执行	控制	收尾
项目总体管理	编制项目任务书 编制初步范围说明	编制项目综合计划	领导并管理计划执行	监控项目工作 总体变更控制	项目收尾
项目范围管理		工作范围计划 工作范围定义 编制 WBS		工作范围验证 范围控制	
项目进度管理		活动定义 活动排序 活动资源估算 活动工期估算 进度表编制		进度控制	
项目成本管理		活动费用估算 费用预算制定		成本控制	
项目质量管理		质量计划	执行质量保证	执行质量控制	
项目人力资源管理		人力资源计划 团队人员获取	团队建设	团队管理	
项目沟通管理		沟通计划	信息发布	项目状况汇报 管理项目干系人	
项目风险管理		风险管理计划 风险识别 风险定性分析 风险定量分析 风险应对计划		风险监控	
项目采购及合同管理		采购计划 商务准备	请求供应商应答 供应商选择	合同管理	合同收尾

三、项目管理的成功和失败

（一）影响项目成功的因素

项目管理成功的关键是要搞清楚项目利益相关者的期望是什么，项目的交付结果必须达到什么样的要求。如果项目是在规定的时间内、在批准的预算内圆满完成事先确定的工作范围；如果项目的交付结果符合技术性能规范的要求，或其性能能够满足使用目的；如果管理层、客户及其他利益相关者对项目的交付结果有较高的满意度；并且如果项目的执行过程符合相关的法律、法规、安全、消防、环保、社会道德及意识形态等各方面的要求，那么，项目可以认为是成功的（图 3-9）。

（二）导致项目失败的因素

项目失败就是项目没有能够达到其范围、进度、成本、质量性能的目标（图 3-10）。

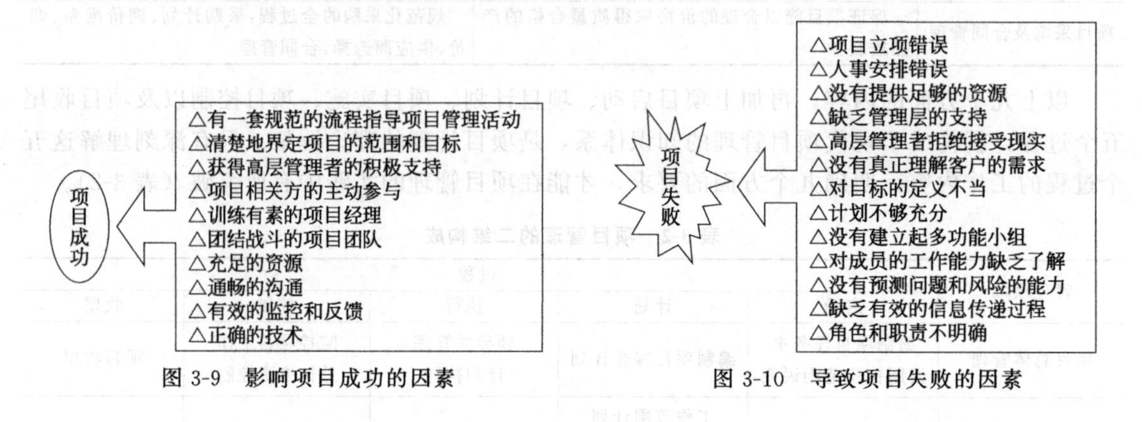

图 3-9 影响项目成功的因素　　图 3-10 导致项目失败的因素

第二节 保安项目规划

学习单元 1 编制保安服务项目市场调研方案

学习目标

熟悉保安项目需求分析基础知识；
熟悉保安服务项目市场调研基础知识；
能熟练编制保安服务项目市场调研方案。

知识要求

一、保安项目需求分析

（一）项目需求信息的分类

项目需求信息的收集与分析是项目决策和项目计划的重要依据，其来源广泛，可以分类如下。

1. 国家和地区需求

一般情况下，国家和地区的长期发展规划与相关经济政策可以反映国家和地区对项目的需求。

2. 社会需求

项目建设不仅要考虑经济效益，还要考虑社会效益。社会效益包括社会经济、社会人文、社会环境、社会可持续发展、社会和谐、社会安全等诸多方面。

3. 消费（服务）群体需求

项目定位的消费（服务）群体一般由项目产品的特点决定，消费群体定位的范围与项目需求的广度密切相关。

4. 项目业主的需求

项目业主筹建项目时不仅考虑国家和社会的经济利益，更会考虑自身的长远发展规划和眼前的经济利益。

5. 项目自身的相关需求

项目在实施过程中其自身的相关需求相当广泛，如技术与设备、资金需求、人才需求、咨询需求等。

（二）市场需求信息的调查

下面以访谈法为例简要介绍市场需求信息调查的基本过程。

1. 拜访客户

拜访客户就是要求项目团队发扬“从群众中来，到群众中去”的精神，到客户工作和生活的地方去，尽可能接近他们真实的工作环境。

2. 提出开放式问题

项目团队可以通过若干个开放式问题让客户讲述自身的工作故事，从而发现客户的真正需求。需要注意的是，访谈者提出的问题不能有任何倾向性，保证客户讲述的内容是其真实想法而非访谈者的想法。

3. 聆听客户

在访谈客户过程中，访谈者一定要认真聆听，认真记录，绝对不要掺杂任何主观臆断的内容。访谈结束后，访谈小组应尽快认真审阅访谈记录。

4. 解释客户所说内容

访谈小组需要采用描述声音和图像的形象化语言，最大限度地抓取客户最强烈的想法和感受，并对这些想法和感受达成共识。

5. 转化为需求

将客户的每个想法和感受转化为相应的需求，再根据需求的重要程度进行归类和压缩，减少需求数目，形成一定数量的需求组，并进行需求陈述，直至团队内部对需求达成共识。

6. 表达需求

客户需求最终是通过需求建议书来表达的，当客户需求界定后，便可以着手准备需求建议书了。

（三）项目需求信息的汇总

将需求调查获得的各种数据归类汇总是十分必要的。

1. 统计表汇总

当只有少量数据时，一般采用文本或简单的表格来表述。表格有助于定量比较，是一种简捷有效的数据介绍方式，定量比较列表更易于阅读和理解。用表格汇总数据时，表格应该包括足够的数据以便于读者阅读。统计表的制作原则是科学、规范、简明、实用、美观。从表的结构上看，通常由表号、总标题、横行标题、纵栏标题、数字注释和资料来源等要素构成。

2. 统计表汇总

统计表是研究用来简化和反映调查资料的一种常用方法和形式。与表格相比，图形显示的信息较少，经常只是一些近似值。但是，统计图比表格更易被阅读，更直观，更能迅速地传达定量值和比较，具有直观、生动、形象等特点。与统计表相比，统计图主要用于调查资料初级统计结果的描述，特别适合于对调查总体的内部构成进行描述，对不同现象的分布进行比较以及对现象变化的趋势进行展示等。

（四）项目需求分析的主要过程

1. 需求的产生

随着社会的发展，人们的需要日益增长和多样化。这些需求和期望解决的问题导致了项目的产生。人类生活、社会发展和国防建设的种种需要，常常要通过项目来满足。社会经济各部门的现在和将来的发展，也都需要大量的项目。可以说，需求是产生项目的基本前提，项目存在于社会生产、分配、消费和流通的各个环节。

具体来讲，保安项目需求可分为三大类：

（1）公共需求与公共项目　公共项目起源于公共需求，公共需求又起因于经济和社会的发展与进步。社会发展必然产生众多新的需求，需求有力地拉动着项目的实施，项目的实施进一步推动了社会的发展。

（2）市场需求与市场项目　市场需求所引发出来的项目，如企业的新产品开发等。

（3）私人需求与私人项目　私人需求的主体包括个人、家庭、社会团体、组织、企业等，私人需求导致产生私人项目。

保安公司在近几年来行业竞争尤为激烈，很多保安公司由于经营不善，顾客来源少，将面临倒闭的危险，对于保安公司来说，应该如何做，才能获得更多用户呢？首先，分析市场对保安服务的需求现状。对保安公司有需求的客户主要分成两大类，一类是单位，另一类是私人，而从近期相关数据不完全统计，近年来私人保安需求有着小幅度的上升，而企业单位对保安的需求量还是占据大部分。从这里我们可以看出社会发展对保安的需求量主要分布在哪些点上，这样才能够让保安公司开展精准服务。其次，了解用户对保安服务的需求力和购买力。保安公司想要在竞争大军中脱颖而出，肯定要有一定的优势所在，在为客户提供满意的服务之前，需要了解地方需求量怎么样，用实际数据说话。一般情况下主要从需求力和购买力上出发，收集数据了解当地企业单位共有多少家，其中有多少是老公司，有多少是新公司，不要放过任何一个机会，每一家单位都有和你合作的可能。另外再根据地方经济发展趋势判断近期当地各个企业对保安公司的需求增长，掌握一手信息，强化用户需求。保安公司得到更多的客户归根究底还是要从基本行情出发，了解地方实际需求，以实际数据为导向，开展专业化安保服务，吸引有需求的客源，提升需求额。

2. 需求的识别

需求识别是将客户需求设计为项目的时间、成本、资源和绩效指标等约束条件的过程。这个过程是项目启动阶段首要的工作，始于需求、问题或机会的产生，结束于需求建议书的发布（图 3-11）。

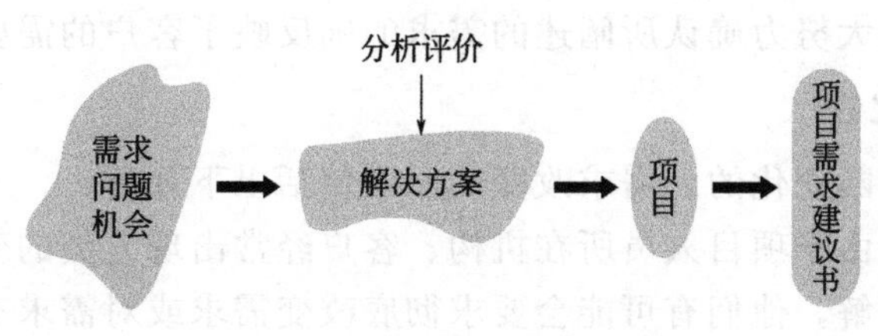

图 3-11 项目需求分析过程

(五) 项目需求分析的基本原则

做好项目的需求分析，需要把握以下基本原则：

1. 明确阐明需求

项目是为了满足人们的需要而产生的，明确的需求是项目的基础。因此，首先要明确阐明需求，否则就难以通过行动来满足它。为了阐明需求，需要对其进行详尽地研究，并进行全面、明确地描述，进而形成项目的功能要求。阐明项目需求可以按以下五个步骤来进行。

(1) 让客户尽可能清楚地描述其需求　客户在开始时，对自己的需求也可能只有一种感觉，而没有一个清晰的认识。为此，项目人员的一个重要任务是与客户密切配合，帮助他们确定究竟需求什么，通过引导让其尽可能清楚地描述出来。

(2) 提出一系列问题理解需求　通过提出一系列问题从不同的角度理解需求。例如，可以提出以下问题：

① 你遇到了什么问题？

② 在这方面你以前做过什么事？结果如何？遇到什么障碍？

③ 你想要的究竟是什么？

④ 你期望的最终产品或服务是什么？有些什么功能？怎样衡量质量？

⑤ 你有没有具体的时间要求？你的预算是多少？

⑥ 除了近期目标，有没有长远目标？

⑦ 哪些事必须考虑？哪些事又不必考虑？

(3) 开展必要的研究以更好地理解需求　项目人员需要从技术、管理等多方面进行必要的研究，以便更好地理解需求。对以下问题的回答往往有助于项目人员深入理解客户需求。

① 提出需求的人是如何描述需求的？

② 需求真实吗？是真正的需求还是需求的表面现象？

③ 我们能满足这个需求吗？其他人能满足这个需求吗？是否真有解决办法？

④ 需求重要吗？值得去满足吗？

⑤ 满足需求的关键问题是什么？满足这个需求后是否会产生新的需求？还要进一步满足其他需求吗？新的需求能取代现有的需求吗？

⑥ 需求涉及什么人？这些人认为这是一个必要的需求吗？满足需求后对他们有什么影响？为满足这个需求其反应会是什么？

⑦ 需求对客户组织的影响是什么？

(4) 尽可能清楚地阐述需求　通过上述三个步骤得出的结论已经对需求及其内在问题有了一个比较清晰的认识，此时对需求的阐述已经不同于刚开始对需求的阐述。

(5) 修改完善　经过上述分析所做的需求调查，该种需求还不一定是客户真正的需求，而可能是项目人员代表客户分析出来的需求。为此，项目人员应该根据客户的意见对需求阐述做适当的修改，尽最大努力确认所阐述的需求的确反映了客户的需要。

2. 了解需求的变化性

需求是动态的，不断变化的。需求改变的原因包括以下几种：

（1）人员的变化　由于项目人员所在机构、客户经常出现人员的变化，每次出现的新人对项目都会有自己的理解，他们有可能会要求彻底改变需求或对需求有不同的解释。

（2）预算的变化　客户预算的变化有可能会使原有的项目取消，或者是改变项目的需求以适应预算的变化。

（3）技术的变化　技术在不断地发展。每一种新技术进入市场，都会促使人们重新考虑对需求的设想。

（4）商业环境的变化　商业环境的变化越来越激烈。首先，市场大环境对保安市场需求有重大影响。诸如国家法律、政策，社会秩序的变化趋势，政府政策的改变，经济发展状况等都会影响保安项目需求。其次，竞争对手竞争策略的改变、供应商价格的变动等，也会对项目产生重大影响。项目计划和管理人员在需求不断变化的前提下表达需求时，不但要考虑当前的环境，还要考虑未来的发展。

二、保安服务市场调研

项目对于保安企业来说至关重要。那么项目从何而来呢？答案是市场的需求。市场需求如何确定呢？答案是由市场调研而来。

（一）市场预测

1. 市场预测的定义

市场预测是在市场调查取得一定资料的基础上，运用已有的知识、经验和科学方法，对项目的产出品和所需的主要投入品的市场容量、价格、竞争力，以及市场风险进行的分析预测，对市场未来的发展状态、行为、趋势进行分析而做出的判断与推测。其中，最关键的是产品需求预测。市场预测的结果为确定项目产品方案提供依据，是项目投资决策的基础。

保安公司项目运行的最终目的是为了追求财务效益、经济效益的最大化。在市场经济条件下，任何经济活动都是围绕市场这个主体展开的。市场供需状况、竞争状况及需求结构分析是可行性研究的基础工作。

保安项目市场预测要解决的基本问题如下。

① 投资项目的必要性。

② 投资项目的内容。

③ 投资项目的规模。

2. 市场预测的主要内容

市场预测的内容是市场调查内容在时间上的延伸，主要是在围绕与项目产品有关的市场条件下展开的。市场预测的内容主要有：市场现状调查，产品供应与需求预测，产品价格预测，目标市场与市场竞争力分析，以及市场风险分析等。

（1）市场需求预测　市场需求预测主要利用市场调查所获得的信息资料，对项目产品未来市场供应和需求的数量、质量、服务进行定性与定量分析。

市场需求预测的内容有：供应预测、需求预测、产品供需平衡分析以及目标市场分析。其中，目标市场分析即根据市场结构、市场分布与区位特点、消费习惯、市场饱和度，以及项目产品的性能、质量和价格的适应性等因素，选择确定项目产品的目标市场，预测可能占有的市场份额。

（2）市场风险分析 在可行性研究中，市场风险分析是在产品供需、价格变动趋势和竞争能力等常规分析已达到一定深度要求的情况下，对未来国内外市场某些重大不确定因素发生的可能性，及其可能对项目造成的损失程度进行的分析。产生市场风险的主要因素有：

① 技术进步加快，新产品和新替代产品出现，导致部分用户转向购买新产品和新替代产品，减少了对项目产品的需求，影响项目产品的预期收益。

② 新竞争对手的加入，市场趋于饱和，导致项目产品市场占有份额减少。

③ 国内外政治经济条件出现突发性变化，引起市场剧烈震荡。

（二）市场调查策划的主要内容

市场调查是进行市场预测的基础，主要是调查拟推行项目同类产品的市场容量、价格，以及市场竞争力现状。

1. 市场容量调查

市场容量调查主要是调查项目产品在近期和预测时段的市场供需总量及其地区分布情况，为项目产品供需预测提供条件。具体包括国内外市场的供应现状，国内外市场的需求现状等。

2. 价格现状调查

价格现状调查主要是调查项目产品的国内外市场价格，价格变化过程及变化规律，最高价格和最低价格出现的时间和原因等；调查价格形成机制，分析项目产品价格是市场形成价格还是政府调控价格。

3. 市场竞争力现状调查

市场竞争力现状调查主要是分析项目产品目前在国内外市场的竞争程度，市场竞争主要对手的竞争力情况等。包括调查区域内提供同类及替代产品和服务的企业数量，各企业的市场占有率、成本水平、管理能力、营业能力，以及可能的潜在竞争者的情况等。

技能要求

一、工作名称

编制保安服务项目市场调研方案。

二、工作程序

市场调研方案又称市场调查计划书、市场调研策划书，是根据调查研究的目的和调查对象的性质，在进行实际调查之前，对调查工作的各个方面和各个阶段任务的通盘考虑和安排，它是整个调研项目的一个构架和蓝图。调研方案是调研活动的指导文件，只有对整个调研项目进行统一考虑和安排，才能保证调查工作有秩序、有步骤地顺利进行。保安服务项目市场调研方案的编制包括以下程序：

（一）明确调研背景

简要介绍调查对象的基本情况 ，并结合大市场环境分析，清楚了解保安企业现状和所面临的主要问题，弄清为什么要进行市场调研，从而确定本次调研工作的主题。

（二）确定调查主题、调查目的与内容

确定调查主题，就是调查的具体项目，如“某某小区保安服务居民满意度调查”。确定调查目的，就是明确为什么要调查，通过调查，要解决什么问题。确定调研内容，就是在调研目的的基础上，把调研问题展开、细化的过程。

（三）确定调查对象

解决向谁调查和由谁来具体提供资料的问题。

（四）确定调查方式和方法

在调查方案中，还要规定采用什么组织方式和方法取得调查资料。搜集资料的方式有普查和抽样调查等。具体的调查方法包括文案法、访问法、观察法、实验法等。在调查时，采用何种方式、方法不是固定和统一的，而主要取决于调查对象和调查任务。一般情况下，为准确、及时、全面地取得市场信息，尤其应注意多种调查方式的结合运用。

例如：

宏观调查：

① 房管、土地、规划等相关部门访谈。

② 报刊文献资料收集与分析。

项目调查：

① 项目可行性论证会。

② 项目现场观察。

③ 相关人员访谈。

④ 次级资料收集整理。

需求市场调查：

① 专项访谈问卷。

② 报纸公开问卷调查。

竞争市场调查：

① 现场观察法。

② 报刊文献收集与分析。

③ 专业人员深度访谈。

（五）调查的组织与控制

指调查的组织管理、调查项目组的设置、人员的选择与调研质量的控制等。

例如：

① 人员分工。

② 人员培训。包括：访问调查的基本方法和技巧；调查项目的基本情况；实地调查的工作计划；调查的要求及要注意的事项等。

③ 费用预算。

④ 调查的质控管理体系。

（六）确定调查资料整理统计与分析的方法

采用实地调查方法取得的原始资料往往是零散、不系统的，只能反映事物的表象，无法深入研究事物的本质和规律性，这就要求对大量原始资料进行加工汇总，使之系列化、条理化。在这一部分中一般还要确定采用定性分析还是定量分析。

（七）确定调查工作进度

主要是规定调查工作的开始时间和结束时间，包括从方案设计到提交调研报告的整个工作进度，同时也包括各个阶段的起止时间，其目的是使调查工作能及时开展、按时完成（表 3-3）。

表 3-3 调查工作进度表

程序	时间/周							
	1	2	3	4	5	6	7	8
方案与问卷设计								
问卷试访								
调查实施								
数据处理与分析								
报告撰写								

学习单元 2 撰写保安服务项目可行性报告

学习目标

掌握保安服务项目市场可行性分析知识；

能够正确、熟练撰写保安服务项目可行性报告。

知识要求

一、项目可行性分析概述

（一）可行性分析的概念

可行性分析是指通过对项目的主要内容和配套条件，如市场需求、资源供应、设备选型、环境影响、资金筹措、盈利能力等，从技术、经济、工程等方面进行调查研究和分析比较，并对项目建成以后可能取得的财务、经济效益及社会环境影响进行预测，从而提出该项目是否值得投资和如何进行建设的咨询意见，为项目决策提供依据的一种综合性系统分析方法。

保安服务公司作为企业而言，实现项目的可持续盈利是其终极目标。然而，项目能否实现盈利是由多重因素决定的，企业需要在做出决定之前深入了解这些因素，进行项目的市场可行性分析，将经营的风险降到最低，实现利润最大化。可行性分析具有预见性、客观公正性、可靠性、科学性等特点。

（二）可行性分析的主要内容

1. 投资必要性

主要根据市场调查及预测的结果，以及有关的产业政策等因素，论证项目投资的必要性。在投资必要性的论证上，一是要做好投资环境的分析，对构成投资环境的各种要素进行全面的分析论证，二是要做好市场研究，包括市场供求预测、竞争力分析、价格分析、市场细分、定位及营销策略论证。

2. 技术可行性

各行业不同项目技术可行性的研究内容及深度差别很大，主要从项目实施的技术角度，合理设计技术方案，并进行比选和评价。

3. 财务可行性

主要从项目及投资者的角度，设计合理财务方案，从企业理财的角度进行资本预算，评价项目的财务盈利能力，进行投资决策，并从融资主体（企业）的角度评价股东投资收益、现金流量计划及债务清偿能力。

4. 组织可行性

制订合理的项目实施进度计划、设计合理的组织机构、选择经验丰富的管理人员、建立良好的协作关系、制订合适的培训计划等，保证项目顺利执行。

5. 经济可行性

主要从资源配置的角度衡量项目的价值，评价项目在实现区域经济发展目标、有效配置经济资源、增加供应、创造就业、改善环境、提高人民生活等方面的效益。

6. 社会可行性

主要分析项目对社会的影响，包括政治体制、方针政策、经济结构、法律道德、宗教民族及社会稳定性等。

7. 风险因素及对策

主要对项目的市场风险、技术风险、财务风险、组织风险、法律风险、经济及社会风险等风险因素进行评价，制定规避风险的对策，为项目全过程的风险管理提供依据。

二、项目可行性分析的资料收集

项目可行性分析是在项目投资决策前，对项目进行技术经济论证的过程。它是项目投资决策前一项非常重要的工作，从项目的市场分析研究及预测开始，通过拟订多个备选方案进行论证，研究项目的工艺技术、建设条件、规模大小、投资估算、原料供应、设备选择、坐落地点、资金筹措、人员组织、环境保护等各种项目要素，并对建成后的财务效益、国民经济贡献、社会影响进行系统的评价，提出项目可行与否的结论，为决策提供科学依据的综合性科学分析判断的过程。项目可行性分析应编制可行性分析报告。

项目可行性分析资料收集的目的是了解项目外部的环境因素和项目组织内部的资源，进而为项目可行性分析奠定必要的基础。一般而言，项目环境因素包括组织文化、项目管理信息系统和后备人力资源等相关信息，组织过程资产包括组织方针、流程、标准和原则，已经确定的过程，历史信息和以往的经验。以上资料的收集有助于确定项目的方向以及项目投资的必要性，为投资决策提供必要的准备工作。

1. 项目可行性分析资料收集方法

项目的可行性分析资料收集是指通过各种方法和途径收集与项目有关以及相关项目有关的各种资料。按照调查收集的直接资料和间接资料分类，资料收集的方法包括现场调查法与现有信息收集法两类。

（1）现场调查法　现场调查法是直接到信息产生的现场去调查研究，收集到的资料为直接资料，又称原始资料或第一手资料。这些资料是调研人员自己通过实地调查获取的资料，一般来说这种资料的取得需要较高的成本。原始资料包括的内容有备忘录、信件、完整的访谈或演讲、法律、规则等。项目组织内部的原始数据主要包括库存记录、人事记录、统计过程管理图等。原始资料是最权威的，因为这些数据没有经过第二方过滤或者解释。

(2) 现有信息收集法　现有信息收集法也可称为第二手资料收集法，是收集、整理已有的信息资料，简捷获取信息。二手资料是对原始数据的解释。百科全书、教科书、手册、杂志和报纸上的文章以及大多数的新闻广播都可以被看成是二手资料。对于项目组织内部的成员而言，销售分析总结和年度报告是二手资料；而对于项目组织外部的人员而言，年度报告则是原始资料。

相对原始资料的收集而言，二手资料的搜集通常比原始资料的搜集要节约费用和时间，而且也更为方便。搜集二手资料的主要方法是直接查阅、交换、索取、购买和通过情报网搜集等。二手资料有助于明确或重新明确探索性研究中的研究主题，也就是说在试探性研究中可以起到非常重要的作用；可以切实提供一些解决问题的方法；可以提供搜集原始资料的备选方法；提醒市场调研者注意潜在的问题和困难；提供必要的背景信息以使调研报告更具说服力。其不足之处是缺乏可得性和相关性，准确性较差，而且内容不够充分。

例：

保安项目可行性调查数据的主要来源：

① 对行业内相关的专家、厂商、渠道商、业务（销售）人员及客户进行访谈获取的一手市场资料。

② 对保安公司产品长期监测采集的数据资料。

③ 保安公司产品相关的行业协会、政府部门和官方机构的数据与资料。

④ 保安公司行业公开信息。

⑤ 保安公司业内企业及上、下游企业的季报、年报和其他公开信息。

⑥ 各类中英文期刊数据库、图书馆、科研院所、高等院校的文献资料。

⑦ 行业资深专家公开发表的观点。

⑧ 对行业的重要数据指标进行连续性对比，反映行业的运行和发展趋势。

2. 项目可行性分析资料收集途径

项目可行性分析资料的收集途径按照信息来源的不同可以分为以下三种：

(1) 自然收集　自然收集是指在日常的工作渠道中获取的有关项目信息。例如，通过企业内部的信息系统来收集，从客户订单、客户关系管理系统获得的相关信息。或是通过与客户接触，参加行业会议、洽谈会等市场活动获取相关项目的信息资源。自然收集通常是信息收集的主要方式。

(2) 相关市场衍生　相关市场衍生是指因为过去已经发生的项目而派生出的新的项目。例如，项目的一期工程结束后，在第二期工程招标时项目业主主动邀请第一期承包方参与投标。又如，一个项目建成后，一个与业主有业务接触的单位主动邀请该项目的承包方参与其项目的投标。

(3) 意外获取　意外获取是指由于某些非常偶然的机会而得到的某些项目的信息。例如，公司的市场开发人员在报刊上看到某个项目的信息。

技能要求

一、工作名称

撰写保安服务项目可行性报告。

二、工作程序

如果公民甲拟新注册一家保安服务公司，试经过调研后撰写一份可行性报告（框架）。

1. 当前保安服务市场分析

① 保安服务形式。

② 保安服务市场份额。

2. 保安服务市场需求预测

① 从市场需求角度。

② 从行业发展角度。

③ 从企业发展角度。

3. 保安服务经营效益分析

① 收入。

② 支出。

4. 经营保安公司的资源分析

① 注册所需认缴资本。

② 客户资源。

③ 有管理经验的股东。

5. 风险分析

① 价格风险。

② 行业竞争风险。

③ 人员招聘难、人员流失率高等风险。

学习单元3 编制保安服务项目投标书

学习目标

掌握保安服务项目招投标基础知识；

能够规范地编制保安服务项目投标书。

知识要求

一、招投标概述

标书的制作与应答已经成为企业（包括保安企业）开发与占领市场、发展市场、做大做强是不可或缺的技术环节。因为现在所有的客户，不论是各级政府的采购，企业的邀请，还是朋友的介绍，都要通过招投标来选取供应商，所以不投标将无法走进市场，当然也就谈不上占领市场。既然投标如此重要，那么标书制作的水平，标书投递的水平，标书应答的水平就有着非常重要的意义，必须引起企业法人和企业领导层的高度重视，切不可粗心大意。从长远发展的角度来看，一个企业必须培养自己优秀的做标人。优秀的做标人可以单独列编，也可以由公司负责商务活动的高管来兼理，但不管怎样，此位置不能空缺。

（一）招投标的概念

招投标，是招标和投标的简称。招标和投标是一种商品交易行为，是交易过程的两个方面。招标和投标是一种国际惯例，是商品经济高度发展的产物，是应用技术、经济的方法和市场经济的竞争机制的作用，有组织地开展的一种择优成交的方式。这种方式是在货物、工程和服务的采购行为中，招标人通过事先公布的采购和要求，吸引众多的投标人按照同等条件进行平等竞争，按照规定程序并组织技术、经济和法律等方面专家对众多的投标人进行综合评审，从中择优选定项目的中标人的行为过程。其实质是以较低的价格获得最优的货物、工程和服务。

（二）招投标的形式

招投标有公开招投标和邀请招投标两种形式。

公开招投标，又称无限竞争性招标，是指招标人以招标公告的方式邀请不特定的法人或者其他组织投标。公开招标的投标人不少于 3 家，否则就失去了竞争意义。

邀请招投标，又称有限竞争性招标，是指招标人以投标邀请书的方式邀请特定的法人或者其他组织投标。邀请招标的投标人不少于 3 家。

实践中还有一种较为广泛的招标方式，被称为“议标”，是发包人和承包商之间通过一对一谈判而最终达到目的的一种方式。通俗地讲，就是“标后压价”，在开标之后再要求投标人降低价格。标后压价属于多轮博弈，投标人在密封报价时通常会预留降低空间，因此如果招标人对真实成本把握不够精当，反倒容易产生不良后果——价格虚高或者供应商无利可图。

（三）招投标的原则

1. 公开原则

公开原则，首先要求招标信息公开。如《招标投标法》规定，依法必须进行招标的项目的招标公告，应当通过国家指定的报刊、信息网络或者其他媒介发布。无论是招标公告、资格预审公告还是投标邀请书，都应当载明招标人的名称和地址、招标项目的性质、数量、实施地点和时间以及获取招标文件的办法等事项。其次，公开原则还要求招标投标过程公开。如《招标投标法》规定开标时招标人应当邀请所有投标人参加，招标人在招标文件要求提交截止时间前收到的所有投标文件，开标时都应当当众予以拆封、宣读。中标人确定后，招标人应当在向中标人发出中标通知书的同时，将中标结果通知所有未中标的投标人。

2. 公平原则

公平原则，要求给予所有投标人平等的机会，使其享有同等的权利，履行同等的义务。《招标投标法》第 6 条明确规定：“依法必须进行招标的项目，其招标投标活动不受地区或者部门的限制，任何单位和个人不得违法限制或者排斥本地区、本系统以外的法人或者其他组织参加投标，不得以任何方式非法干涉招标投标活动。”

3. 公正原则

公正原则，要求招标人在招标投标活动中应当按照统一的标准衡量每一个投标人的优劣。进行资格审查时，招标人应当按照资格预审文件或招标文件中载明的资格审查的条件、标准和方法对潜在投标人或者投标人进行资格审查，不得改变载明的条件或者以没有载明的资格条件进行资格审查。《招标投标法》还规定评标委员会应当按照招标文件确定的评标标准和方法，对投标文件进行评审和比较。评标委员会成员应当客观、公正地履行职务，遵守职业道德。

4. 诚实信用原则

诚实信用原则，是我国民事活动所应当遵循的一项重要基本原则。《中华人民共和国民法通则》（以下简称《民法通则》）第 4 条规定："民事活动应当遵循自愿、平等、等价有偿、诚实信用的原则。"《中华人民共和国合同法》（以下简称《合同法》）第 6 条也明确规定："当事人行使权利、履行义务应当遵循诚实信用原则。"招标投标活动作为订立合同的一种特殊方式，同样应当遵循诚实信用原则。例如，在招标过程中，招标人不得发布虚假的招标信息，不得擅自终止招标。在投标过程中，投标人不得以他人名义投标，不得与招标人或其他投标人串通投标。中标通知书发出后，招标人不得擅自改变中标结果，中标人不得擅自放弃中标项目。

二、招投标基本流程

从寻找招标信息，查到招标公告，到按照要求购买招标文件，到做标书的团队按照招标文件制定和编写投标文件，同时按照招标文件的要求，进行投标保证金打款和其他资审材料的递交，再到按照要求封标和递交投标书，还包括了现场开标的程序，以及开标过程当中所需要的答辩述标等情况，这些都属于招投标的基本流程。

（一）发布招标公告或投标邀请函

发布招标公告或投标邀请函的内容及流程如图 3-12 所示。

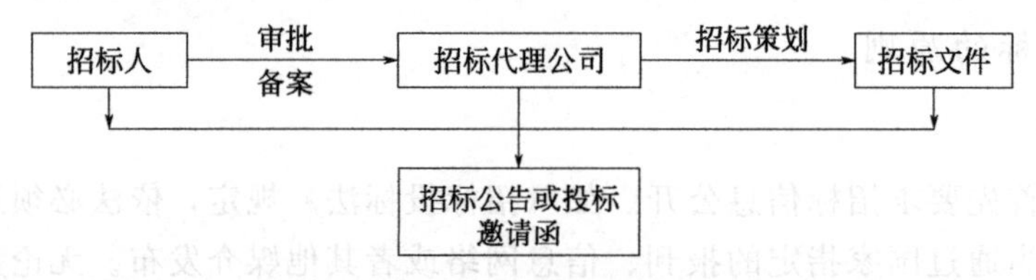

图 3-12 发布招标公告或投标邀请函的内容及流程

① 招标人（即业主）办理项目审批或备案手续（如需要）。项目审批或备案后，招标人开标项目实施。

② 招标工作启动。招标人可以委托招标代理机构进行招标，也可以自行招标（但备案程序较为烦琐），多数为招标代理机构（即招标公司）承担招标工作。

③ 招标公司协助招标人进行招标策划。即确定：招标进度计划、采购时间、采购技术要求、主要合同条款、投标人资格、采购质量要求等。

④ 招标公司在招标人配合下，根据招标策划编制招标文件（包括上述策划内容和招标公告）。

⑤ 招标人确认后，招标公司发出招标公告（公开招标）或投标邀请（邀请招标）。投标人看到公告或收到邀请后前往招标公司购买招标文件。

（二）购买领取招标文件

投标人向招标人购买招标文件是表示参与项目投标的表示，也就是报名。如果没购买招标文件就来投标，招标人有拒绝投标人的可能。

（三）分析招标文件

对于招标方发出来的招标文件首先要认真审核，不但要看清楚，还要理解、明白，这样才能有针对性地进行回应。否则，有可能差之毫厘，失之千里，费了九牛二虎之力，做成废标。审核要从以下几个方面审：

1. 商务方面

商务方面最重要，差一项或缺一项都可能导致废标。审商务方面的内容主要审“投标人须知”和“投标人须知前附表”以及投标方提供的附件格式三个方面。投标须知是向投标者告之关于投标的商务注意事项，是使投标商清楚了解投标的注意事项，投标须知中包含以下内容：项目名称、用户名称、投标书数量、投标地址、截标日期、投标保证金、投标有效期和评标的考虑因素等。

2. 技术方面

技术方面虽然导致废标的可能性不太大，但在评分细则中一般是占55%以上的比例，所以是一个优质标最重要的方面。技术方面招标人都会在一个专题“服务标准与要求”中具体提出。比如对人员数量的要求，对人员质量的要求，对领导团队的要求，对服务标准的要求，对保障能力的要求，对业绩展示的要求，对服务承诺的要求，对企业文化展示的要求，对工作方案设计的要求等，都属于技术方面的要求。对这些要求我们要全部了解，这样才能有针对性地进行回应，并且做出“技术响应偏离表”和技术方面的文件。

3. 价格方面

价格方面占15%～20%的分数，价格战是投标战的主要内容，所以要认真分析推敲。要充分了解招标人在招标书中给我们什么样的条件，比如吃、住、岗位承包模式等。在此基础上要结合本企业的实际情况测算出自己运行的基本成本，然后才能做出价格预算表。一般情况下价格评分的原则是去掉一个最高分，去掉一个最低分，然后得出平均分，这就是本标的基础价格，也有把最低价作为基础价格的。基础价格再乘以分数系数就得出了分数排名的先后顺序。这个价格问题因为动态系数太大，有一定掌控的难度，所以要认真分析，最好找到中心值，绝对不要超过中心值。

4. 评分细则方面

一个标最后客观评为多少分，最后是要通过招标人在招标书中的“评分细则”来落实的。所以对标书中的“评分细则”要严加审定不可偏项。凡是能到手的分绝不可以丢掉，比如：一个业绩3分，最高20分，那我们在可能的情况下一定要附上7个业绩以争取拿到最高分，如果由于“评分细则”没有严格审透而导致回应偏离缺项甚至丢分是最大的漏点与失败，做标人千万注意。

5. 其他有关方面

其他有关方面一般在招标人的招标书中不做专题来写，可能在某一章中由某一段话或某一句话来表达，比如：是否提供优惠服务；劳动力保障与稳定的措施；保安工作的流程；特殊天气与节假日的保障措施等，这些在审标中切不可遗漏，任何时候多一点瑕疵就会少一点分数。

（四）编写制作投标文件及封标

对于招标人的招标书认真审核分析之后的程序就是做投标文件，招标人和招标代理公司对投标书的要求包括：

① 对投标文件的组成做出具体规定：构成内容。

② 投标文件的编制：格式和顺序。

③ 投标报价的格式：报价表的格式。

④ 投标文件的递交：递交格式，密封形式。

⑤ 投标文件的费用：费用分担的内容。

⑥ 投标文件的澄清：关于澄清内容的交流形式。

⑦ 投标保证金：金额和形式。

招标方为了确保招标的有效性，在投标时收取各个投标商的信誉保证，同时防止投标后单方面撤销，还会收取投标保证金。投标保证金是指在招标投标活动中，投标人随投标文件一同递交给招标人的一定形式、一定金额的投标责任担保。其主要保证投标人在递交投标文件后不得撤销投标文件，中标后不得以不正当理由不与招标人订立合同，在签订合同时不得向招标人提出附加条件，或者不按照招标文件要求提交履约保证金，否则，招标人有权不予返还其递交的投标保证金。其形式为现金、支票或银行出具的投标保证金保函等。保证金额通常为投标总价格的2%。投标时应同时出具投标保证金，否则视同投标无效。

1. 清晰准确的目录

目录是第一位的，具有导航作用，如果没有清晰准确的目录，就不知从何处落笔来写标，就会不清楚写标的顺序，自然这个标就无法做了。所以第一步要把目录设计好。由于招标书来自不同的甲方，所以设计的目录也是不完全相同的。目录的设计一般有以下两种方式：

（1）一气呵成的目录　即不管用几级标题都不分版块，而一次罗列完成，比如：“×××”的投标书等，这大部分体现在企业邀标中。

（2）分部分版块的目录　分商务部分和技术部分，再进一步细分即商务部分、商务其他部分、技术部分、技术其他部分。这多见于政府采购标中的要求。应该注意的是不管分几部分，一级标题都应该是连续的，不可分割的。

2. 严格的书写逻辑

目录确定之后，要按照目录的结构进行认真书写，书写时逻辑排列是很重要的，逻辑的排列原则上就是内容的排列。一般招标人在招标书中都给出原则性的排列顺序，这一点我们要坚决遵守，切不可给予倒置。有些内容招标人在招标书中给出了，但没有给出顺序，我们应反复斟酌把这个内容放在哪一部分，放在哪一条款中，总之要合适到位。比如：“无重大违法记录的声明”“履约保障金的声明”“中标服务费的声明”等，一般都要排在商务部分。再比如：“优惠服务”“有关问题的说明”一般排在技术部分。大体的逻辑应该是：商务部分、技术部分、其他部分。标书做完之后要与目录认真核对，确保对号入座，千万不要出差错，对不上号。

3. 会标

投标书制作完成后要认真进行会标，会标的内容如下。

① 认真检查内容是否全面，有没有漏项甚至重大漏项。

② 检查逻辑顺序是否合适，需不需要调整或重新编排。

③ 对招标人在招标书中带“*”号的问题要重点检查是否回应，对评分标准拿分的重

点是否应答全面，这两项是会标的重点。

④ 对投标预算进行最后的推敲与核定，不能出任何问题。

⑤ 进行技术方面的最后修改调整。至此定标。

4. 投标文件密封

投标报价和投标保证金单独密封，密封处应盖有效印章；投标书正、副本单独密封，并密封在标书中；密封条上单独注明项目名称、投标商等内容。这方面在招标书中有详细描述要求，一般在“投标文件的密封与投递”和“投标人须知前附表”中都有明确表达，千万不能搞错。少签一个字，少盖一个章都可能造成严重后果，使辛勤的劳动付之东流。

（五）递交投标文件

这个环节应注意递交时间、地点以及其他要求。

（六）现场唱标、述标、答标

招标公司组织招标人、投标人在招标文件规定的时间、地点进行开标。

开标包括：招标公司委派的主持人宣布开标纪律→确认和宣读投标情况→宣布招标方有关人员情况→检查投标文件密封情况→唱标（对投标函或投标一览表中的投标人名称/价格/期限/投标保证金等内容唱标）→完成开标记录并各方签字→开标结束。

在政府采购标中，或者企业自行邀标中一般都有可能规定述标和答标，一般不超过15分钟。述标和答标与做标完全不一样，由于其动态系数比较大，所以具有一定难度。

1. 述标

述标是答标人向专家组评审组介绍本企业的投标书内容。述标应注意简洁并抓住重点，一般从对项目的评价，投标人商务方面的条件，技术方面的能力，对招标方的商务偏离、技术偏离进行回应并保持不偏离这四个方面进行描述，时间5～8分钟。

2. 答标

述标之后，评审的专家组会提出问题要求投标人回答，提出的问题五花八门，涉及范围很广，动态系数很大，有些可能很尖锐，这需要巧妙、冷静地回答。答标需要丰富的政策底蕴、商务底蕴、文化底蕴等方面的综合知识。投标方需要对保安行业有深厚的了解与真知灼见，才能以不变应万变，避免失误。

（七）宣布中标结果

招标公司根据评委会意见出具评标报告，招标人根据评标报告确定中标人，在相应网站或电话通知中标结果，领取中标通知书。

（八）领取保证金

确定中标人后，经办部门填写投标保证金退还申请单，经审批后办理退还保证金事宜。对于未中标的单位，经办部门将投标保证金退还申请单交财务部，投标单位携收据在规定期限内办理退还保证金事宜。中标单位待合同签订之后，携收据在规定期限内办理退还保证金事宜。

（九）缴纳中标服务费及签订合同

中标人根据中标通知书，在规定时间内向招标代理公司缴纳中标服务费，并与招标人签订合同。

技能要求

一、工作名称

编制保安服务项目投标书。

二、工作程序

（一）投标文件的核心部分编写要点

投标文件的核心部分由商务部分、技术部分组成。

1. 商务部分

做好一个保安服务项目的投标一定要对这个项目进行细致的分析和研究，诸如学校类、辅警类、商场类、医院类、党政机关类、物业写字楼、住宅类、临时勤务与固定勤务类、保安服务与安检服务类，虽然都是保安服务，但是因甲方性质的不同，保安服务的要求和职责亦略有不同。通过对项目的分析，结合实际情况，按照各保安公司的管理模式，去做好投标文件。

所有保安公司关于商务部分的要求几乎相差并不多，其中包含了注册资本金，资质等级，三标体系认证，AAA等级认证，同类型业绩等。商务部分主要涉及：投标人的企业法人营业执照、质量体系认证复印件、资质证书、保安服务许可证及公司介绍等，并形成投标书、承诺书、法定代表人授权书、投标人3年内主要业绩资审表等附件。商务部分还应包括费用总计表。

2. 技术部分

做好投标书的技术方案，一定从目录上就要有所体现，例如项目分析、项目概述、管理模式、组织架构、项目交接方案、秩序维护管理方案、夜间巡查、消防管理、应急预案等，重点和亮点尽量在目录中体现出来，这会让评审专家一目了然。一个需要重要把握的方向是招标文件项目需求的分析，诸如这个保安项目的基本情况、岗位设置、人员要求、吃住条件、劳动强度、服装装备等。

技术标部分主要涉及：①承诺秩序维护服务工作符合技术条款要求——要求注明服务承诺、人员标准等；②人员管理制度——包括人员招聘、人员培训、人员奖罚、人员内务管理等；③制定秩序维护服务方案，方案中需包括治安管理、消防管理、车辆管理等；④制定秩序维护服务应急预案，应急预案需包括但不限于消防预案、打架斗殴事件处理预案、交通意外事故处理预案、盗抢事件应急预案等；⑤公司对项目服务检查、监督措施；⑥项目驻场秩序维护主管履历。

下面以秩序维护服务投标项目为例，提供一份物业项目秩序维护服务投标书框架。

一、商务条款

1. 资格

包括：企业法人身份证明文件、投标单位企业资质；秩序维护人员资质；近三年在本市同类服务业绩；质量管理体系认证证书；职业健康安全管理体系认证证书等。

2. 报价

包括：投标报价；为提高竞争力，投标单位可根据本企业实力，承诺其他优惠服务；服务承诺等。

二、技术条款

1. 管理及服务模式

包括：组织架构、机构设置、信息反馈渠道等各项安保管理服务方案。

2. 勤务运作方式、程序、流程

3. 管理人员的培训和发展计划

包括：培训计划、方式、目标等；管理质量和考核计划。

4. 管理规章制度简介

包括：公众制度，单位内部岗位责任制，管理运作制度，管理人员考核制度，应急事件处理制度等。

5. 其他

包括应急预案制定及实施，管理互补能力和物资配备，针对性服务管理服务，各项质量指标的承诺目标。

（二）投标文件的检查和注意事项

1. 封面

格式是否与招标文件要求格式一致，文字打印是否有错字；封面标段是否与所投标段一致；企业法人或委托代理人是否按照规定签字或盖章，是否按规定加盖单位公章，投标单位名称是否与资格审查时的单位名称相符；投标日期是否正确。

2. 目录

内容从顺序到文字表述是否与招标文件要求一致；目录编号、页码、标题是否与内容编号、页码（内容首页）、标题一致。

3. 标书

投标书格式、标段是否与招标文件规定相符，保安服务单位名称与招标单位名称是否正确；报价金额是否正确，“报价汇总表”“分项报价表”是否一致，金额大小写是否一致；投标书是否按要求盖公章；法人代表或委托代理人是否按要求签字或盖章，特别对要求每页都由法人或委托代理人小签的，要特别注意；投标文件是否有缺页、重页、装倒、涂改等错误；投标文件的纸张大小、页面设置、页边距、页眉、页脚、字体、字号、字形等是否按规定统一；页眉标识是否与本页内容相符；要求提供电子文档的，是否按照要求的文本格式、容量大小、存储设备提供；投标书日期是否正确，是否与封面所示吻合。

4. 封装

投标文件是否按规定格式密封包装、加盖密封章。

5. 保密

在投标活动中，始终注意全程保密，一些关键条款不得有丝毫泄露，特别是价格方面，哪怕看似招标活动结束了也绝对不能和对手透露报价的相关情况。

学习单元 4　编制保安服务项目合同书

学习目标

掌握保安服务项目合同基础知识；
能够规范地编制保安服务项目合同书。

知识要求

一、合同基础知识

（一）合同在法律上的表述

《民法通则》第 85 条规定：合同是当事人之间设立、变更、终止民事关系的协议。《合同法》第 2 条规定：合同是平等主体的自然人、法人、其他组织之间设立、变更、终止民事权利义务关系的协议。这里的自然人包括中国公民、外国公民和无国籍人。法人是指依法成立，具有民事权利能力和民事行为能力，依法独立享有民事权利和承担民事义务的组织，一般包括公司、企业事业单位、机关等。

（二）合同的分类

学理上合同有广义、狭义、最狭义之分。

广义的合同指所有法律部门中确定权利、义务关系的协议。例如民法上的民事合同、行政法上的行政合同、劳动法上的劳动合同、国际法上的国际合同等。

狭义的合同是指一切民事合同。

最狭义的合同仅指民事合同中的债权合同。《合同法》分则所规定的 15 种有名合同全部是债权合同。包括：买卖合同，供用电、水、气、热力合同，赠予合同，借款合同，租赁合同，融资租赁合同，承揽合同，建设工程合同，运输合同，技术合同，保管合同，仓储合同，委托合同，行纪合同，居间合同。保安企业签订的业务合同属于债权合同。

（三）合同中甲方乙方的确定

在合同中，甲方、乙方代表的是合同中的签约双方，一般订立合同的一方为甲方，签约对象为乙方。

（四）合同的条款

合同条款可分为基本条款和普通条款，又称必要条款和一般条款。当事人对必要条款达成协议的，合同即为成立；反之，合同不能成立。确定合同必要条款的根据有 3 种：

① 根据法律规定，凡是法律对合同的必要条款有明文规定的，应根据法律规定。

② 根据合同的性质确定。法律对合同的必要条款没有明文规定的，可以根据合同的性质确定。例如买卖合同的标的物、价款是买卖合同的必要条款。

③ 根据当事人的意愿确定。除法律规定和据合同的性质确定的必要条款以外，当事人一方要求必须规定的条款，也是必要条款。如保安员年龄的要求、安保工作经验的要求等。

合同条款除必要条款之外，还有其他条款，即一般条款。一般条款在合同中是否加以规定，不会影响合同的成立。将合同条款规定得具体详细，有利于明确合同双方的权利、义务和合同的履行。

（五）合同的要素

合同的种类很多，我们经常接触的有劳动合同、技术咨询合同、招聘合同、项目分包合同等，每一个类别的合同格式都不一样，不过合同的基本要素大体都差不多，主要包括：

① 合同主体（签订合同的各方）。其中，当事人的名称、住所——合同抬头、落款、公章以及对方当事人提供的资信情况载明的当事人的名称、住所应保持一致。

② 合同客体（合同所要约定的内容、事由、事项）。其中，合同标的应具有唯一性、准确性，买卖合同应详细约定规格、型号、商标、产地、等级、技术标准和品质描述等内容；服务合同应约定详细的服务内容及要求；对合同标的无法以文字描述的应将图纸作为合同的附件。

③ 各方的权利。

④ 各方的义务。

⑤ 约定的时间、期限。

⑥ 违约责任、解决争议的方法。违约责任根据《合同法》作适当约定，注意合同的公平性。解决争议的方式可选择仲裁或诉讼，选择仲裁的应明确约定仲裁机构的名称，双方对仲裁机构不能达成一致意见的，可选择第三地仲裁机构。

⑦ 预付款、押金、定金以及付款方式等的约定。

⑧ 金额、单价、总价、数量、要求、验收/质量标准、运费负担、发货方式等。其中，价款或者报酬应在合同中明确，采用折扣形式的应约定合同的实际价款；价款的支付方式如转账支票、汇票（电汇、票汇、信汇）、托收、信用证、现金等应予以明确；价款或报酬的支付期限应约定确切日期或约定在一定条件成就后多少日内支付。

⑨ 签订地点、时间。

⑩ 鉴证单位（指工商等权威鉴证机构，一般合同没有鉴证）、合同公证（合同一经公证，法庭在判决时就可直接依据合同条文判决而不用经过调查）。

⑪ 双方盖章签字。

⑫ 合同生效与终止等。

（六）合同的形式

① 订立合同，除即时交割（银货两讫）的简单小额经济事务外，应当采用书面形式。

②“书面形式”是指合同书、补充协议、公文信件、数据电文（包括电报、传真、电子邮件等），除情况紧急或条件限制外，公司一般要求采用正式的合同书形式。

（七）合同的成立与生效

根据《合同法》的规定，依法成立的合同，自成立时生效。其中，合同的成立，是指双方当事人依照有关法律对合同的内容和条款进行协商并达成一致。合同生效，是指合同产生法律上的效力，具有法律上的约束力。通常合同依法成立之际，就是合同生效之时。

合同有效成立的五个条件包括：①双方当事人应具有实施法律行为的资格和能力；②当事人应是在自愿的基础上达成一致；③合同的标准和内容必须合法；④合同双方当事人必须互为有偿；⑤合同必须符合法律规定的形式。

同时，《合同法》第52条规定，有下列情形之一的，合同无效：①一方以欺诈、胁迫的手段订立合同，损害国家利益；②恶意串通，损害国家、集体或者第三人利益；③以合法形式掩盖非法目的；④损害社会公共利益；⑤违反法律、行政法规的强制性规定。

（八）合同的履行

合同的履行，指的是合同规定义务的执行。任何合同规定义务的执行，都是合同的履行行为；相应地，凡是不执行合同规定义务的行为，都是合同的不履行行为。因此，合同的履行，表现为当事人执行合同义务的行为。当合同义务执行完毕时，合同也就履行完毕。

合同履行的规则主要包括：

① 质量条款约定不明的，按照国家标准、行业标准履行，没有国家标准、行业标准的，按照通常标准或符合合同目的的特定标准履行。

② 价格、报酬条款约定不明的，按照订立合同时履行地的市场价格履行，依法应当执行政府定价或政府指导价的，按照规定履行。

③ 履行地点约定不明的，给付货币的，在接受货币一方所在地履行；交付不动产的，在不动产所在地履行；交付其他标的的，在履行义务一方所在地履行。

④ 履行期限约定不明的，债务人可以随时履行，债权人也可以随时要求债务人履行，但应当给对方必要的准备时间。

⑤ 履行方式约定不明的，按照有利于实现合同目的的方式履行。

⑥ 履行费用的负担约定不明的，由履行义务一方负担。

合同履行的原则，是指法律规定的所有种类合同的当事人在履行合同的整个过程中所必须遵循的一般准则。根据中国合同立法及司法实践，合同的履行除应遵守平等、公平、诚实信用等民法基本原则外，还应遵循适当履行原则、协作履行原则、经济合理原则和情势变更原则。

二、保安服务合同的评审与签订流程

《保安服务管理条例》第 21 条明确规定：保安服务公司提供保安服务应当与客户单位签订保安服务合同，明确规定服务的项目、内容以及双方的权利义务。根据《保安服务操作规程与质量控制》，保安服务合同的评审与签订流程为：

（一）了解需求

了解客户的性质、位置、规模、周边环境及其所需保安服务的意向、服务种类、保安员数量、服务要求等，并对客户要求的合法性进行必要的审查。

（二）现场考察

对客户单位提出的服务需求，进行现场考察了解，协商保安服务的具体事宜。

① 所需保安服务的种类与内容。

② 所需保安员的人数。

③ 所需保安服务的要求。

④ 保安服务的费用。

⑤ 保安员学习、教育、训练、生活及后勤保障等有关事宜。

（三）签订合同

经过协商，依照《合同法》等相关法律规定，签订规范的合同。

三、保安服务合同的特殊要求

《保安服务管理条例》第 21 条还明确规定了“保安服务合同终止后，保安服务公司应当将保安服务合同至少留存 2 年备查。保安服务公司应当对客户单位要求提供的保安服务的合法性进行核查，对违法的保安服务要求应当拒绝，并向公安机关报告。”

首先，保安服务公司和客户单位订立、履行合同，应当遵守法律、行政法规的规定，尊重社会公德，不得扰乱社会经济秩序，损害社会公共利益。保安服务合同是保安服务公司与客户单位在符合法律规范要求条件下而达成的协议，应为合法行为，不得含有违法内容。具体是指：保安服务合同的主体要合法，即合同双方当事人是合法存在的，即一方为合法成立的、具有提供保安服务资质的保安服务公司，另一方为合法的法人、其他依法成立的社会组织。保安服务合同的标的合法，即保安服务的业务范围及保安服务场所、对象、要求等标的要符合法律规定，保安服务合同中不能出现法律、法规所禁止的内容和行为，超越经营范围、为违法犯罪场所及违法犯罪嫌疑人及其赃款赃物提供保安服务等均是违法的内容。保安服务合同的其他条款同样要符合法律要求，不得规避法律，不得损害他人合法权益和社会公共利益。

其次，保安服务合同终止后留存备查的期限为 2 年。留存备查是指保安服务公司在合同履行期满依约终止或经双方协商提前解除合同后，将该合同妥善存档保管以备查阅的行为。由于保安服务合同往往涉及客户单位的安全，有的保安服务合同也涉及公共安全、国家安全和重大社会利益，合同在履行过程中出现的问题有时在合同履行完毕后才能发现。因此，留存保安服务合同对于确保保安服务公司和客户单位的合法权益、分清各自的权利和义务，确保公共安全、国家安全都具有非常重要的意义。

技能要求

一、工作名称

编制保安服务项目合同书。

二、工作程序

保安服务合同一般应按如下结构来写：

（一）标题

① 标题要根据合同的性质来确定，如“凤凰城项目秩序维护服务合同”“城管分队临时保安工作合同”等。

② 标题最好能和合同的性质保持一致，但这不是强制性要求。认定合同的性质，主要还是看合同的内容，而非标题。

③ 在实践中，一般可以认为“合同”“协议”是同义词。

（二）首部

① 首部只要写明双方当事人的名称（姓名）及某方即可。如：“甲方：小王。乙方：小李”。

② 双方当事人的具体信息，放在最后的签章部分写明。自然人的，主要写身份证号、住址、电话。单位的，主要写法定代表人、授权签章人、住址、电话、营业执照号。

（三）正文

正文按如下顺序写：

① 简单叙述合同目的和订立情况。

② 合同标的。这是很关键的部分，因为这里直接体现了合同的性质，而且当出现约定不明时，这也是解释的主要依据。如："乙方负责案场动线内的秩序维护、消防安全、车辆管理、大型活动秩序维护等工作。"保安服务中还涉及"服务范围"条款。如："甲方委托乙方对红线范围内除业主自管部位以外的所有区域及公共配套设备设施（包括但不限于底商、地下室、地下一层、人防地下室、楼宇天台、停车场收费等）进行秩序维护服务。"

③ 合同的履行程序。将合同的履行程序独立出来写，是为了简洁明了，就好像法学上将"程序法"和"实体法"分开一样，合同的履行程序就是"程序法"，双方权利义务等细节就是"实体法"。

④ 双方的权利义务。

⑤ 违约责任。违约责任应当明确，即对于什么情况算违约，应怎么处理。另外，也可以对非根本性违约和根本性违约做出界定；可以就预期违约做出约定；也可以在这部分对先履行抗辩权、同时履行抗辩权和不安履行抗辩权做出约定。

⑥ 争议的解决。一般写："合同履行过程中如发生争议，双方应友好、平等协商解决。协商不成的，由×法院/×仲裁委员会裁判"。这里要注意的是，如果约定管辖法院的话，一定要明确约定有管辖权的某一个法院管辖，而不能只说"有管辖权的法院"或"××法院和×××法院"。

⑦ 合同的变更和解除。主要写明合同通过什么程序、什么程序变更，合同怎么解除。

⑧ 关于合同本身的约定。这里主要是写合同文本共几页，共几份，是否有附件，附件是否是合同本身的组成部分，合同的成立和生效。

（四）签章

这部分是用来给当事人签章的。一般自然人直接签字或按手印即可（最好不要只盖印章，因为印章容易被伪造），单位则需要盖公章。最好有单位法定代表人或授权签章人的签字。另外，如果签章的不是法定代表人，一定要查验签章人的授权文件。

注意事项：

第一，只要符合《合同法》及其他的规定，两个自然人或单位之间可以订立有效的合同，不需要再经过其他机构的确认。

第二，简单的合同，当事人可以自己去写。但对于一些复杂的合同或者标的额较大的合同，最好向专业人士（如律师）咨询。

第三，一些细节上需注意的事项。

（1）数字表示方面　国家标准《出版物上数字用法》（GB/T 15835—2011）有详细规定，简单说，表示数值的用阿拉伯数字，表示中国特有的、中国古代纪年和有些固定用法的用汉字。合同中重要数字要双写。比如数量、单价、金额、比例等，应先用汉字写一遍，接着加用括弧内写阿拉伯数字再写一遍。

（2）句式方面　通常情况下，句子要短，不要用复句，更不要用一口气读不完，仔细琢磨半天也难以理解的欧化句子。最好是每行就是一句话。如果是一个很复杂的意思，就要拆成几句话来说。意思表示要用主动语态直接、明白表达，不要用被动语态，不要委婉含蓄打哑谜。

（3）付款方式方面　不要违反现金管理办法，除非小额的，均须通过银行转账支付，更具体的转账方式，支票、汇票、汇款、网银就不必写，以便实际付款时灵活使用。要写先开发票后付款，不应签订不含税不要发票的合同。

例：物业保安服务项目合同范本（精简版）

××项目保安服务合同

甲方：________________ 乙方：________________

甲、乙双方本着做好本项目物业保安保卫工作，创造安全舒适环境，树立本项目良好形象，甲方委托乙方为本项目约定区域提供保安保卫服务（下称“保安服务”），乙方接受甲方委托。经友好协商一致，甲、乙双方达成以下合同，以资共同遵守。

一、乙方服务区域、内容

1. 保安服务区域包括：【】（根据项目约定）

2. 保安服务内容包括但不限于：

(1) 制定安全巡视方案。

(2)【】小时治安、消防巡逻与治安维护。

(3) 安全防护设施的管理与维护。

二、服务期限

本合同项下服务期限为【】个月，暂定自【】年【】月【】日起，至【】年【】月【】日止，服务起始日最终以甲方“进场通知书”为准，服务终止日按照服务期限相应调整。

三、履约保证金

四、保安服务费

1. 本合同项下保安服务费标准为人民币【】元/(月·人) [￥【】/(月·人)]，按本合同约定保安服务人员数量计算，保安服务费为人民币【】元整/月(￥【】/月)，服务期限内保安服务费合计人民币【】元整（￥【】）。

2. 前述保安服务费固定包干，不因任何原因（包括物价上涨、最低工资标准或社保交费基数上调等）调增，其中已包含管理费、保安设备采购与使用费、人员工资、保险、食宿、服装、加班、奖金、福利、利润、税费等乙方履行本合同项下保安服务及其他约定义务，甲方应向乙方支付的全部费用。除此之外，甲方无须就本合同项下保安服务向乙方或第三方支付任何其他费用。

3. 保安服务费支付方式

五、甲方的权利和义务

六、乙方的权利与义务

七、违约责任

八、争议解决方式

九、其他

学习单元 5　编制保安服务项目预算书

学习目标

掌握保安服务项目预算书编制知识；

能够规范地编制保安服务项目预算书。

知识要求

一、项目预算概述

项目成本预算是一项制定项目成本计划和控制标准的项目成本管理工作，它涉及根据项目的成本估算确定项目工作预算以及项目总预算的工作。保安服务公司在投标阶段，就应当对标的项目的运营情况编制项目预算书。预算书不光是对潜在项目盈利能力的预测，同时也是中标后保安服务公司各个部门组织项目实施所依据的财务标准。预算包含的内容不仅是预测，它还涉及有计划地巧妙处理所有变量，这些变量决定着公司未来努力达到某一有利地位的绩效。对于保安服务公司来讲，既可以对整个公司一定时间段的发展进行预算的编制，也可以对每一个具体的项目进行预算。

（一）项目预算定义

预算指企业或个人未来的一定时期内经营、资本、财务等各方面的收入、支出、现金流的总体计划。它将各种经济活动用货币的形式表现出来。每一个责任中心都有一个预算，它是为执行本中心的任务和完成财务目标所需各种资财的财务计划。简单来说就是用数字，特别是财务数字的形式来描述企业未来的活动计划，它预估了企业在未来时期的经营收入和现金流量，同时也为各部门或各项活动规定了在资金、劳动、材料、能源等方面支出的额度。

（二）项目预算的作用

项目预算是一系列有目的的、有序的、在一定期限内待完成的活动的财务计划，其对于整个项目的顺利实施是非常重要的。

第一，保证实施项目所需资金的落实。有了预算就可以保证做项目的资金落实，可以使项目顺利实施。一般情况下，如果经费没有落实，不要盲目去做项目。

第二，避免经费滥用或者使用不当的情况发生。预算可以对财务行为起到必要的监督作用，保证资金使用的有效性。做项目发生费用，需要报销，单位的财会人员就可以按照预算当中经费使用的用途和金额，进行控制和操作。这对于资金使用的安全性、有效性，能够起到很重要的保证作用。

第三，控制项目实际支出与预算之间的差额。有了预算可以更好地保证实际支出和预算的一致性。

第四，确保项目实施和资金使用的一致性，做到专款专用。有了详细的预算，各类用途和所涉金额等清晰完备，这就可以保障经费使用做到专款专用。

二、项目预算的结构

一个项目的预算主要包括三大块费用。

（一）业务活动费

业务活动费是指开展项目活动或者提供服务所发生的费用。这部分经费是项目的直接成本，也就是在做项目的过程中发生的所有费用，包括人员的工资福利、装备费、培训费、场地费、宣传费、教材费等各种各样的费用。

（二）管理费

管理费是指在实施项目过程中发生的管理费用。主要包括领导和行政管理人员费用及办公费、水电费、邮电费、物业管理费、差旅费、折旧费、油料费、修理费等费用。管理费是一种间接成本，主要是用于项目管理以及和项目没有直接关系人员的费用。

（三）税费

税费是指项目运营产生的营业税及附加。包括增值税、城市维护建设税、教育费附加、地方教育费附加。

近几年，为了规范保安服务市场经营秩序，强化行业自律管理，有效遏制保安服务市场不正当竞争行为，维护广大保安员、保安服务公司和客户的合法权益，促进保安服务业健康有序发展，不少地方依据《劳动法》《中华人民共和国价格法》《中华人民共和国反不正当竞争法》《保安服务管理条例》《保安服务操作规程与质量控制》《保安员装备配备与管理要求》，以及各地最低工资规定等相关法律法规，结合保安服务行业实际，对当地保安行业服务最低成本进行了测算。

以北京为例，自 2017 年 11 月 1 日起，北京市执行《2017 年度北京市保安服务最低成本标准》。《2017 年度北京市保安服务最低成本标准》是以北京市保安服务行业集体协商的保安员最低工资标准、北京市政府公布的 2017 年职工社会保险缴费基数下限和本市保安行业最低经营成本测算的保安服务每月单兵费用标准（表 3-4）。

表 3-4 《2017 年度北京市保安服务最低成本标准测算表》

编制单位：北京保安协会　　　　单位：元(人民币)

项目	计缴比例	编制说明	金额
一、单兵人工成本			4175
(一)单兵直接成本			3893
基本工资		1	2400
社保-养老	19%	2	586
社保-养老	8%	2	247
社保-医疗	10%	2	462
社保-医疗	2%+3	2	95
社保-失业	0.8%	2	25
社保-失业	0.2%	2	6
社保-工伤	0.75%	2	35
社保-生育	0.5%	2	37
(二)单兵直接费用			282
其中：被服			80
教育经费	1.5%	3	42
工会经费	2%	4	55
残保金	1.7%×7706×60%	5	79
福利费	16.67	6	17
高温作业费	9.00	7	9
二、计入工资总额			2774
三、公司费用	5%	8	209
四、增值税及附加税	5.60%	9	12
五、总成本合计			4396

编制日期：2017 年 10 月 25 日

编制说明：

1. 基本工资

根据 2017 年度北京保安服务行业工资集体协商协议，确定保安人员最低工资标准为 2400 元，本测算表中基本工资为协议书通过的最低工资标准。

2. 社保计缴基数及计缴比例

社保计缴基数及计缴比例见表 3-5。

表 3-5 社保计缴基数及计缴比例

社保项目	计缴基数	公司计缴比例	个人计缴比例
养老	社平 40%	19%	8%
医疗	社平 60%	10%	2%+3
失业	社平 40%	0.8%	0.2%
工伤	社平 60%	0.75%	0%
生育	社平 60%	0.5%	0%

2017 年 5 月 27 日北京市人力资源和社会保障局“京人社规发〔2017〕112 号”文件，公布 2016 年度全市职工平均年工资为 92477 元，月平均工资为 7706 元，本成本标准测算表据此计算 2017 年度应缴纳的各项社保金额。

住房公积金的缴纳，各单位根据法律规定执行。

3. 教育经费

以工资总额为计提基数，按 1.5%计算教育经费。综合考虑了保安员上岗培训费，以及保安人员上岗证等费用支出。

4. 工会经费

《中华人民共和国工会法》主席令〔2001〕第 62 号第四十二条规定了工会经费的来源：建立工会组织的企业、事业单位、机关按每月全部职工工资总额的百分之二向工会拨缴的经费；以工资总额为基数计缴。

5. 残保金

① 根据《残疾人就业条例》（国务院第 488 号令）、《北京市按比例安排残疾人就业办法》（市政府 1994 年第 10 号令）和《北京市残疾人就业保障金征收使用管理办法》（京财税〔2017〕778 号）等有关规定；

② 以北京市人力资源和社会保障局“京人社规发〔2017〕112 号”文件，公布 2016 年度社会平均工资水平，即月平均工资为 7706 元计算 2017 年度残保金计缴金额。

6. 福利费

按每人节日补贴共计 200 元预计，按 12 个月分摊计算。

7. 高温作业费

根据 2014 年 6 月 6 日北京市安全生产监督管理局、北京市卫生和计划生育委员会、北京市人力资源和社会保障局、北京市总工会《关于做好 2014 年夏季防暑降温工作的通知》（京安监发〔2014〕44 号）文件精神，室外露天作业人员高温津贴按每人 6～8 月每月 180 元预计，按 12 个月分摊计算，其中：室外露天作业人员比例按全员 20%计算。

8. 工资总额

工资总额包括基本工资，社保个人负担部分、防暑降温费及福利费。

9. 公司费用

按单兵人工成本的 5%预计计算。

10. 税项

主要税种及税率见表 3-6。

表 3-6　主要税种及税率

税种	计税依据	税率
增值税	应税收入	5%
城市维护建设税	应纳流转税额	7%
教育费附加	应纳流转税额	3%
地方教育费附加	应纳流转税额	2%

注：一般纳税人提供劳务派遣服务，可以按照《财务部国家税务总局关于全面推开营业税改征增值税试点的通知》（财税〔2016〕36号）的有关规定，以取得的全部价款和价外费用为销售额，按照一般计税方法计算缴纳增值税；也可以选择差额纳税，以取得的全部价款和价外费用，扣除代用工单位支付给劳务派遣员工的工资、福利和为其办理社会保险及住房公积金后的余额为销售额，按照简易计税方法依5%的征税率计算缴纳增值税。

三、项目预算编制的基本要求

（一）切合实际

所谓切合实际就是要根据项目的实际需要做预算，不要弄虚作假。预算里的每一个数字，每一笔费用都要讲得出道理，能够经得起购买方或者有关专家的提问，能够得到他们的认可。有些费用的标准，如政策文件有规定的，就按照政策文件的规定办。只有及时、准确地掌握各种费用的信息，心中有数，才能使项目预算做到切合实际。

（二）清晰具体

在项目预算中，每一笔开支都要写得清晰具体，用在什么地方、什么用途、多少数量、多少金额，都要写清楚，要避免打统账、打包的做法。

（三）涵盖所有的活动

由于预算与项目计划里面的活动和服务是一一对应的，因此活动、服务做得越详细，做预算就越容易。这样也可以让购买方很清楚地看到资金到底用在什么地方。

（四）严守购买方对经费使用和财务管理的要求

不同的购买方对经费使用和财务管理的要求是不一样的，一定要按照他们的要求来做预算。如果购买方对金额有标准的，必须按照标准制定预算。

（五）为审计做好准备

项目结束后一般都要做审计的，有的是购买方自己审计，有的是委托第三方机构进行审计。在做预算的时候，不但要考虑项目经费的使用要符合法律法规和财务规定，还要通得过审计。这里特别提醒，做项目预算时最好有会计参加。会计可以从财务管理的角度来帮助项目把关，保证所有预算的经费符合财务的规定，还可以从审计的角度保证项目经费可以报销，确保审计能够通得过。

（六）邀请合作伙伴参与制定预算

如果项目是跟合作伙伴共同实施并且要向合作伙伴支付费用的话，合作伙伴也要参与预算的制定。

技能要求

一、工作名称

编制保安服务项目预算书。

二、工作程序

例：A保安服务公司中标某市东方饭店管理公司招标，拟为其提供安保外包服务。

（一）收集资料

收集和整理资料是成本计划的基础工作。主要要收集的资料有：

① 企业的劳动工资、管理和技术组织措施等计划。

② 各种直接材料、直接人工的消耗定额和工时定额。

③ 设备和材料计划价格、各部门费用预算以及劳动工资率。

④ 上期同类产品成本资料。

⑤ 费用开支标准及有关规定。

（二）确定项目岗位设置及人员配置

该安保服务项目岗位设置及人员配置如表3-7所示。

表3-7 该安保服务项目岗位设置及人员配置

岗位区域	人员设置及运作方式				工作职责
	合约人数	岗位人数	班次	运作方式	
监控岗	4	2	早班：8:00～20:00 夜班：20:00～8:00	做六休一	正确操作监控设备，熟悉掌握监控专项业务技能，通过监控设备监视物业区域各出入口，做好各项设备运行记录，使其始终处于正常状态，必须持证上岗
领班/巡逻岗	4	2	早班：8:00～20:00 夜班：20:00～8:00	做六休一	负责整体队伍的建设管理，日常工作的处理等，各岗位突发事件的协助处理，负责每个月至少一次的保安人员培训，培训内容结合饭店特点的实际需求，培训记录交物业存档，做好日常管理，巡视项目管理区域，协助处理突发事件，发现问题及时上报并登记

（三）编制项目预算书

该安保服务报价表如表3-8所示。

表3-8 该安保服务报价表

名称	单位	编制数量	月服务单价/[元/(人·月)]	月服务合价/元	年服务总价/元
保安	人	8	4500	36000	432000
临时安保费用	临保30元/(人·小时)(4小时起算)				

注：上述包干月服务单价中已包括保安队员（或保安队长）的工资、岗位津贴（含超时加班费、交通补贴、法定假日三薪工资、夜班补助、高温、防寒费、住宿餐食补贴、服装及洗理费等）、员工福利（月度、年终考核奖）、国家及地方规定的社会保险、合同补偿金、装备折旧、低值易耗品、培训督察费、管理费、利润、税金等一切费用。投标单位承诺已认真组织踏勘现场，熟悉和考虑现场及周边环境、市场人工工资上浮等所有因素，并不得以未考虑现场及周边环境、市场人工工资上浮等为由对包干月服务单价进行调整。投标单位承诺：上述包干月服务单价不低于其成本价。

该安保服务项目预算书见表3-9。

表3-9 该安保服务项目预算书

序号	项目	单价/元	备注
1	基本工资	2020	2015年最低工资标准
2	社会保险金	1246	按外地农村户籍缴纳社保3271×38.1%=1246(元)
3	意外险	35	商业保险，保额50万元
4	伙食补贴	220	每日工作餐按10元补贴

续表

序号	项目	单价/元	备注
5	交通补贴	110	每日按5元交通费补贴
6	住宿补贴	0	甲方提供住宿
7	高温费	67	法律规定最低水平200元/月,按4个月高温天计算
8	国定节假日加班	255	法定节假日11天
9	带薪年休假	0	
10	合同补偿金	0	
11	岗位培训	88	上岗证及监控
12	服装	50	行业标配或客户定款
13	装备费	50	对讲机、警棍、头盔、手电筒等执勤器材
小计		4141	
14	管理费(5%)	207	
15	税金(5.61%)	232	
16	合计	439	
17	服务费单价	4580	

学习单元6 编制保安服务项目实施方案

学习目标

掌握保安服务项目实施方案编制知识；

能够规范地编制保安服务项目实施方案。

知识要求

一、项目范围管理

在一个项目中人们应该知道客户需要什么，自己要做什么，项目中哪些该做、哪些不该做、做到什么程度，这些都是由“项目范围”和“范围管理”来决定的（图3-13）。

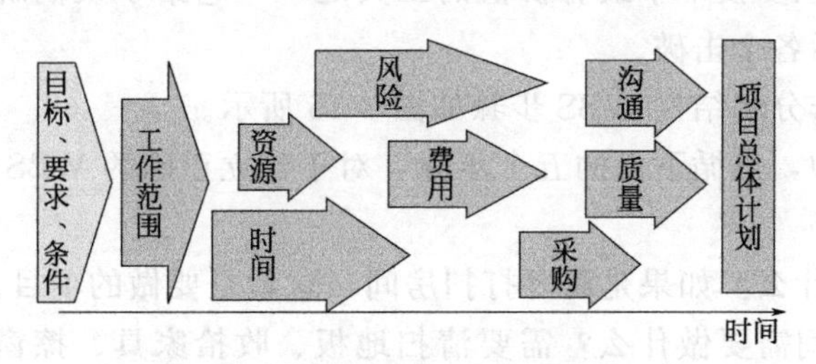

图3-13 项目前期计划过程的时序

（一）项目范围管理的概念及作用

项目范围即项目的工作范围，是指项目组织为了成功完成项目，确保项目目标得以实现，提供客户需要的服务所必须完成的，而且仅限于必须要做的全部项目工作。

项目范围管理，就是对项目从立项到结束的整个生命期中有关项目的工作范围进行管理和控制的过程和活动，以确保项目包含的所有工作，且仅限于项目所包含的工作得以有效完成，以便使客户能满意地接受项目交付结果的过程，也就是保证项目团队不少做也不多做项目所要求的工作，以便实现项目的成本、进度和质量等各项目标，使项目获得成功。

项目范围管理的作用是：为项目实施提供工作范围的框架；提高资金、时间、人力和其他资源估算的准确性；确定进度测量和控制的基准，便于对项目的实施进行有效的控制；有助于清楚地分派任务。

（二）工作分解结构 WBS

项目的工作分解结构是反映项目所包含工作的详细分解示意图，它更加准确地描述了项目的范围：凡是工作分解结构显示的活动，则属于项目范围之内的活动。通过这种方法确保了实现项目目标的所有工作都得到识别、确认，并能进一步安排人员、资金、时间去完成，从而能更加有效地控制整个项目。

项目的工作分解结构就是把项目整体分解成较小的、易于管理和控制的若干子项目或工作单元的过程，直到可交付成果定义得足够详细，足以支持项目将来的活动，如资源需求计划、工期估计、成本估计、人员安排、跟踪控制等。通过工作分解，更加详细和具体地确定了项目的全部范围，也标示了项目管理活动的努力方向（图 3-14）。

① 清楚地展示所有工作
② 明确具体的任务
③ 便于制订完善的项目计划
④ 确定所需的技术、人力及其他资源
⑤ 有利于界定职责和权限，便于沟通
⑥ 更清楚地理解任务的性质
⑦ 便于跟踪、控制和反馈

图 3-14　工作分解的目的

即：①把项目要做的所有工作都清楚地展示出来，不至于漏掉任何重要的事情；②使项目执行者明确具体的任务及其关联关系，做到胸有成竹；③容易对分解出的每项活动估计所需时间、所需成本，便于制订完善的项目计划；④通过项目分解，可以确定完成项目所需的技术、所需要的人力及其他资源；⑤有利于界定职责和权限，便于各方面的沟通；⑥使项目团队成员更清楚地理解任务的性质及其努力的方向；⑦便于跟踪、控制和反馈。

WBS 是项目管理众多技术中最有价值的工具之一，它给予人们解决复杂问题的清晰思路——解剖麻雀，然后各个击破。

实用而具体的工作分解结构 WBS 步骤如图 3-15 所示。

在具体分解过程中，遵循下面的五个步骤，对于建立正确的 WBS 将非常有帮助。

以打扫房间为例：

① 先问：需要干什么？如果是需要打扫房间，这就是要做的项目。

② 再问：打扫房间需要做什么？需要清扫地板、收拾家具、擦窗户、清理垃圾。这些都是打扫房间这个项目需要完成的主要任务。注意，从这里就要开始检查不要漏掉了某些任务。如果打扫房间还必须将损坏的家具修理好，别忘了将修理家具加到任务里去。

③ 接着问：每项任务如何做？用墩布擦地板、用清洁剂清洁家具、用肥皂水清洗窗户，这些是完成任务的活动。

④ 然后问：怎样才能完成这些活动？用墩布擦地板时需要取墩布、湿润墩布、擦地板、洗墩布等一系列的子活动，它们实际上就是用墩布擦地板这项活动的工作包。

⑤ 最后问：这样分解是否正确和完整？有没有遗漏的任务？每项任务是否可以很容易

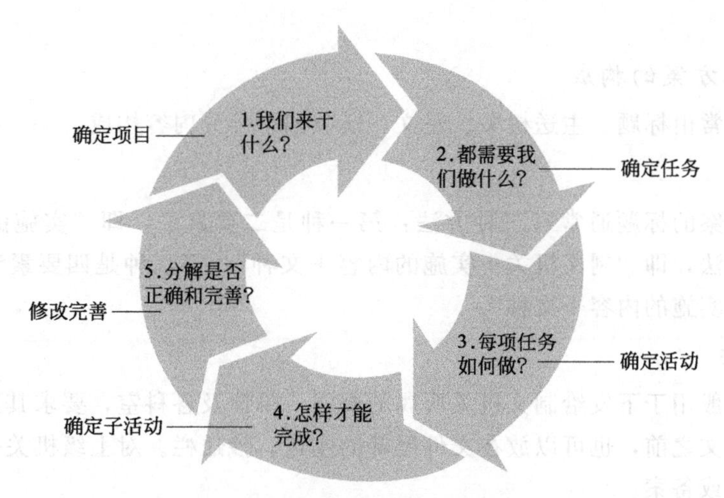

图 3-15　工作分解结构 WBS 步骤

地分配责任和角色？每项任务需要的资源是否很容易确定？每项任务的工期是否很容易估计？每项任务完成的衡量标准是否十分清楚？如果答案是否定的，就需要进一步地修改和分解（图 3-16）。

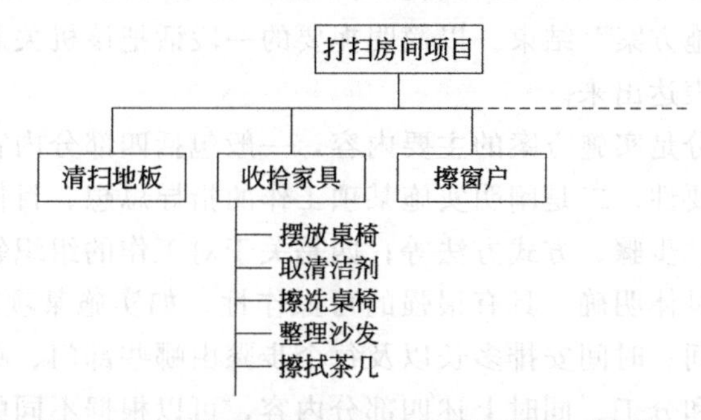

图 3-16　打扫房间项目的工作分解结构（部分）

二、项目实施方案概述

（一）实施方案的概念和特点

实施方案是指对某项工作，从目标要求、工作内容、方式方法及工作步骤等做出全面、具体而又明确安排的计划类文书。项目实施方案也叫项目执行方案，是指正式开始为完成某项目而进行的活动或努力工作过程的方案制定，是企业项目能否顺利和成功实施的重要保障和依据。

实施方案具有两个显著特点：第一，具体性。实施方案要把某项工作的工作内容、目标要求、实施的方法步骤以及领导保证、督促检查等各个环节都要做出具体明确的安排。要落实到工作分几个阶段、什么时间开展、什么人来负责、领导及监督如何保障等，这些都要做出具体明确的安排。第二，规定性。实施方案的制定有很强的规定性。实施方案的规定性表现在两个方面，一方面，实施方案要根据上级的有关文件及精神来制定，要根据所要实施的工作的目的、要求、工作的内容及单位的实际情况来制定，而不能是随意制定的；另一方面，实施方案一旦制定出来，制定机关及相关部门单位就要按照实施方案认真组织实施，具有强制性。

（二）实施方案的构成

实施方案通常由标题、主送机关、正文、落款四个部分内容构成。

1. 标题

制作实施方案的标题通常有三种方法：第一种是二要素法，即“实施的内容＋文种”；第二种是三要素法，即“制文机关＋实施的内容＋文种”；第三种是四要素法，即“制文时间＋制文机关＋实施的内容＋文种”。

2. 主送机关

实施方案一般用于下发给制文机关所属的部门、单位及各科室，要求其遵照执行。主送机关可以放在正文之前，也可以放在文件尾部的主送、抄送栏。对上级机关一般是抄送或抄报，以用于审批或备案。

3. 正文

实施方案的正文一般分前言、主体、结尾三部分。

（1）前言　要写明制发实施方案的目的和依据，要求写得简明扼要。一般先写制发的目的，常用“为”“为了”开头；然后说明制发的依据，常用习惯语“根据……，结合本（我）单位的实际，制定本实施方案”结束。以简明扼要的一段话把该机关制定实施方案的目的和根据非常清楚、明确地表达出来。

（2）主体　主体部分是实施方案的主要内容，一般包括四部分内容：一是简要阐述实施某项工作的重要性和必要性；二是阐明实施某项工作的指导思想、目标要求及指导原则；三是实施某项工作的安排、步骤、方式方法等；四是关于对工作的组织领导及资金保证等。

这几部分内容要求具体明确，具有很强的可操作性，如实施某项工作分为哪几个步骤、每个步骤安排在什么时间、时间安排多长以及每个步骤由哪些部门、哪些人员负责落实等都要做好具体明确的安排和分工。同时上述四部分内容，可以根据不同的部门单位、不同的工作内容而有所删减。

（3）结尾　结尾部分通常是对贯彻实施方案提出明确的要求，要求受文机关认真贯彻执行，要写得简明扼要。

4. 落款

在正文右下角写上发文机关的名称和发文日期。如果标题中写明发文机关的，可以省略不写发文机关，直接写发文日期。

（三）保安服务项目实施的具体要求

如果确定保安服务项目中标后，就有一个前期筹备的过程，要严格按照招标要求和投标响应的要求，对现场再次进行实地考察。对各岗位做到了然于胸，对各岗位要求的人员进行招聘，做好培训，人员年龄、结构、经验等进行梯次配置。按照现场情况，制定保安服务工作方案、应急预案，细化岗位职责，按照保安服务“四有三建两统一”要求，对本驻勤单位进行上勤准备。保安员要有上岗前培训、岗中培训。上岗前的培训，要考取保安员证，陆续考取国家初级保安员证，同时对要服务的保安驻勤单位工作性质和岗位要求进行岗前培训，通过一段时间的磨合，定期在岗中进行轮训。

“四有”即①有标识，保安服务驻勤点明显区域要有公司标志。标志包含保安公司名称、保安服务驻勤点名称、驻勤点负责人姓名；驻勤点内相应区域张贴负责人、保安员照片并标明个人基本信息。②有制度，保安服务公司要制定详细的保安服务驻勤点管理制度，主要包括班队长职责、保安员职责、岗位职责任务、日常学习和培训、请销假、保安员考核、内务管理规定等。所有的管理制度要在驻勤点相应区域公布；保安员应熟知制度内容。③有预案，保安服务公司要根据服务单位实际情况制定相应的处置突发案事件的预案，包括处置火灾、盗抢、重大事故、群体性事件等突发案事件方面的内容；保安员必须熟知各项预案。保安服务公司要定期组织培训，适时开展有针对性的演练。④有记录，保安服务驻勤点必须有详细的考勤记录、交接班记录、学习培训演练记录、检查记录，并定期归档。

“三建”即①建纠察队，保安服务公司应按照千分之二的比例，建立专职纠察队，人数不少于 5 人；并制定纠察制度，规范纠察程序，统一纠察标志。②建矛盾化解室，保安服务公司要在公司内部建立矛盾化解室，做到专人负责接待，解答保安员提出的问题，积极化解保安员与公司的各类矛盾。矛盾化解室可通过热线电话、网络邮件、书信等多种形式开展工作。③建心理咨询热线，北京保安协会负责心理咨询热线的筹建工作，对于保安员在工作生活中所遇到的问题给予解答，缓解基层保安员工作生活中的心理压力。

“两统一”即①统一服装，保安员应着制式保安服（另有规定的除外），按要求佩戴保安服务公司名称标识。②统一装备，保安服务企业应根据《保安服务管理条例》和相关标准要求，为保安服务驻勤点和保安员配备统一的装备，包括通信设备、非杀伤性防卫器材、救生器材等。

保安服务运营管理中，最重要的负责人就是现场的保安班队长，因为 24 小时在现场执勤的就是班队长，随后就是公司的各级管理经理定期到现场指导保安服务工作，并与甲方单位主管领导及时进行保安工作的沟通和协调。同时，保安公司的纠察大队，不定期采用明察和暗访的形式，对项目进行检查。保安服务公司应定期组织人员训练和消防应急等演练。

技能要求

一、工作名称

编制保安服务项目实施方案。

二、工作程序

在整个项目管理的流程中，实施方案的内容贯穿其中。项目勘察后，保安服务公司需要根据现场实际情况制作一个初步服务方案；投标文件中，技术标里面有大量关于保证服务品质的服务方案的内容；签订合同时，合同中的关于服务质量、人员的安排等也是实施方案的内容之一。鉴于此，在编制项目的实施方案时，相关人员可以根据整个项目推进的时间进程，获取不同阶段的相关材料，考虑最新情况的变化来进行编制。

以某保安服务公司承担的“某市东方饭店物业管理服务项目”为例，下面列出该项目实施方案（中标后）中主体部分应包含的内容（框架）。

（一）项目的总体构想和目标

总体阐述一下该项目要达到的目的和质量目标。

如总目标：在管理合同期内实现“安全、文明、舒适”的物业区。

分目标：

① 员工持证上岗率100%。

② 保安服务达标率98%。

③ 治安消防责任事故发生率0。

④ 违章发生率3%以下，处理率100%。

⑤ 综合服务满意率95%以上。

⑥ 投诉处理率100%。

（二）项目基本情况介绍

① 招标单位。

② 项目名称。

③ 项目性质。

④ 基本情况（周边治安交通环境、历史治安情况、地址、边界、面积、平面图、现有物防和技防等）。

⑤ 工作范围。

（三）项目组织架构

1. 岗位部署及主要任务

岗位部署及主要任务见表3-10。

表3-10 岗位部署及主要任务

岗位名称	分类						
	岗位设置	执勤时间/小时			执勤形式	执勤人数	主要任务
		昼	夜	合计			
项目主管					固定游动		带领保安人员执行合同范围内的工作，协调与甲方的关系，定期进行教育培训和管理保安人员
门岗					固定		负责人员、物品、车辆出入登记与接待，维护现场秩序
巡逻岗					游动		负责大厦内部的巡视及安全隐患和消防工作的检查
车场岗					游动		负责车辆指挥，安全隐患和消防工作的检查
中控室					固定		负责中控室的监控工作，紧急情况及时汇报
合计							
备注							

2. 保安人员素质要求

保安人员素质要求见表3-11。

表3-11 保安人员素质要求

序号	人员素质要求			安排岗位
	身高(以上)	学历(以上)	其他	
1	1.70米	初中	退伍军人或具有较强的管理、培训、执勤能力者	项目主管
2	1.70米	初中	具有一定的专业知识和执勤能力者	员工

3. 岗位职责

如：

① 分公司经理职责（略）。

② 项目主管职责（略）。
③ 班长职责（略）。
④ 门卫岗职责（略）。
⑤ 巡逻岗职责（略）。
⑥ 车场岗职责（略）。
⑦ 监控室值班员职责（略）。

4. 保安人员服装、通信配备计划

保安人员服装、通信配备计划见表3-12。

表3-12 保安人员服装、通信配备计划

目录	数量	提供方	备注
对讲机	台	甲方	按岗位配备
强光手电	个	甲方	按岗位配备
哨楼	按实际需求配备	甲方	按岗位配备
岗台、太阳伞	按实际需求配备	甲方	按岗位配备
空调或电风扇	按实际需求配备	甲方	宿舍用
电视	1台	甲方	宿舍用
电话	1部	甲方	以备紧急联系用
暖瓶(饮水机)	按实际需求配备	甲方	按实际情况配备
小衣柜	个	甲方	按人数配备
高低床	张	甲方	按人数配备
雨衣、雨鞋	按实际需求配备	甲方	按岗位配备
春秋装	套	乙方	按人数配备
大檐帽	顶	乙方	按人数配备
夏装	套	乙方	按人数配备
白手套	双	乙方	按人数配备
衬衫	件	乙方	按人数配备
白腰带	根	乙方	按人数配备
肩章、帽徽	副(枚)	乙方	按人数配备
棉大衣	件	乙方	按岗位配备
各项工作记录本	1套	乙方	按项目配备
《员工手册》《作业指导书》	1套	乙方	按项目配备

5. 有关各方通讯录

6. 项目管理表单

项目管理表单见表3-13。

表3-13 项目管理表单

员工名册	考勤表	保安员履历表	培训记录表
会议记录表	保安服务评价表	保安装备台账	钥匙使用登记表
车辆进出登记表	事件报告	纠正措施报告	物品移交清册
执勤记录本	巡逻记录表	监控中心值班记录	灭火器/栓检查表
……			

（四）服务质量要求

① 职责、权限与沟通。
② 保安服务控制程序。
③ 客户满意度测量。

（五）项目预算书

（六）应急预案（紧急情况处理）

① 火警应急预案。

② 交通事故应急预案。

③ 高空坠物应急预案。

④ 防台防汛防暴雨应急预案。

⑤ 设备设施突发事件应急预案（如煤气泄漏、水管爆裂、大范围停电、电梯困人等）。

⑥ 治安、刑事案件应急预案（伤害、抢劫、抢夺、盗窃、爆炸、纵火等）。

⑦ 管理服务应急预案（噪声扰民、不听从劝阻、醉酒闹事、精神病人、失物处理、突发疾病、狗咬伤人、冲闸等）。

紧急情况处理流程图见图 3-17。

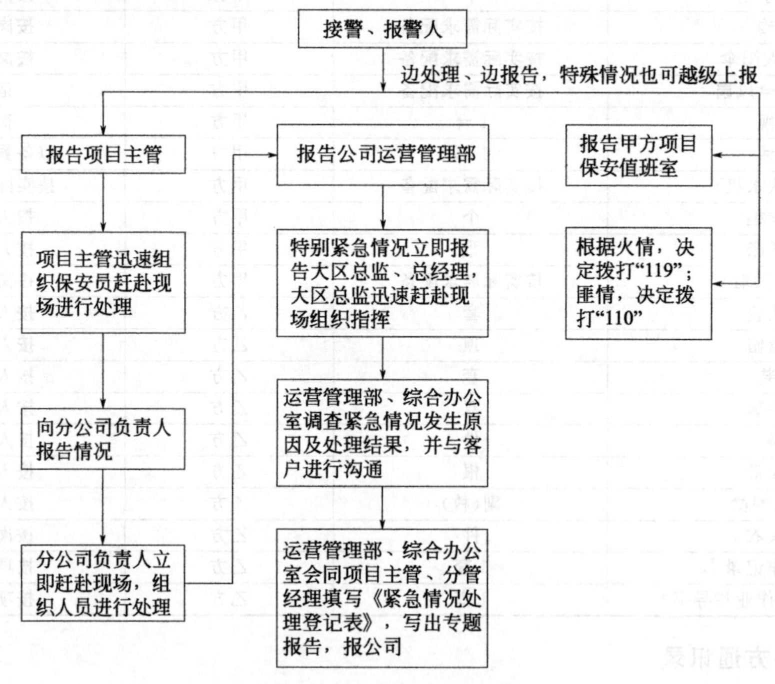

图 3-17 紧急情况处理流程

第三节 保安项目实施

学习单元 1 组建保安服务项目组

学习目标

掌握保安服务项目组组建和职责知识；

项目团队精神和团队绩效；

项目经理的角色。

知识要求

一、项目组织基础知识

（一）项目利益相关者

项目利益相关者又称项目干系人，是指与项目有一定利益关系的个人或组织，也就是项目参与方及受项目运作影响或能够对项目运作产生影响的个人或组织。项目管理者首先要全面识别出项目利益相关者，然后分析和确定这些项目利益相关者的需求和期望，尽最大可能地管理与需求相关的影响，以获得项目的成功。通常，在一个保安项目的组织管理中，主要的利益相关者包括以下几个方面。

1. 项目客户或用户

项目的客户或用户是使用项目成果的个人或组织，任何项目的开发都是为项目的客户或用户服务的。因此，在项目管理中必须认真识别和分析项目客户或用户的需要、期望和要求。保安项目的客户或用户有时是单一的，有时可能比较广泛。

2. 项目经理

项目经理是负责管理整个项目的人。项目经理既是一个项目的领导者、管理者和项目决策的制定者，又是项目决策的执行者。项目经理需要领导和组织好自己的项目团队，做好项目的计划、组织、实施和控制等一系列的项目管理工作。但是，在有关项目期限、质量和成本等方面的重大决策上，项目经理要听命于公司和客户。项目经理对于项目的成功非常重要，一个项目成功与否与项目经理的能力关系密切。因此，需选派一位合适的项目经理负责项目的管理。

3. 项目实施组织

项目实施组织是指承担实施责任并由其项目团队完成项目实施的保安服务公司。

4. 其他项目的利益相关者

除了以上项目利益相关者外，还有供应商、贷款银行、政府有关部门、合作伙伴、项目所涉及的市民和社区等都与项目存在各种关系。

对于项目管理者来说，必须弄清楚各个利益相关者的需求和期望，调动其积极因素，化解其消极影响，以确保项目获得成功。

（二）项目管理组织

项目是由人来执行的，为了使人们能为实现目标而有效地分工协作，就必须设计合理的项目管理组织。项目管理组织是项目管理的主要内容之一，其主要目的是充分发挥项目管理职能，提高项目管理的整体绩效，以达到项目管理的目标。

1. 项目管理组织概述

项目管理组织是为了完成某个特定项目任务而由不同的部门、不同专业的人员所组成的一个特别的临时性组织，通过计划、组织、领导、控制等过程，对项目的各种资源进行合理配置，以保证项目目标的成功实现。

项目管理组织作为组织的一种类型，具有一般组织所具备的特征。由于项目与项目管理的特殊性，项目管理组织又具备以下特点。

（1）临时性　项目管理组织是为完成项目而组建、为项目而服务的组织。一旦项目结束，成功地实现了项目目标，项目管理组织的使命也就完成了，项目管理组织随着项目的结束而解散。

（2）任务导向性　项目管理组织是为了满足顾客的需求，以项目为组织单元，围绕任务来配置各种资源的组织。因此，项目管理组织是面向任务而建立起来的，所有项目管理的目标都指向要完成的工作任务。

（3）柔性与灵活性相结合　项目管理组织与其他类型的组织相比，有较大的柔性和灵活性。项目管理组织的主体和成员会随着项目的进展而发生变化。各个项目相关者之间的联系是有条件的、松散的，是通过合同、协议、法规，以及其他各种社会关系结合起来的。

（4）既强调统一领导又重视团队合作　项目经理是项目的负责人，是沟通和协调项目所有利益相关者的核心人物，对项目组织的组建、项目实施的进度与费用控制、项目目标的实现起重要作用。但影响项目成功的另外一个关键因素是必须具有主动性、创造性的项目团队。项目的成功需要成员之间团结一致、密切配合、强调团队的协作精神。

2. 项目式组织结构

每个组织都是为了完成一定的使命和实现一定使命与目标而设立的。由于每个组织的使命、目标、资源条件和所处的环境不同，因此，其组织结构也不同。

保安项目通常采用项目式组织结构。项目式组织结构是一种面向任务或活动的组织结构，适用于开展各种业务项目的组织，是一种专为开展一次性和独特性项目任务而设计的组织结构。项目式组织结构是按照项目来划归所有资源，即每个项目组织有完成项目任务所必需的所有资源，每个项目实施组织有明确的项目经理。项目经理对上直接接受企业主管或大项目经理领导，对下负责本项目资源的运用以完成项目任务。每个项目组织之间具有相对独立性。项目式组织结构中也有专门的职能部门负责整个组织的职能业务管理，但是这些职能部门一般不行使对项目经理的直接领导，而是为项目团队提供各种支持或服务（图 3-18）。

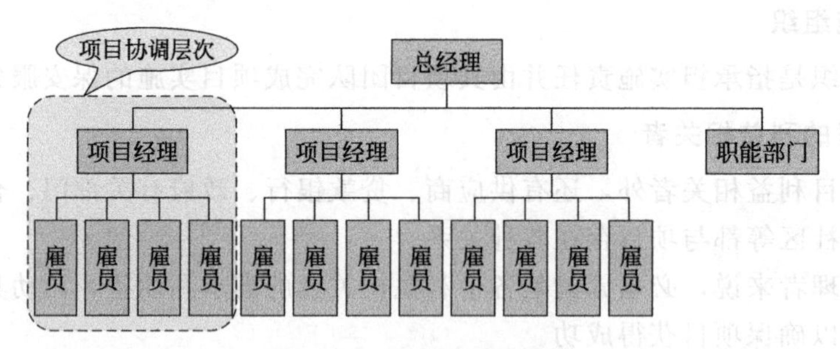

图 3-18　项目式组织结构

项目管理组织特点见表 3-14。

表 3-14　项目管理组织特点比较

项目特征	组织结构				
	职能型	矩阵型			项目型
		弱矩阵	平衡矩阵	强矩阵	
项目经理权限	很少或没有	有限	少到中等	中等到大	很高，甚至全权
可利用的资源	很少或没有	有限	少到中等	中等到多	很多，甚至全部
控制项目预算者	职能经理	职能经理	职能经理与项目经理	项目经理	项目经理
项目经理的角色	半职	半职	全职	全职	全职
项目管理行政人员	半职	半职	半职	全职	全职

二、项目团队

阅读材料：

《西游记》中的“项目团队”

在一个项目团队中，有各种不同的人员，他们具有不同的背景，有着不同的特长，也具有不同的性格特征。如何充分发挥每一位团队成员的积极性和特长，并保证这些积极性和特长的发挥能够与项目目标保持一致，是每位项目经理在团队管理中所必须处理好的问题。有趣的是，我们在中国的古典小说《西游记》中找到了这样一个非常生动、非常成功的案例。为了完成西天取经任务，四位组成取经团队，成员有唐僧、孙悟空、猪八戒、沙和尚。其中唐僧是项目经理、孙悟空是技术核心、猪八戒和沙和尚是普通团员。这个团队的高层领导是观音。

在《西游记》中，唐僧师徒四人历经千难万险，从“东土大唐”出发，最终完成“西天取经”的任务。从项目管理的眼光来看，这本身就是一个项目的实施过程，也符合项目的一般特征，即“特定性”（项目任务为“西天取经”，项目交付物为“佛经”）和“过程性”（完成取经任务，提交项目交付物——“佛经”之后，该项目即宣告结束）。任务完成过程中的其他要素也很齐全：包括项目交付物的“受益人”（唐朝皇帝）、项目的“资助人”（如来佛祖）、项目实施过程中的支持保障体系（各位神仙）等。

《西游记》中的“项目团队”很符合项目团队的一般特征：唐僧师徒四人构成了项目实施团队，其团队成员有着不同背景、能力和性格特征。唐僧负责带领这个队伍取回真经，孙悟空负责一路上降妖除魔，猪八戒负责牵马，沙和尚负责挑担，观音菩萨则在危难之时鼎力相助。正是由于这支队伍分工明确、各负其责，才能够使其在一次又一次的磨难中突出重围，完成其西天取经的艰巨任务。

项目团队是项目组织的核心，建设一个高效的项目团队对项目的成功起着非常重要的作用。现代项目管理十分强调项目团队的组织和建设，注重按照团队的方式开展项目工作，这就使得项目团队建设和发展成为项目组织管理中的一项重要内容。

（一）项目团队的概念和特点

团队是指一个组织在特定的可操作范围内，为实现特定目标而建立的相互合作、一致努力的由若干成员组成的凝聚力很强的共同体。即两个或两个以上、相互依赖的、承诺共同的规则、具有共同愿景、愿意为共同的目标而努力的互补技能成员组成的群体，通过相互的沟通、信任、合作和承担责任，产生群体的协作效应，从而获得比个体成员绩效总和大得多的团队绩效（图 3-19）。

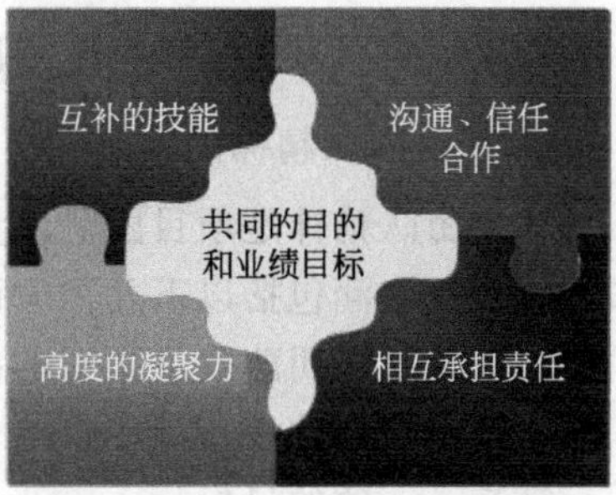

图 3-19　项目团队的特点

项目团队是由一组个体成员为实现一个具体项目的目标而组建的协同工作队伍。项目团队的根本使命是实现具体项目的目标和完成具体项目所确定的各项任务。项目团队是一种临时性的组织，一旦项目完成或者中止，项目团队的使命即告完成或中止，随之项目团队即告解散。

（二）项目团队的创建和发展

项目团队从组建到解散，是一个不断成长和变化的过程，一般可分为五个阶段：组建阶段、磨合阶段、规范阶段、成效阶段和解散阶段。在项目团队的各阶段，其团队特征也各不相同（图 3-20）。

图 3-20 项目团队的发展过程

1. 组建阶段

此时团队成员由个体而归属于团队，归属的需求得到满足，总体上有一种积极向上的愿望，团队成员的情绪特点包括：激动、希望、怀疑、焦急和犹豫，在心理上处于一种极不稳定的阶段。此时项目经理需要为整个团队明确方向、目标和任务，为每人确定职责和角色。

2. 磨合阶段

项目团队成员开始合作后就会有人发现各方面与当初的设想和期望不一致而出现失望，结果产生矛盾和抵触。此时团队成员情绪的特点是：紧张、挫折、不满、对立和抵制。项目经理需设法解决出现的各种问题和矛盾，消除震荡的关键在于容忍不满的出现和积极解决冲突，消除团队中的震荡因素。

3. 规范阶段

项目团队的矛盾降低，此时项目团队成员的情绪特点：信任、合作、忠诚、友谊和满意。项目经理此时应通过正负强化等激励手段去规范人们的行为，应开展积极授权和支持项目团队成员的建议和参与，应使整个团队和每个团队成员的行为都能为实现项目目标服务。

4. 成效阶段

此时项目团队的成员积极工作，项目团队不断取得辉煌成绩。此时团队成员开放、坦诚、相互依赖和具有很高的团队集体感与荣誉感。项目经理在这一阶段应该采用自我管理和自我激励的模式开展管理。

5. 解散阶段

在此阶段，项目团队完成任务，准备解散，这时项目团队面对离别，就会感到失落。

（三）项目团队精神和团队绩效

1. 项目团队精神的内涵

项目团队精神是项目团队成员为了团队的整体利益和目标而相互协作、共同努力的意愿和作风，其内涵包括以下几个方面。

第一，项目团队成员之间的高度信任。

第二，强烈的相互依赖。

第三，一致的目标。

第四，全面的互助合作。

第五，平等与积极参与。

第六，自我激励和管理。

2. 团队绩效的影响因素

当一个项目团队缺乏团队精神时就会直接影响到团队的绩效和项目的成功。在这种情况下，即使每个项目团队成员都有潜力去完成项目任务，但是由于整个团队缺乏团队精神，使得大家难以达到其应有的绩效水平，所以团队精神是影响团队绩效的首要因素。除了团队精神以外，还有一些影响团队绩效的因素。

第一，项目经理领导不力。这是指项目经理不能够充分运用职权和个人权力去影响团队成员的行为，去带领和指挥项目团队为实现项目目标而奋斗。这是影响项目团队绩效的根本因素之一。作为一个项目经理一定要不时地检讨自己的领导工作和领导效果，不时地征询项目管理人员和团队成员对于自己的领导工作的意见，努力去改进和做好项目团队的领导工作。因为项目经理领导不力不但会影响项目团队的绩效，而且会导致整个项目的失败。

第二，项目团队的目标不明。这是指项目经理、项目管理人员和全体团队成员未能充分了解项目的各项目标，以及项目的工作范围、质量标准、预算和进度计划等方面的信息。这也是影响项目团队绩效的一个重要因素。一个项目的经理和管理人员不但要清楚项目的目标，而且要向团队成员宣传项目的目标和计划，向团队成员描述项目的未来远景及其所能带来的好处。项目经理不但需要在各种项目会议上讲述这些，而且要认真回答团队成员提出的各种疑问，如有可能还要把这些情况以书面形式提供给项目团队中的每位成员。项目经理和管理人员一定要努力使自己和项目团队成员清楚地知道项目的整体目标。

第三，项目团队成员的职责不清。项目团队成员的职责不清是指项目团队成员们对自己的角色和责任的认识含糊不清，或者存在有项目团队成员的职责重复、角色冲突的问题。这同样是一个影响项目团队绩效的重要因素。项目经理和管理人员在项目开始时就应该使项目团队的每位成员明确自己的角色和职责，明确他们与其他团队成员之间的角色联系和职责关系。项目团队成员也可以积极要求项目经理和管理人员界定和解决团队成员职责不清的地方和问题。在制定项目计划时要利用工作分解结构、职责矩阵、甘特图或网络图等工具去明确每个成员的职责，使每个团队成员不仅知道自己的职责，还能了解其他成员的职责，以及它们如何有机地构成一个整体。

第四，项目团队缺乏沟通。项目团队缺乏沟通是指项目团队成员们对项目工作中发生的事情缺乏足够的了解，项目团队内部和团队与外部之间的信息交流严重不足。这不但会影响一个团队的绩效，而且会造成项目决策错误和项目的失败。一个项目的经理和管理人员必须采用各种信息沟通手段，使项目团队成员及时地了解项目的各种情况，使项目团队与外界的沟通保持畅通和有效。项目经理和管理人员需要采用会议、面谈、问卷、报表和报告等沟通形式，及时公告各种项目信息给团队成员，而且还要鼓励团队成员之间积极交流信息，努力进行合作。

第五，项目团队激励不足。项目团队激励不足是指项目经理和项目管理人员所采用的各种激励措施不当或力度不够，使得项目团队缺乏激励机制。这也是很重要的一个影响团队绩效的因素，因为这会使项目团队成员出现消极思想和情绪，从而影响一个团队的绩效。通常，激励不足会使项目团队成员对项目目标的追求力度不够，对项目工作不够投入。要解决这一问题，项目经理和管理人员需要积极采取各种激励措施，包括目标激励、工作挑战性激励、薪酬激励、个人职业生涯激励等措施。项目经理和项目管理人员应该知道每个团队成员的激励因素，并创造出一个充分激励机制和环境。

第六，规章不全和约束无力。这是指项目团队没有合适的规章制度去规范和约束项目团队及其成员的行为和工作。这同样是造成项目绩效低下因素之一。一个项目在开始时，项目经理和管理人员要制定基本的管理规章制度，这些规章制度及其制定的理由都要在向全体团队成员做出解释和说明，并把规章制度以书面形式传达给所有团队成员。同时，项目团队要有行使规章制度以约束团队成员的不良与错误行为。例如，对于不积极努力工作、效率低下、制造矛盾、挑起冲突或诽谤贬低别人等行为都需要采取措施进行约束和惩处。项目经理和管理人员要采用各种惩罚措施和负强化措施，努力做好约束工作，从而使项目团队的绩效能够不断提高。

项目团队成长各阶段的绩效水平与团队精神示意图如图 3-21 所示。

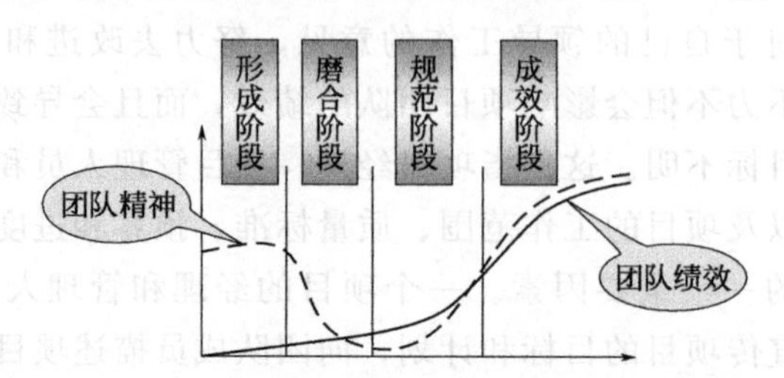

图 3-21 项目团队成长各阶段的绩效水平与团队精神示意图

3. 有效领导项目团队

组成一个团队后，项目经理的任务是保证项目在工作绩效的稳定期内运行。同时，团队领导和组织的职能管理部门一定要保证实现项目和个人的目标。有效地领导项目团队应从以下几方面着手。

(1) 选择合适的项目成员　一个高效的团队不仅需要一个优秀的项目经理，还需要配备合适的项目成员。项目经理在组建项目后的第一个重要任务就是挑选项目组成员。项目经理在组建项目团队时必须综合考虑团队成员的教育背景、工作经历、性格特点、专业技术等，还要考虑项目成员之间的互补性。

(2) 选择合适的激励手段　对于项目组的成员来说，培训、富有挑战性的工作任务，以及允许个体参与决策都是积极的激励手段。对于消极的激励手段，项目经理应节制地使用，因为积极激励比消极激励更趋向于产生持续的影响，但也不能过于频繁地使用积极激励，以免冲淡其效果。

(3) 建立有效的沟通机制　要建立一个高效的项目团队，内部的沟通是非常重要的。如果产生矛盾或是冲突，首先，要识别沟通问题的来源；其次，通过各种渠道与相关人员沟通，并且使用有效倾听的技巧；最后，要用团队文化的压力来避免和减少冲突。

(4) 有效提升团队成员的凝聚力　一个好的项目团队应该是一个具有较高凝聚力的团队，要让团队成员感受到团队的凝聚力。首先，要在组建团队时强调每一个人都是团队不可分割的一部分；其次，要统一团队目标，并强调集体奖励和培养团队成员的集体荣誉感。

(5) 有效利用授权　利用完善的授权系统，团队能够自主完成任务。首先，要确认适当授权的工作范围；其次，要明确授权的对象，只有了解团队成员才能正确授权；再次，要向授权对象说明授权的原因及任务完成后的验收标准；最后，要适当地加以控制并进行有效的评估。

项目团队行动曲线如图 3-22 所示。

三、项目经理

项目经理就是项目的负责人，也称为项目管理者或项目领导者，负责项目的组织、计划及实施全过程，以保证项目目标的成功实现。项目经理是项目成功的关键。项目经理是一个

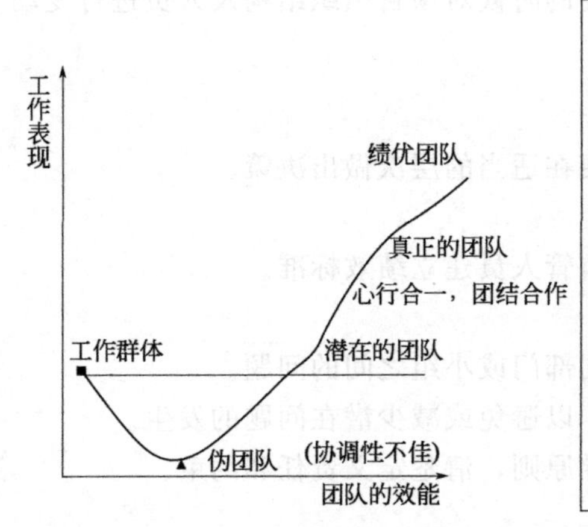

图 3-22 项目团队行动曲线

项目团队的灵魂和领导者，其能力、素质、知识结构、经验水平、领导艺术等都对项目的成败起着决定性的影响。

（一）项目经理的角色

项目经理在整个项目管理中处于核心地位，在项目管理中承担着诸多不同的角色，项目经理所承担的主要角色和职责包括下列几方面：

① 项目团队的领导者和决策人。

② 项目的计划者和分析师。

③ 项目组织者和合作促进者。

④ 项目的控制者和评价者。

（二）项目经理的职责

项目管理的主要责任是由项目经理承担的，项目经理的根本职责是确保项目的全部工作在项目预算的范围内，按时、优质地完成，从而使项目客户满意。

1. 计划

① 对所有的合同文件完全熟知。

② 为实施和控制项目制订基本计划。

③ 指导项目程序的准备。

④ 指导项目预算的准备。

⑤ 指导项目进度安排的准备。

⑥ 指导项目规范的准备。

⑦ 指导项目的组织、实施和控制计划的准备。

⑧ 定期对计划和相关程序进行检查评价，在必要的时候对项目的计划和程序进行改变。

2. 组织

① 开发项目组织图。

② 对项目中的各职位进行描述，列出项目主要监管人员的职责、范围。

③ 参与项目主要监管人员的挑选。

④ 开发项目所需的人力资源。

⑤ 定期对项目组织进行评价，必要的时候对项目组织结构及人员进行变动。

3. 指导

① 指导项目合同中规定的所有工作。

② 在项目组中建立决策系统，以便在适当的层次做出决策。

③ 促进项目主要监管人员的成长。

④ 设立项目经理目标，并为主要监管人员建立绩效标准。

⑤ 培养团队精神。

⑥ 辅助解决存在于承担项目的不同部门或小组之间的问题。

⑦ 对项目总体进展情况保持了解，以避免或减少潜在问题的发生。

⑧ 对关键问题确立书面的战略指导原则，清楚定义责任和约束。

4. 控制

① 监督项目的活动，使项目的进展与项目目标及公司总体政策相一致。

② 监督项目的活动，使项目的进展与合同、计划、程序及顾客的要求相一致。

③ 对人员进行监督，保证其遵守合同条款。

④ 密切监督项目的有关活动，建立有关“变更”的沟通程序，对有关项目范围可能的变更进行必要的评价和沟通。

⑤对成本、进度及质量进行监控，保证及时报告。

⑥与顾客及有关组织保持有效沟通。

（三）项目经理的技能要求

项目的成功在很大程度上取决于项目经理的工作，因此项目经理必须具备保证项目成功所需的各种技能。

（1）概念性技能　指项目经理在项目实现过程中遇到各种意外或特殊情况时，能够根据具体情况做出正确的判断、提出正确的解决方案，做出正确的决策和合理地安排与解决问题的技能。

（2）人际关系技能　指项目经理在与各种人员（包括项目的相关利益者和项目团队的全体成员）打交道的过程中能够充分地与他人沟通，能够很好地进行激励，能够因人而异地采取领导和管理的方式，能够有效地影响他人的行为，以及处理好各方面的人际关系的技能。

（3）专业技能　指项目经理在项目实现过程中所需的处理项目所属专业领域技术问题的能力。一个项目经理不但要有项目管理和一般运营管理方面的能力，还必须要有项目相关专业领域的知识和技能（表 3-15）。

表 3-15　项目经理综合能力评价标准表

考核期	季度考核			
考核项目	权重	评估要点	行为表现	备注
知识和技能		基础知识、专业知识、工作经验和工作技能等	具有丰富的本岗位专业理论知识和业务知识，能够制定科学合理的岗位工作程序、管理制度，并能帮助下属员工理解、执行，精通本职工作、能够指导保安员操作；能够处理本岗位所遇到的各类难题，能够制定出具有指导意义的本岗位工作方法，能够指导下属员工顺利达成工作目标，具有传授业务、培养下属员工成长的能力	知识和技能——要求任职者胜任本职工作，熟悉部门的工作内容和性质，具备工作所需的知识和技能，以及职位需要的工作实践经验

续表

考核期	季度考核			
考核项目	权重	评估要点	行为表现	备注
管理能力		部门计划、组织、领导、协调、控制、部门内外协调	具有较强的组织指挥能力，管理方法科学、民主、合理，具有较强的表达能力和说服能力；遇突发事件临危不惧、科学指挥，各项决策深受员工拥护，号召力强，所在单位（部门）团队意识浓厚	管理能力——要求任职者在本部门能有效地行使管理职能（计划、组织、领导、协调、控制），领导部门工作团队高效优质地完成工作任务
创新能力		管理创新（制度建设、管理提案等）、技术创新、合理化建议被采纳等	积极向公司管理班子提交可行性管理方案和建议，能通过采取各项改革管理措施，改进本单位的工作质量、提升工作效率、提高标准化管理水平、使各项工作目标定量化；积极参与管理创新活动，经常提出可行性高的管理方法	创新能力——要求任职者有较强的创新意识，能够理解和把握公司的发展方向，根据部门工作的性质和内容，结合实际情况，提出切合实际的新观点、新方法，如管理创新、技术创新、合理化建议等
自我认知能力		述职报告，个人发展规划，学习能力	工作目标达到单位目标值，工作态度好，工作认真，按质按量完成本职任务；积极关注外部环境变化，制定科学有效的风险控制措施，工作上有前瞻性，具备预见工作风险和防范风险的能力，关注公司外部经营环境的变化，有自我学习和自我提高意识	自我认知能力——对个人的职业发展有明确的计划，善于总结，扬长避短，努力进行自我学习和自我提高
人际沟通能力		沟通耐心，虚心，认真，坦诚	上下级、同事关系融洽，与各部门之间关系融洽；能妥善处理各类工作纠纷，得到员工尊敬和信任，经常与员工谈心，关注和掌握职工思想动态	人际沟通能力——要求任职者有良好的沟通技巧和倾听技巧，善于协调与处理上下级和同事的关系，人际关系融洽

学习单元2　编制保安服务项目管理制度

学习目标

熟悉保安服务项目管理制度编制知识；

能够熟练地编制保安服务项目管理制度。

知识要求

一、项目管理制度的概念及特点

（一）项目管理制度的概念

项目管理制度就是针对项目范畴和项目特点所规范的管理制度。项目管理制度的主要内容是管人和理事。管人和理事是在一个特定的环境下和具体的专业领域内进行的。项目管理制度也就是为了达到“做正确的事，正确地做事，获取正确的结果”而制定的，需要项目团队成员遵循的、有度去衡量且有法去奖惩和激励的一些程序或规程。

（二）项目管理制度的特点

1. 规范性

管理制度的最大特点是规范性，呈现在稳定和动态变化相统一的过程中。对项目管理来说，长久不变的规范不一定是适应的规范，经常变化的规范也不一定是好规范，应该根据项目发展的需要而进行相对的稳定和动态的变化。在项目的发展过程中，管理制度应是具有相应的与项目生命周期对应的稳定周期与动态的时期，这种稳定周期与动态时期是受项目的行业性质、产业特征、团队人员素质、项目环境、项目经理的个人因素等相关因素综合影响的。

项目管理制度的规范性体现在两个方面：一是客观事物、自然规律本身的规范性和科学性；二是特定管理活动所决定的规范性。

2. 层次性

管理是有层次性的，制度体系也是有层次的。项目管理制度具有层次性，从整个制度体系来看，项目管理制度是公司整体制度当中的一个重要组成部分，如图 3-23 所示。通常的项目管理制度可以分为责权利制度、岗位职能制度和作业基础制度三个层次。各层次的管理制度包含不同的管理要素。前两个制度包含更多的管理哲学理念与管理艺术的要素，后一个属于操作和执行层面，强调执行，具有更多的科学和硬技术要素的内容。

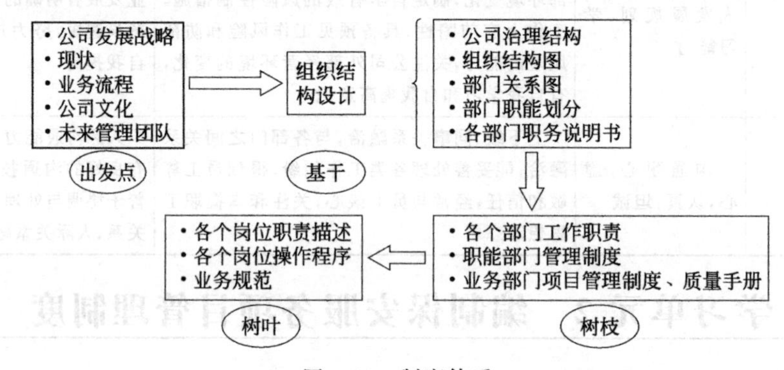

图 3-23 制度体系

制度体系的梯次结构如图 3-24 所示。

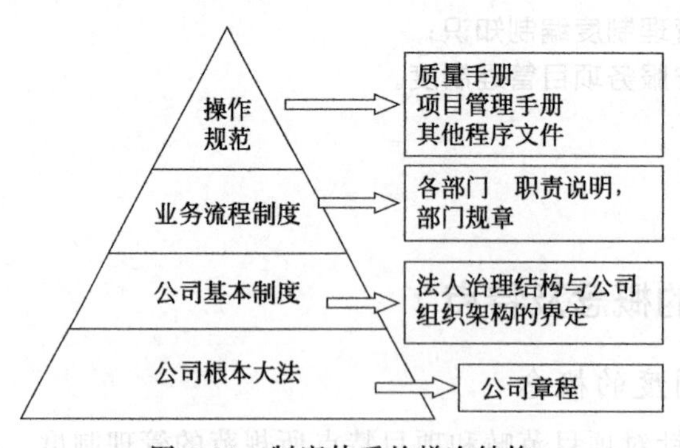

图 3-24 制度体系的梯次结构

3. 适应性

实行管理制度的目的是多、快、好、省地实现项目目标，是使项目团队和项目各个利益相关方尽量满意，而不是为了制度而制订制度。制订制度要结合项目管理的实际，既要学习国际上先进的理论，又要结合实际情况。项目管理制度应该简洁明了，便于理解和执行，便于检查考核。

4. 有效性

制定出的制度要对管理有效，要得到团队成员的认同感。在制订制度的时候，是上级定了下级无条件执行，还是在制订的时候大家一起参与讨论，区别很大。制度的制定是为了项目管理的效率，而非简单地制约员工。管理制度必须在社会规范、国际标准、人性化尊重之间取得一个平衡。

管理制度如果不能获得大家的认可，就失去了对员工行为约束的效力；管理制度如果不能确保组织经营管理的正常有序和效率，就说明存在缺陷。管理制度没有明确的奖惩内容，员工的差错就不能简单地由员工承担责任，主要责任在管理者。反过来，尊重也不是放任，制度的存在价值在于其具有权威性与合理性，不合理可以修改，但不能形同虚设。尊重，是要面对人性和社会规范的。我们提倡人性化管理，但不是人情化管理。该管的一定要管，该遵守的原则一定要遵守，管理者不能将破坏组织的规章制度、损坏组织利益作为换取人情的筹码。即使组织现有的制度确实不合理，也要通过正当途径反馈给决策者，严格按照程序来变更或废除。将不合理的制度置若罔闻而我行我素，这种危害远大于不合理制度存在所产生的危害，这将直接导致员工对整个制度的不重视，从而使得组织上下缺乏执行力。

5. 创新性

项目管理制度的动态变化需要组织进行有效的创新，项目本身就是创新活动的载体，也只有创新才能保证项目管理制度具有适应项目的相对稳定性、规范性，合理、科学把握好或利用好时机的创新是保持项目管理制度规范性的重要途径。

项目管理制度是管理制度的规范性实施与创新活动的产物。有人认为，管理制度＝规范＋规则＋创新，有一定的道理。这是因为：一方面，项目管理制度的编制需按照一定的规范，项目管理制度的编制在一定意义上，是项目管理制度的创新，项目管理制度创新的过程就是项目管理制度的设计、编制，这种设计或创新是有其相应的规则或规范的；另一方面，项目管理制度的编制或创新是具有规则的，起码的规则就是结合项目实际，按照事物的演变过程依循事物发展过程中内在的本质规律，依据项目管理的基本原理，实施创新的方法或原则进行编制或创新，形成规范。

项目管理制度的规范性与创新性之间的关系是一种互为基础、互相作用、互相影响的关系，是一种良性的螺旋式上升的关系，规范与创新能够使两者保持统一、和谐、互相促进的关系，非良性的关系则会使两者割裂甚至出现矛盾。

二、项目管理标准化

项目管理标准化是把项目管理的成功做法和经验，通过在相同或相似的管理模块内进行管理复制，使项目管理实现从粗放式到制度化、规范化、标准化的方式转变。通过标准化管理，可以将复杂的问题程序化，模糊的问题具体化，分散的问题集成化，成功的方法重复化，整体提高项目管理水平，为更好地完成项目提供保障。

通过总结项目管理中的成功经验和做法，有利于不断丰富和创新项目管理方法和企业管理水平。通过对项目管理经验在最大范围内地复制和推广，可以搭建起项目管理的资源共享平台。通过在每个管理模块内制定相对固定统一的管理制度、要素配备标准、现场管理规范和过程控制要求等，可以最大限度地节约管理资源，减少管理成本。通过推行统一的工作标准和流程，可以有效避免项目运行过程中的质量通病和安全死角，为实现项目管理目标提供了保障。通过对项目管理中的各种制约因素进行预先规划和防控，可以有效减少各种风险，避免重蹈覆辙。通过建立标准的岗位责任制和目标考核机制，便于对员工进行统一的绩效考量。

（一）项目标准化管理的形成途径

（1）总结经验和教训　通过对项目管理经验的总结，把成功的经验变为量化的管理标准，使之有效地被执行和检查考核；把失败的教训，经过分析后制定相应的预防或纠正措施，使之成为今后工作的指南。成功的经验和失败的教训，可以作为项目管理案例在所有项目进行学习。

（2）现场实验和试点　将项目管理方方面面的标准，放到具体项目中进行实验和试点，检验其合理性和可行性，成熟可靠、经济适用的方可作为标准在一定范围内复制和推广，否则要到下一个循环重新实验。标准要从实践中来，最终要到实践中去。

（3）进行动态优化　针对实验、试点和实施过程中出现的新情况新问题，应对原有的项目管理标准进行不断的研究、分析和完善，将之提炼为新的项目管理标准，始终保持项目管理标准的科学性和先进性，以充分释放标准化管理的效能。

（二）项目标准化管理的实施

项目管理标准化的实施包含的内容非常丰富，涉及整个项目管理的各个方面，主要包含的内容可以总结为：管理制度标准化、人员岗位标准化、现场管理标准化、过程控制标准化。

1. 管理制度标准化

管理制度标准化就是建立健全各项管理规章制度。制度的标准化不仅仅是企业管理正规划的体现，也是企业提高生产效率、加快发展的必经之路，坚持实行项目制度标准化的管理可以规范管理活动中的行为、提高项目管控能力，还可提高项目管理的执行力。

2. 人员岗位标准化

人员岗位标准化就是项目管理人员配置模式化、定型化，这要求不仅仅是人员的数量还包括人员的技能素养。人员岗位标准化要明确各个岗位的职责权限，人员岗位标准化其中还包括岗位职能的标准化，实质上就是明确岗位职责，及一个岗位应该做什么，不应该做什么，要做到什么程度才算合格，上岗需要具备哪些条件。岗位职责标准化就是员工的工作标准，员工应该在工作中执行并遵守上述标准，工作标准尽可能量化，以便于检查、监督和考核。

3. 现场管理标准化

现场管理标准化就是要在项目现场管理方面做到质量、安全、文明等方面达标。

技能要求

一、工作名称

编制保安服务项目管理制度。

二、工作程序

保安项目管理制度是保安企业开展保安服务时确保服务质量和服务合同得到切实履行的一系列管理制度和操作规程。保安项目管理制度使各项管理工作有法可依、有章可循，做到行为标准化、管理规范化。通常来讲，保安项目管理制度建设主要围绕企业管理制度、企业服务标准和保安员管理制度三大方面，每一方面又由若干制度组成。以下内容是对每方面制度的具体列举，但实践中因企业具体情况而异、因具体项目特点而异，保安服务项目管理制度的内容并不仅局限于此。

（一）企业管理制度

① 行政事务管理制度。

② 人事管理制度。

③ 干部管理制度。

④ 薪酬管理制度。

⑤ 奖惩制度。

⑥ 干部绩效考核制度。

⑦ 定期会议及工作报告制度。

⑧ 物资装备、勤务管理制度。

⑨ 客户管理制度。

（二）企业服务标准

① 各部门工作规程。

② 保安服务规程及岗位责任制度。

（三）保安员管理制度

① 保安员守则。

② 队务管理。

③ 队员仪容仪表规范管理措施。

④ 奖罚措施。

⑤ 执勤、考勤规定。

⑥ 交接班及登记岗位责任制。

⑦ 监管、督导制度。

⑧ 培训制度。

学习单元3　保安服务项目实施过程中的监督与指导

学习目标

掌握保安服务项目实施过程监督指导知识；

能够熟练地编制保安服务项目实施过程监督指导纲要。

知识要求

一、项目监控基础知识

（一）项目监控的概念及范围

1. 项目监控的概念

项目监控是项目管理的重要组成部分，是围绕项目实施计划，跟踪进度、成本、质量、资源，掌握各项工作现状，以便进行适当的资源调配和进度调整，确定活动的开始和结束时间，并记录实际的进度情况，在一定情况下进行路径、决策、度量、量化管理、风险等方面的分析。在实施项目的过程中，要随时对项目进行跟踪监控，以使项目按计划规定的进度、技术指标完成，并提供现阶段工作的反馈信息，以利后续阶段的顺利开展和整个项目的完成。项目监控这项关键活动的目标是综合项目目标，建立项目监控的指标体系及其例行报告制度，然后通过评审、例会及专项审计等监控方法，对项目实施监控。

2. 项目监控的范围

项目的监控范围是全部的，不能是局部的范围。而且项目的监控都是跟项目的活动内容对应存在，只要有活动，就会有监控。项目的监控可能不是工作量最大的工作部分，但绝对是覆盖领域最广的工作部分。包括外部监控和内部监控两部分。

项目监控主要是为了避免制定好的项目开发计划在实施过程中落空。主要的工作是将项目的实际进展情况与项目计划进行比较，若发现某些要点的偏差比较大，超出了容许的误差范围，则应及时做出分析，采取措施使项目回到正轨。项目的监控伴随项目的寿命活跃期全程中连续存在，因此项目的改善属于平行排序。项目的监控在项目的起始点不存在，但是在起始点后立即开始存在，一直延续存在到结束点，与结束点共存，伴随项目活跃期全程。

（二）项目监控的内容

项目负责人应定期地做项目进展报告，将各项监控的结果记录在项目进展报告里，以使项目主管部门及项目组成员及时地了解项目的真实进展状况。

1. 任务进度监控

主要工作是：记录下任务的实际开始时间与实际结束时间，实际的工作量及工作成果等信息以判断该任务是否正常执行。

对于进度延误的任务，项目负责人应和任务责任人沟通，找出延误的原因，适当修改原有的计划或者要求责任人加紧完成进度。

2. 项目开支监控

主要目的是将项目的实际开支控制在预算范围之内。记录下所有的项目开支，与计划中的开支项进行对比，看是否超出原预算，若有较大的赤字，则要找出具体的费用超出项，分析原因，并采取相应的措施。

3. 人员表现监控

项目负责人应在平时记录下项目组每个成员的表现，对表现突出的成员进行表扬和肯定；对表现不好的成员应提出批评，并要求其立即改正态度，项目负责人应该主动去找他们了解具体的情况，询问他们是否遇到什么困难，或是有什么想法，及时地帮助他们排除疑难，使所有成员能把全部的精力放到项目上来，使得项目能按预定轨道前进。

二、项目质量管理

质量管理体系是指在质量方面指挥和控制组织的管理体系。服务质量是企业可持续发展的基础，也是企业的核心竞争力。项目质量是衡量项目能否实现其使用功能的一个重要标志。客户是项目的使用者，也是项目服务的享用者，客户对项目的质量感受最深，如何识别和满足客户对项目的质量要求，又如何去保证项目的质量，这些都是项目管理中值得探讨的问题。

随着保安服务市场逐步开放，市场竞争日趋激烈，给保安服务公司带来了不小的冲击与挑战。《保安服务管理条例》第 24 条第 1 款规定：保安服务公司应当按照保安服务业服务标准提供规范的保安服务。这是关于保安服务公司提供保安服务质量要求的规定。采用标准工作流程，是控制服务质量的重要手段。保安服务质量管理体系，是保安服务公司及其保安员从事保安服务遵循的基本依据和最低要求，也是客户单位确保保安服务质量的重要参考。通过对具体服务的开展领域、操作规程和质量要求等做出的明确规定，服务质量和稳定性能够得到有效的保证。

（一）项目质量管理概述

项目质量是项目的固有特性满足相关方面要求的程度。几个细化的质量概念包括：

1. 产品质量

产品质量指产品的一组固有特性满足要求的程度。或者：产品质量是指产品能够满足使用要求所具备的特性。产品质量特性表现为：性能、可靠性、寿命、安全性、外观质量及经济性等。

2. 服务质量

服务质量指服务业各项活动的一组固有特性满足要求的程度。服务质量的特性依行业而定，主要的共同质量特性有：接近时间、等待时间、服务时间、服务态度、可靠与安全、用户满意度等。

3. 过程质量

过程质量指过程的一组固有特性满足要求的程度。可分为开发设计过程质量、制造过程质量、使用过程质量与服务过程质量。

4. 工作质量

工作质量指与质量有关的各项工作，对产品质量、服务质量、过程质量的保证程度。

ISO 认为，项目质量管理是确定质量方针、目标和职责，并在质量体系中通过诸如质量策划、质量控制点和质量改进使质量得以实现的全部管理活动。现代项目管理中的项目质量管理是为了保障项目的产出物，能够满足客户以及项目各利益相关者的需要所开展的对于项目产出物的质量和项目工作质量的全面管理工作。

（二）项目质量管理理念

项目质量管理认为下述理念是至关重要的。

1. 使客户满意是项目质量管理的目的

全面理解客户的需求，努力设法满足或超过客户的期望是项目质量管理的根本目的。任何项目的质量管理都将满足客户的需要作为最根本的目标。

2. 项目质量是做出来的而不是检验出来的

项目质量是通过项目实施和管理活动而形成的结果，而不是通过单纯的质量检验得到的。项目质量检验的目的是为了找出质量问题。虽然项目质量检验也是一种必要的项目质量管理工作，但是在项目质量管理中避免质量错误和问题要比检验出问题和错误再去纠正要重要得多。

3. 项目质量管理的责任是全体团队成员的

项目质量管理成功的关键是项目团队成员积极参与项目质量管理，对于项目产出物质量与项目工作质量承担自己的责任和管理职责。因此，项目团队全体成员都需要明确和理解自己的质量责任，并积极地承担自己的质量责任。

4. 项目质量管理的关键是不断监控和改进

在项目质量管理过程中需要使用“戴明循环”（图 3-25）。按计划（Plan）、执行（Do）、检查（Check）、处理（Action）四个阶段周而复始地进行质量管理工作，称为质量管理循环，简称 PDCA 循环，也称戴明循环。

PDCA 循环的内容——四阶段、八步骤。

阶段一——计划：①分析现状，找出存在的问题；②找出造成问题的原因；③找出其中的主要原因；④针对主要原因，制订措施计划。

阶段二——执行：按措施计划执行。

阶段三——检查：检查执行情况。

阶段四——处理：①对检查结果按标准处理；②对遗留问题转入下一个循环。

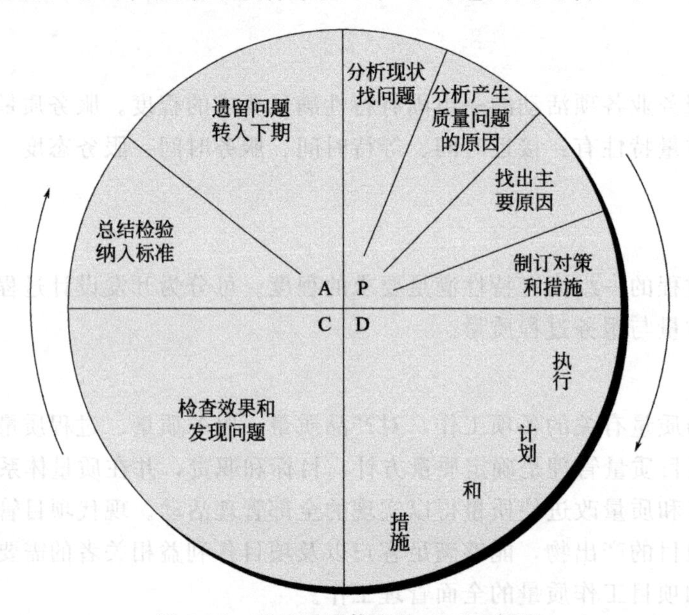

图 3-25 项目质量管理的 PDCA 循环

三、保安服务质量管理手段

为了确保保安服务目标得以全面实现，应采取一套系统和透明的方式开展各项管理工作。保安公司应全面运用质量管理体系的标准，把所有的质量目标进一步化解和细化到每个工作过程，通过确定这些过程的前后顺序和相互作用，确保这些过程的有效运作、控制所有的准则和方法；规定这些工作过程在运行时需完成相应的工作记录并通过这些工作记录来支持这些过程的有效运作和对这些过程的监控；同时，以此来检验和分析这些过程，并采取必要的措施，以实现质量目标和持续改进。

（一）标准化运营流程

制定针对现场的工作手册、员工工作要求，据此指导员工按照岗位标准去执行工作。将各岗位工作职责、应急处置流程等文件放置在现场，供保安人员不断学习及巩固。

表 3-16 列出了保安服务项目通用的标准要求。

表 3-16 保安服务项目通用标准要求

类别	科目	标准要求
仪容仪表	服装	各岗位员工必须着本岗位制服上岗，着装统一
		制服应勤洗勤换，确保制服的干净、整洁、无污迹、油渍
		制服应平整、挺括、无皱褶
		制服应完好无损、不开线、不掉扣
		制服应扣好扣子，不得翻起衣领，不卷起制服袖子、裤脚
		按规定佩戴帽
		按规定打领带、扎腰带
		员工上岗须穿黑色袜子并将其拉展
		下班后不得穿制服回家
	服务铭牌	员工上岗须戴铭牌，统一戴在左胸，位置与地面平行，不得歪斜
		铭牌应字迹清晰、完整
	个人卫生	员工上岗前应整理个人卫生，做到整洁、干净、无异味
		员工不得留长指甲，保持指甲干净
		男性员工不得留长发，小胡子，长鬓角
		女性员工不留奇异发型，发型应美观大方、整洁
	饰物	员工上岗可戴饰物手表，结婚或订婚戒指
		员工上岗不得戴贵重戒指、耳环、手镯、项链
形体动作	站姿	站立服务采用跨立式
		站姿应优美，精神饱满，表情自然，面带微笑
		站立时应两眼平视或注视服务对象，不斜视客人或东张西望
	走姿	行走时动作文雅，面带微笑，自然大方
		两眼平视，正对前方，身体保持垂直平稳，不左右摇晃，无八字罗圈腿
		步速适中，(每步 45 厘米，每分钟 90 步)，注意前方。与客人相交时，微笑问好，侧身让道
		引导客人行进时，主动问好，指示方向，走在客人右前方 1.5～2 步距离处，身体略为侧向客人
		行进中与客人交谈，应走在客人侧面 0.5 步处或基本与客人保持平行，转弯先向客人示意指示方向
	坐姿	当班或与客人交谈需坐下时，坐姿平稳、端庄、自然，面带微笑
		两脚并齐，两手垂于体侧或放在两腿上，重心垂直向下，双肩平稳放松
		坐下服务或与客人交谈时，两眼注视客人，精力集中，不斜视客人
	手势	为客户服务或与客户交谈时，手势正确，动作优美、自然、符合规定
		手势幅度适中，客人易于理解，不会引起客人反感或者误会
		使用手势时，尊重客人的风俗习惯，注意同语言结合，不用可能引起客人反感的手势
服务质量	主动热情、用户至上	牢固树立用户至上，用户满意第一的观念，以高度的责任心对待本职工作
		想用户之所想，急用户之所急，服务于用户开口之前
		注重礼貌，态度和蔼，待客诚恳，一视同仁
	耐心周到，体贴入微	服务有耐心，不急躁、不厌烦、操作认真
		不怕麻烦，有忍耐精神，忍辱负重，一视同仁
	礼貌服务，举止文雅	注重仪表仪容，感观庄重、大方
		说话和气，语言亲切，称呼得体，使用敬语
		服务操作和举止言行文明、大方、规范
		尊重服务对象的风俗习惯，注重自身的礼貌修养
	助人为乐，施以亲情	亲情对待所有服务对象，尤其对老弱病人应主动照顾，问寒问暖，细致服务
		对残疾人服务更要细心周详，体贴入微
		努力为有困难的客人提供帮助，对客人的求助不要说“不”
礼节礼貌	日常礼貌	对客人谦虚有礼，朴实大方，表情自然，面带微笑
		尊重客人的习俗和习惯，不品头评足，按客人的要求和习惯提供服务
		严格遵守约定的时间，不误时，不失约，快速准备提供服务
		上岗或在公共场所，不高声呼叫，动作轻稳，声音柔和，不打扰人
		主动为客人提行李，爱护客人物品，轻拿轻放，不翻动客人物品

续表

类别	科目	标准要求
礼节礼貌	日常礼貌	同客人交谈时注意倾听,不随意插嘴或打断客人的谈话
		不说对客人不礼貌的话,不做客人忌讳的动作
	使用敬语	根据时间、场合、对象,正确运用迎接、问候、告别等敬语
		对客人要用请求、建议、劝告式语言,不准用否定、命令、训诫式语言
		服务中要平心静气,有耐心,不和客人争吵
		服务语言应使用普通话和规范语言,不用俗语、俚语和粗语
工作纪律	严格遵守工作时间,不迟到,不早退,不无故旷工,不擅离职守,自觉请、销假	
	认真做好班前准备和交接班工作,没有接班不准擅自离岗	
	上岗前检查个人服装,仪表仪容,保持饱满精神和愉快情绪	
	上岗前不准喝酒和吃有异味的食物。上岗时不喝带有酒精性饮料	
	上岗时不准吃零食、吸烟、聊天、打闹;不准做与工作无关的事情,不接打私人电话	
	不准向客人索要物品、小费和私收回扣	
	不准擅自接收客人礼物	
	不准讽刺、挖苦、刁难客人,严禁与客人争吵、打斗	
	不准乱动客人设备、物品,不准私拿客人遗弃或遗失物品	
	不准蒙骗客人,不准乱收费,不准私自向客人兜售与工作无关的产品	
	不准私自动用和侵占公物	
	不准向客人泄露单位内部情况	
言行禁止	禁止在客人面前打喷嚏、打哈欠、伸懒腰	
	禁止在客人面前挖耳朵、鼻子、眼屎,搓泥垢,抓头痒,修指甲,照镜子	
	禁止在客人面前剔牙、打饱嗝	
	禁止随地吐痰、乱扔果皮纸屑、烟头或杂物	
	禁止上岗时吃零食、吸烟、聊天、打闹、做与工作无关的事情	
	禁止敞胸露怀、挽袖撸腿、歪戴帽子、随意蹲坐	

(二) 员工的甄选及培训

提供经过全面培训的高才能保安人员，向客户提供专业有效的保安服务。选择具有上进心有安全行业背景的人选，将他们培养成具有丰富经验的服务人员及主管。提供合理的报酬及职业发展机会给优秀的服务人员及主管。确保所有员工受到内部管理，又受到外部监督，以确保服务质量不断得到改进和完善。所有人员都必须受到仔细审查，以确保他们拥有必要的专业背景与经验。

(三) 管理监督

定期对客户进行回访，听取意见和建议。按照客户的要求进行必要的整改。组建督查组，定期对项目进行工作质量检查。

根据《保安服务操作规程与质量控制》，保安服务质量的检查与改进涉及以下主要内容。

1. 检查的内容与方式

(1) 检查内容　对保安服务和队伍管理情况进行全面考核、检查。

(2) 检查方式　有监督检查和客户评价两种方式。

① 监督检查。

- 独立驻勤保安队自查。
- 大、中队对独立驻勤保安队的检查。
- 保安服务公司对大、中队的检查和对独立驻勤保安队的抽查，受理客户投诉。
- 保安纠察队对所属的保安队伍进行纠察和检查。

· 保安员对保安管理提出意见和建议。

② 客户评价。

· 保安服务公司定期向客户单位征求意见。

· 定期发放征求意见表。

· 公布保安服务质量监督电话。

· 驻勤保安队经常向客户单位汇报工作，征求意见。

· 做好投诉接待工作。

以上方式的检查，均应有详细检查的记录。

2. 服务质量的改进与提高

(1) 对检查中发现的问题和客户、群众的意见、建议，认真进行汇总、分析和研究，有针对性地制定具体的改进方案和措施。

(2) 对改进方案和措施的落实情况及改进的效果，进行复查和评价，使服务质量得到改进和提高。将改进的方案、措施及效果主动向客户、群众反馈。

3. 不合格服务的纠正措施

(1) 对不合格服务的识别和报告是每个保安员的义务和责任。

(2) 发现不合格服务时，应进行记录，同时报保安服务公司有关部门，并立即采取措施加以纠正，减少由此产生的不良影响。

(3) 保安服务公司应对出现不合格服务的原因进行分析、评价，以强化监控力度，完善管理制度，不断提高服务水平，防止问题再度发生。

(4) 因不合格服务造成客户损失的，应按照合同约定条款依法予以赔偿。

表 3-17～表 3-19 为保安考核相关表格。

表 3-17 保安物业服务项目质量考核评估表

序号	服务指标名称	投标响应标准（可参照全国物业管理示范住宅小区、大厦、工业区相关标准）	考核评估办法
1	保安服务期限	1年的服务期限	严格按照合同书约束条款
2	保安服务内容	车辆引导、日常安全管理、消防安全巡查、治安巡查等工作	采购方的考核标准、保安公司督查记录
3	保安团队负责人要求	团队负责人以往工作经验、团队管理能力	个人保安资质证书、履历资料、公司督查记录
4	保安团队要求	保安员上岗证书	资质证书、公司督查记录
5	保安岗位数量	按岗位设置及配置	采购方的考核标准、保安公司督查记录
6	保安岗位服务时间	24小时保安岗位	采购方的考核标准、保安公司督查记录
7	保安岗位工作职责	采购方的具体要求、保安公司岗位责任制度	采购方的考核标准、保安公司督查记录
8	重大接待、大型活动的保安服务工作	根据采购方的具体工作要求	采购方的考核标准、保安公司督查记录
9	保安人员的替换	及时替换不负责任、工作表现差的保安人员	采购方的考核标准、保安公司督查记录
10	保安人员考核奖惩	依照保安公司考核奖惩制度实施方案	采购方的考核标准、保安公司督查记录
11	社保金缴纳制度	按照国家相关规定	提供相应的证明
12	购买人身意外伤害险	每位保安员\每年购买一次，保险额为50万元	提供相应的发票复印件
13	保安人员服务质量考核	按照采购方的《服务质量警告通知书》和《整改通知书》	按合同条款约定执行
14	保安人员制服	冬装、秋装、夏装每人各两套	保安行业标准
15	保安人员装备	对讲机、腰带、手电筒、警棍	保安行业标准

表 3-18 保安领班考核扣分标准量化表

项目：　　　　　　　　　　　　　　日期：

序号	考核项目	分值	考核内容	分值	得分
第一部分：业务能力					
1	工作态度		上班期间严格遵守保安纪律；精神饱满不散漫；站姿、坐姿、走姿规范		
			值班文明礼貌又严格把关		
			工作认真负责，做事严谨；积极向上，为人表率		
2	综合管理		工作安排合理有效，具有一定的前瞻性		
			恰当督导下属工作，使工作高效完成，下属犯错率低		
			掌握下属各种情况；能迅速提供高效辅助决策		
			下属绩效改进显著，绩效目标明确，工作兴致高		
			能全面、准确、及时发掘有潜能下属，了解其发展方向并适当培养上报		
3	日常工作		执勤物资（如对讲机等）配备、检查上报到位		
			组织配合保安队伍日常培训；促使保安工作常态化制度化规范化		
			主持保安班前班后会议，正确及时安排各项工作		
			主持好上下班岗位交接，促使各项工作顺利完成		
			巡查各岗位人员到班到岗及各项工作纪律遵守情况		
			做好节假日各岗位值班工作无漏岗、缺岗、串岗现象		
4	安全防范		各岗位检查到位，漏查现象		
			对紧急情况及时处理妥善、报告及时		
			对治安、公共设施设备巡查，发现情况及时处理报告		
			严格执行紧急预案，促使事故发生率最低		
5	治安调解		及时调解上报各类纠纷		
			遇打架斗殴盗窃等危害安全的行为临危不乱，及时上报妥当处理		
			熟悉基本治安、刑事法律法规，对触犯法律法规的个人及集体及时报送机关部门，不徇私枉法		
6	停车场		检查本班次执行停车场制度情况		
			无违规操作、无吃拿卡现象		
			停车场设备及辅助设备、线路布置等规范整齐、无安全隐患、无乱贴乱绑现象		
			指挥有序车辆停放妥当、无拥堵现象、无刮擦等事故发生		
7	特殊奖惩		上岗期间比以前有明显改进		
			态度良好，无员工投诉现象		
			与相关部门关系处理良好，保障工作的顺利进行		
第二部分：行为表现					
1	工作纪律		无迟到早退、缺勤离岗、请假情况		
			上班时间穿工装、佩戴工作证，仪表整洁		
			上班时间不干私活、不擅自离岗、不做与本职工作无关的事		
			不收受钱财、贿赂		
2	职业精神		工作积极主动，关注细节，有责任心		
			追求卓越，努力达到或超过标准		
			对工作充满热情，为完成工作必要时愿意付出额外努力		
3	人际沟通		尊重客户、领导，与同事和谐相处、通过沟通建立良好关系能顺畅地与上下级协调好各项事务		
			不顶撞领导，服从上级指挥；虚心接受指导、批评，并及时纠正		
			重视他人知识经验，能够认识到别人的长处		
			学习能力很强、努力追求与本工作相关知识并且能够很好地运用到实际工作中		
			用创新的方法解决问题，不断提高工作效率		

续表

序号	考核项目	分值	考核内容	分值	得分
第二部分:行为表现					
4	服务态度		使用规范文明用语		
			服务态度端正,严肃对待客户需求		
			办事认真负责,有较强奉献精神		
5	团队意识		服从领导,团结同事,积极参加团体活动		
			善于调动员工积极性,发挥团队协作精神,高水平高质量地完成工作		
6	组织执行		根据轻重缓急安排工作		
			多角度思考问题,寻求最好的解决方法		
			预见问题,并能采取适当手段防范		
			有一定组织能力,正确指导完成工作		
总分		100分	实际得分		

总评:

表3-19 保安员考核扣分标准量化表

考核项目	序号	考核内容	标准分值	实得分	备注
仪容仪表	1	按规定统一穿着制服、佩戴工作证、其他必要装备等			
	2	不准留长发、胡须、留长指甲、不得随地吐痰、在工作场所内吸烟等			
	3	微笑服务;当班期间,如遇有上级领导经过时按要求敬礼,问好;敬礼姿势较准确			
	4	举止文明大方;动作手势规范、准确、有力;不可将手插入口袋,不可勾肩搭背			
服务态度	5	精神饱满、热情,按规定使用礼貌用语,主动与客户或同事打招呼;工作过程中使用规范礼貌用语,微笑服务			
	6	服务意识良好,能够积极接受客户或同事的意见,不与客户或同事发生争吵或有失敬、失礼的行为			
工作纪律	7	按规定作息时间提前10分钟到上班(如迟到、早退各扣1分/次,无打卡记录扣1分/次,旷工一天扣5分/次)			
	8	上 班时不得擅自离岗、脱岗、串岗、睡岗(违犯扣5分/次);不聚众闲聊、不做与本职工作无关的事情(违犯扣3分/次)			
	9	诚实公正廉洁、遵守各项规章制度,服从领导、听从指挥,对领导工作指示及安排无不执行或蓄意违抗现象			
	10	严禁酗酒后上岗			
	11	当班不会亲友、不当众打电话聊天			
	12	诚实公正廉洁、团结同事、不拉帮结派、不聚众赌博、不酗酒闹事、不打架斗殴、不散布谣言			
	13	严格遵守各项保密规定,不得泄密			
工作要求	日常管理	当值时,发生案件未及时处理报告的			
		值班时干私事或其他娱乐活动的			
		不按规定时间巡查或不作记录和记录不实、书写不规范、有涂改的			
		损坏或丢失警戒装备(除照价赔偿外另作扣分处理)			
		脱岗、离岗而造成财物损失的,除赔偿外作扣分或违纪辞退处理			
		执勤中私自扣留他人物品或证件不归还或不上缴,擅自处理或挪用的,视情节扣分或作违纪辞退处理			
		利用执勤工作之便向他人实施勒索或受贿者做违纪辞退处理并送公安机关处理			
		当值时睡觉、看书、听收音机、闲聊、吸烟、吃东西、喝酒或酒后上班、将手插入口袋的			
		上岗时将帽子拿在手中玩耍的;姿态不端正、行为不规范的			
		岗位及岗楼内的卫生脏、乱、差			
		巡查时发现问题不及时报告			
		未严格执行来访问询登记制度			

续表

考核项目	序号	考核内容	标准分值	实得分	备注
工作要求	接听电话	所有来电务必在三响之内接答；语气平和，符合电话礼仪规范，待客户先挂电话			
		做好电话记录，将要点向对方复述一遍，不得含糊其词或记录不清			
		当班时间不打私人电话，如有急事须向领班做出申请，通话时间不超过3分钟(禁止打声讯电话)			
	巡逻防控	积极协助公安机关堵控、查缉违法犯罪嫌疑人和负案在逃人员			
		巡查辖区安全防范情况，提示有关单位、居民消除隐患			
		接受群众报警和公安机关指挥中心指令，先期处置案件、事件、事故、纠纷等各类警情			
		收集治安信息和社情民意；掌握网格内各类基础信息情况，强化基层基础工作建设			
		对巡区内重点目标、要害部位周边进行巡逻控制。指导单位落实内部安全防范措施，保护公共财产和群众生命财产的安全			
		根据公安指挥中心的指令，堵截和抓捕违法犯罪分子			
		对重大治安和灾害事故进行先期处置，对群体性事件进行先期处置，掌握现场情况			
		对打、砸、抢、烧、爆炸、枪击、冲撞等暴力袭击活动进行先期处置			
		救助人身财产受到侵犯或者处于其他危险情形的公民，帮助遇到困难的老人、儿童、残疾人等；依法告知、引导、护送流浪乞讨人员到当地社会救助部门；对遇危群众进行紧急救助			
		对重点区域及街面进行巡逻，特别是人流、车流集中区域，做好秩序维稳和道路保畅工作			
		自觉维护区域内河道景观点内的基础功能设施，配合管理城市公共空间，发现和处置有损河道、景观点的人和事			
		按规定巡逻社区内重点要害部位、偏僻地区、公共景观河道周边、社区公共设施密集地段及群众性活动的场所周围			
		发现形迹可疑的人员，发现违规行为能按规定盘查和制止，发现事故隐患及各种不安全因素能及时处理及上报			
		能按规定处理各类突发案情，及时报警，并做好现场保护			
其他项		单项分数不足时从总分数扣除；以上各项工作要求及公司的其他制度，公司例行或随机抽查中发现任意不符合项，视具体情况每项至少扣5～10分，自总分中扣除			
		合计			

（四）培训制度

加强员工的教育培训，对新入职的公司各级员工都必须完成为期规定时间的保安专业教育培训课程。培训内容包括：公司情况介绍、公司远景目标、法律法规的课程培训；保安业务知识、奖惩制度、劳动纪律、保安手册、仪容仪表、服务意识、危机处理程序、突发事件应急程序的课程培训；保安工作细则等。保安员的日常培训教育需要建立员工培训记录表，记录保安员培训教育的日期、时间、题目、次数等。定期组织员工进行保安业务轮训，旨在更新保安专业知识及理念、强调服务意识及技巧，提升客户对公司的满意度。

表3-20是某保安服务公司对员工进行培训的基本设计。

（五）人员流动的控制

保安公司通过后备力量的储备和安排使人力配置达到最优化，充分满足客户对人员数量的要求。后备力量的支出已包含在服务费中，已涵盖所有意外事件，如年假、病假、工伤、法定节假日等。

表 3-20 某保安服务公司员工培训基本设计

序号	培训项目(内容)	培训对象	责任部门	学时	要求完成期限	备注
1	入职培训： 1)公司简介； 2)管辖物业简介； 3)从业人员的基本要求(含服务规范、仪容仪表、处理投诉等内容)； 4)《员工手册》(含员工守则、劳动条例、奖惩条例)	新入职员工	保安队	16小时	凡新员工入职前	凡新入职员工按此要求进行。培训后进行开卷测试,资料存入员工档案
2	岗前培训： 1)部门简介； 2)岗位职责和操作规程； 3)安全须知； 4)本物业突发事件应急方案(含火警、供配电、供排水、自然灾害、非正常上访、电梯困人等应急方案)； 5)员工考核细则	试用期员工	用人部门	不少于24小时	正式接管项目前2天完成,以后凡新员工入职一周内	正式接管项目前,各用人部门与项目方联系,收集相关资料,编写简易实用教材进行培训。接管项目后一个月内建立健全各项制度及工作程序,并完成相关培训。各部门建立《新入职员工培训记录表》。培训后进行抽查提问或书面测试,试用期满进行闭卷理论考试及实操考核。资料存入员工个人档案
3	岗位培训					
3.1	保安员上岗培训	未有上岗证的保安员	保安队	40小时	保安员入职后3个月内	根据公安机关的要求及开班情况及时安排,考试合格后由公安机关发证
3.2	保安员军体训练	保安员	保安队	隔天进行,每次0.5小时	长期进行	由保安队选定军体教练,安排非当值保安员参加
3.3	突发事件应急处理(理论与现场演练结合)： 1)发生火警的应急处理； 2)治安事故的应急处理； 3)自然灾害事故的应急处理	保安员及各部门相关员工	保安队	不少于16小时	纳入新项目接管前岗前培训,以后凡新员工试用期内	建立《员工培训签到表》对每月培训完的理论内容,进行书面测试或抽查提问。根据月度培训计划安排,实操培训内容完成后,进行实操考核。培训内容也可根据实际情况,进行实发案例随机培训
3.4	消防理论与实操： 1)消防基本常识； 2)灭火器材的使用； 3)消防设备的操作使用	全体员工	保安队	8小时	半年一次	结合公司每年年中的业务大比武及年底的消防演练进行
3.5	法律法规： 1)《物业管理条例》； 2)《保安管理服务条例》； 3)《中华人民共和国消防法》	保安员	保安队	2小时	每季一次	编入每周的班后学习

(六) 定期现场评估

定期对项目进行调研和安全评估，根据评估结果针对如何提供安全管理、降低安全管理风险和成本给出安全建议书。

(七) 事故报告及时有效

任何事故发生以后在第一时间进行报告，在得到进一步指示后采取措施。

技能要求

一、工作名称

编制保安服务项目实施过程监督指导纲要。

二、工作准备

纲要是一种高度概括的文体形式，纲要在有些方面也可以称为提纲，它的行文简洁，没有华丽的辞藻进行修饰，方便阅读者对总体进行把握。当然它除了简洁的特点外，准确无误地归纳到每一个重要的点也是必不可少的，主要内容的列出形式不必拘泥于固定的格式，方便阅读即可。

(1) 准备工作　需对其列出纲要的原文或者书、计划之类，对总体内容要十分了解。

(2) 方法　标题式列出主要内容。标题也要言简意赅。之后还要对列出的标题进行相应的解释。

例：保安服务项目实施过程监督指导纲要：

导言

1. 项目监督指导概述

2. 项目监督指导内容

2.1 范围控制

2.2 进度控制

2.3 成本控制

2.4 质量控制

2.5 项目团队管理

2.6 绩效报告

2.7 风险监督与控制

2.8 合同管理

参考文献

[1] 陈志华. 安全技术防范管理 [M]. 北京：中国人民公安大学出版社，2017.

[2] 马文·拉桑德. 风险评估：理论、方法与应用 [M]. 刘一骝译. 北京：清华大学出版社，2013.

[3] 张曾莲. 风险评估方法 [M]. 北京：机械工业出版社，2017.

[4] 王龙天，裴岩. 单位安全风险管理 [M]. 北京：中国人民公安大学出版社，2015.

[5] 罗云. 风险分析与安全评价 [M]. 第3版. 北京：化学工业出版社，2016.

[6] Project Management Institute. 项目管理知识体系指南（PMBOK指南）[M]. 第6版. 北京：电子工业出版社，2018.

[7] 康路晨，胡立朋. 项目管理工具箱 [M]. 第2版. 北京：中国铁道出版社，2016.